Reinhold Thode
Friedrich Quack

Abnahme und Gewährleistung im Bau- und Bauträgervertrag

RWS-Skript 293

RiBGH Prof. Dr. Reinhold Thode,
Karlsruhe

RiBGH a.D. Prof. Friedrich Quack,
Berlin

Abnahme und Gewährleistung im Bau- und Bauträgervertrag

Höchstrichterliche Rechtsprechung

 RWS Verlag Kommunikationsforum · Köln

Die Deutsche Bibliothek - CIP-Einheitsaufnahme

Thode, Reinhold:
Abnahme und Gewährleistung im Bau- und Bauträger-
vertrag : Höchstrichterliche Rechtsprechung / von
Reinhold Thode : Friedrich Quack. - Köln: RWS -Verl.
Kommunikationsforum, 2003
(RWS-Skript ; 293)
ISBN 3-8145-0293-0

© 2003 RWS Verlag Kommunikationsforum GmbH
Postfach 27 01 25, 50508 Köln
E-Mail: info@rws-verlag.de, Internet: http://www.rws-verlag.de

Umschlaggestaltung: Jan P. Lichtenford, Mettmann

Druck und Verarbeitung: Hundt Druck GmbH, Köln

Inhaltsverzeichnis

A. Einleitung

I. Die Bedeutung der Gewährleistung in der Praxis

Die Mängelrechte des Bestellers/Auftraggebers nach dem Werkvertrags- **1**
recht des BGB und der VOB/B sind in der Praxis der Vertragsdurchführung von Bau, Architekten- und Bauträgerverträgen Gegenstand zahlrei-
cher vorprozessualer und gerichtlicher Auseinandersetzungen zwischen
den Vertragsparteien. Für die Beurteilung der Voraussetzungen und
Rechtsfolgen der Mängelrechte ist es von entscheidender Bedeutung, ob
für den jeweiligen Vertrag die Regelungen des BGB oder der VOB/B
maßgeblich sind. Die Mängelrechte des Auftraggebers eines Architekten-
vertrages richten sich nach den Regeln des BGB, die Gewährleistung für
die Bauerrichtungsverpflichtung eines Bauträgers richtet sich nach den
Regeln des BGB, wenn die Vertragsparteien das BGB vereinbart oder für
die Gewährleistung keine gesonderte Vereinbarung getroffen haben. Ob
und in welchem Umfang die Regelungen der VOB/B im Bauträgervertrag
vereinbart werden können, ist höchstrichterlich nur zum Teil geklärt. Im
Generalunternehmer-, Generalübernehmer- und Bauträgervertrag ist zwischen der Bauerrichtungsverpflichtung und den Planungsleistungen
(„Architekten- und Ingenieurleistungen") zu unterscheiden. Selbst in den
Fällen, in denen die VOB/B wirksam vereinbart worden ist, richtet sich die
Verjährung der Gewährleistungsansprüche für Mängel der Planungsleistungen nach den Gewährleistungsregeln des BGB. Hinsichtlich der typischen Bauverträge richtet sich die Gewährleistung nach BGB, soweit nicht
die VOB/B wirksam vereinbart worden ist.

II. Überblick über die Konzeption des BGB und der VOB/B

Die Regelungen des BGB und der VOB/B über die Mängelrechte unter- **2**
scheiden sich in mehrfacher Hinsicht erheblich. Die wesentlichen Unterschiede betreffen die Voraussetzungen und den Umfang der Gewährleistungsrechte sowie die Verjährungsfrist. Die Unterschiede zwischen den
Mängelrechten beruhen auf der grundlegend unterschiedlichen Konzeption
der gesetzlichen Regelung des BGB-Werkvertragsrechts und der Vertrags-
ordnung der VOB/B. Die Regelungen der VOB/B haben keinen verbind-
lichen normativen Charakter, es handelt sich um allgemeine Geschäftsbedingungen, die nur gelten, wenn die Vertragsparteien die VOB/B wirksam
vereinbart haben (§ 2 AGBG = § 305 BGB n. F.).

3 Das Regelungsmuster des BGB-Werkvertrags ist im Unterschied zum VOB/B-Vertrag nicht an dem dynamischen Kooperationscharakter des Bauvertrages orientiert, sondern an Verträgen der Handwerksbetriebe des 19. Jahrhunderts, beispielsweise eines Vertrages mit einem Schuster oder Schneider. Die Regelungen des BGB beruhen auf dem zweigliedrigen Modell der Bestellung und Ablieferung. Das BGB berücksichtigt nicht die Bedürfnisse und Besonderheiten der Errichtung eines Bauwerks. Die Besonderheiten sind vor allem die Dynamik des Bauens, die im Regelfall mit dieser Dynamik verbundenen Änderungen und Ergänzungen des ursprünglich vereinbarten Leistungsprogramms und die Beteiligung mehrerer Unternehmer bei größeren Bauvorhaben.

4 Im Unterschied zu der Konzeption des BGB-Werkvertragsrechts berücksichtigt die VOB/B die spezifischen Besonderheiten der Bauausführung. Die Konzeption der VOB/B gewährleistet die dynamische Kooperation der am Bau Beteiligten durch zahlreiche Verfahrensregelungen. Sie eröffnet die Möglichkeit der rechtzeitigen Anpassung des Vertrages an sich ergebende Änderungen im Wege der Kooperation, sie sichert rechtzeitige Mitwirkungs- und Eingriffsbefugnisse des Auftraggebers und die zusätzliche Vergütung des Auftragnehmers für zusätzliche Leistungen sowie für Behinderungen und Verzögerungen. Zu den zentralen Vorschriften, die das notwendige Kooperationsverhältnis regeln, gehören die Änderungs- und Ergänzungsermächtigungen des § 1 Nr. 3 und Nr. 4 VOB/B, die Regelungen des § 2 Nr. 5 und 6 VOB/B über die Vergütung des Auftragnehmers in diesen Fällen, die Regelung des § 4 VOB/B über die Ausführung, die Bestimmung über Ausführungsfristen, Behinderung und Verzögerung der §§ 5, 6 VOB/B sowie die Kündigungsregelung der §§ 8 und 9 VOB/B. Aufgrund dieser Regelungen kann sich die Leistungsbeziehung zwischen den Beteiligten im Laufe der Vertragsdurchführung erheblich ohne eine Neuvereinbarung ständig ändern.

5 Der Bundesgerichtshof hat in seiner Grundsatzentscheidung zu § 2 Nr. 6 Abs. 1 VOB/B seiner Auslegung dieser Vorschrift u. a. den Kooperationscharakter des VOB/B-Vertrages zugrunde gelegt.

> BGH, Urt. v. 23. 5. 1996 – VII ZR 245/94,
> BGHZ 133, 44 = ZIP 1996, 1220
> = BauR 1996, 542 = ZfBR 1996, 296
> = NJW 1996, 2158.

6 In einer weiteren Entscheidung hat der Bundesgerichtshof den Grundsatz bestätigt, dass die Vertragsparteien eines VOB/B-Vertrages während der

Vertragsdurchführung zur Kooperation verpflichtet sind. Diese Verpflichtung hat der Bundesgerichtshof dahingehend konkretisiert, dass die Partei-
en bei Meinungsverschiedenheiten über die Notwendigkeit oder die Art
und Weise einer Anpassung des Vertrages oder seiner Durchführung an
geänderte Umstände grundsätzlich verpflichtet sind, durch Verhandlungen
eine einvernehmliche Beilegung der Meinungsverschiedenheiten zu versuchen.

> BGH, Urt. v. 28. 10. 1999 – VII ZR 393/98,
> BauR 2000, 409 = ZfBR 2000, 170
> = NJW 2000, 807.

Den möglichen Änderungen der Leistungsbeziehungen zwischen den Par- **7**
teien entsprechen die Besonderheiten des Gewährleistungsrechts der
VOB/B. Die Regelungen der VOB/B über die Abschlagszahlung, Rech-
nungsstellung, Schlussrechnung und zu dem Schlusszahlungsverfahren berücksichtigen die Eigenart des Bauvertrages als Langzeitvertrag mit Kooperationscharakter. Entsprechende Regelungen fehlen im BGB.

III. Überblick über die Gewährleistung nach BGB und VOB/B

Die Gewährleistungsregelungen des BGB und der VOB/B weisen teilweise **8**
hinsichtlich der Voraussetzungen ihrer Rechtsfolgen und der Verjährung
grundlegende Unterschiede auf. In der Praxis der Abwicklung von Ge-
währleistungsfällen ist es von entscheidender Bedeutung, dass die Beteiligten klären, ob der Vertrag den Regeln des BGB oder der VOB/B unterliegt. Bei sog. gemischten Verträgen (Bauträger-, Generalüber- und Gene-
ralunternehmervertrag), in denen die VOB/B wirksam vereinbart worden
ist, sind die Regeln der VOB/B auf die Architektenleistungen nicht anwendbar.

> BGH, Urt. v. 17. 9. 1987 – VII ZR 166/86,
> BGHZ 101, 369 = BauR 1987, 702
> = ZfBR 1988, 33 = NJW 1988, 142
> = JR 1988, 371 mit Anm. *Peters*;
> vgl. dazu EWiR 1987, 1779 (*Reithmann*);
>
> BGH, Urt. v. 28. 3. 1996 – VII ZR 228/94,
> BauR 1996, 544 = ZfBR 1996, 256
> = NJW-RR 1996, 853;
> vgl. dazu
> *Schmidt-Lademann*, LM BGB § 326 (A) Nr. 32 (10/1996):
> beide Entscheidungen betr. Generalübernehmer-Verträge.

1.   Rechte vor und nach der Abnahme

9   Vor der Abnahme stehen dem Auftraggeber eines BGB-Vertrages wahl-
weise der Erfüllungsanspruch und die Rechte gemäß den §§ 320–326 BGB
a. F. (§§ 320–322; 326; 283, 326; 281, 323 BGB n. F.) oder die Gewährleistungsansprüche der §§ 633 ff BGB zu.

> BGH, Urt. v. 12. 11. 1995 – X ZR 93/93,
> CR 1996, 667 = Jur-PC 1996, 274:
> Gegenstand der Entscheidung war ein Werkvertrag
> über Individualsoftware;
>
> BGH, Urt. v. 26. 9. 1996 – X ZR 33/94,
> ZIP 1996, 2078 = ZfBR 1997, 35
> = NJW 1997, 50 = WiB 1997, 100 mit Anm. *Eckart*;
> vgl. dazu EWiR 1997, 101 (*Medicus*),
> *Peters*, LM BGB § 326 (B) Nr. 3 (2/1997):
> Werkvertrag über eine sog. Vereinzelungsmaschine;
>
> BGH, Urt. v. 17. 2. 1999 – X ZR 8/96,
> BauR 1999, 160 = ZfBR 1999, 200;
> vgl. dazu EWiR 1999, 827 (*Theis*):
> Werkvertrag über die Fertigung, Montage und Inbetrieb-
> nahme einer Montageeinrichtung für ZSB-Wasserrinnen.

10   Die VOB/B gewährt dem Auftraggeber vor Abnahme einen Erfüllungsanspruch (§ 4 Nr. 7 Satz 1 VOB/B) und daneben einen Schadensersatzanspruch (§ 4 Nr. 7 Satz 2 VOB/B), der nicht die Kosten der Mängelbeseitigung erfasst, sondern nur die weitergehenden Schäden. Einen Anspruch
auf Selbstnachbesserung und Erstattung der Mängelbeseitigungskosten
kann der Auftraggeber nach der VOB/B grundsätzlich nur geltend machen,
wenn er nach den §§ 4 Nr. 7 Satz 3, 8 Nr. 3 VOB/B vorgegangen ist und
dem Auftragnehmer den Auftrag entzogen hat. Nach der Abnahme hat der
Auftraggeber eines BGB-Werkvertrages die Gewährleistungsrechte nach
den §§ 633 ff BGB und der Auftraggeber eines VOB/B-Vertrages die
Rechte des § 13 VOB/B.

2.   Selbstbeseitigungsrecht/Kostenerstattung/Vorschuss

11   Diese Rechte stehen dem Auftraggeber im BGB und VOB/B-Vertrag vor
und nach der Abnahme zu, allerdings unter unterschiedlichen Voraussetzungen. Nach § 633 Abs. 3 BGB (= § 634 Nr. 2 BGB n. F.) setzen die
Ansprüche des Auftraggebers den Verzug des Auftragnehmers voraus. Der
Auftraggeber muss den Auftragnehmer grundsätzlich zur Mängelbeseitigung auffordern und ihn anschließend mahnen (§ 284 Abs. 1 BGB a. F. =

§ 286 Abs. 1 BGB n. F.). Die Verzögerung muss der Auftragnehmer verschuldet haben. Im VOB/B-Vertrag steht dem Auftraggeber vor Abnahme das Recht auf Nachbesserung und daneben ein Schadensersatzanspruch zu (§ 4 Nr. 7 Satz 1 und Satz 2 VOB/B). Der Auftraggeber ist grundsätzlich erst dann berechtigt, eine Ersatzvornahme auf Kosten des Auftragnehmers durchzuführen, wenn er dem Auftragnehmer den Auftrag entzogen hat. (§ 4 Nr. 7 Satz 3 i. V. m. § 8 Nr. 3 VOB/B). Nach der Abnahme kann der Auftraggeber Mängel auf Kosten des Auftragnehmers beseitigen lassen, wenn der Auftragnehmer einer Aufforderung zur Mängelbeseitigung nicht innerhalb der ihm gesetzten angemessenen Frist nachkommt. Der Auftragnehmer kann unter dieser Voraussetzung auch Kostenvorschuss verlangen. Nach § 13 Abs. 5 Nr. 2 VOB/B genügt es für die Ansprüche, dass der Auftragnehmer den Mangel nicht innerhalb der ihm zur Mängelbeseitigung gesetzten Frist beseitigt hat. Verschulden und Mahnung sind hier nicht erforderlich.

3. Wandelung

Dieser Anspruch auf Rückgängigmachung des Vertrages steht dem Auftraggeber eines BGB-Vertrages vor und nach der Abnahme zu (§ 634 Abs. 1 BGB a. F. = § 634 Nr. 3 BGB n. F.). In der Praxis spielt dieses Recht kaum eine Rolle. Beim VOB/B-Vertrag ist dieser Anspruch nach Abnahme ausgeschlossen, vor der Abnahme steht dem Auftraggeber statt der Wandelung das Kündigungsrecht nach § 4 Nr. 7 Satz 3 VOB/B zu. **12**

4. Minderung

Nach dem BGB kann der Auftraggeber Minderung vor und nach Abnahme (Herabsetzung des Werklohnes) verlangen, wenn er dem Auftragnehmer eine Frist zur Mängelbeseitigung mit Ablehnungsandrohung gesetzt hat und die Frist fruchtlos abgelaufen ist (§ 634 Abs. 1 BGB a. F. = § 638 BGB n. F.). Außerdem kann er ohne Fristsetzung Minderung verlangen, **13**

– wenn die Mängelbeseitigung objektiv unmöglich ist oder

– wenn die Mängelbeseitigung mit unverhältnismäßig hohem Aufwand verbunden ist und der Auftragnehmer sie aus diesem Grunde verweigert oder

– wenn die Mängelbeseitigung für den Auftraggeber unzumutbar ist (§ 634 Abs. 2 BGB a. F. = § 636 BGB n. F.).

14 Nach der VOB/B kann der Auftraggeber nur unter diesen zuletzt genannten Voraussetzungen Minderung verlangen und dies auch nur nach Abnahme (§ 13 Nr. 6 VOB/B). Die Berechnung und der Umfang der Minderung richtet sich im BGB- und VOB/B-Vertrag nach den gleichen Grundsätzen.

5. Schadensersatz

15 Nach § 635 BGB a. F. (= § 634 Nr. 4 BGB n. F.) kann der Auftraggeber vor und nach der Abnahme statt der Nachbesserung, der Minderung und Wandelung Schadensersatz verlangen. Es müssen im Regelfall die Voraussetzungen der §§ 633, 634 BGB a. F. (§§ 633, 636, 637 Abs. 2, 638 BGB n. F.) vorliegen, der Auftraggeber muss dem Auftragnehmer fruchtlos eine Frist zur Mängelbeseitigung mit Ablehnungsandrohung gesetzt haben, und der Auftragnehmer muss den Mangel zu vertreten haben. Die Abnahme ist nicht Voraussetzung eines Anspruchs nach § 635 BGB a. F. (= § 634 Nr. 4 BGB n. F.).

> Vgl. die Grundsatzentscheidung:
> BGH, Urt. v. 27. 6. 1996 – X ZR 3/94,
> BGHZ 132, 96 = ZIP 1996, 839
> = BauR 1996, 386 = NJW 1996, 1749
> = WiB 1996, 1749 mit Anm. *Thamm*;
> vgl. dazu *Peters*, LM BGB § 640 Nr. 16 (7/1996):
> Durch diese Entscheidung ist die bisherige Streitfrage geklärt,
> dass der Schadensersatzanspruch nach § 635 BGB eine
> Abnahme nicht voraussetzt;
> BGH, Urt. v. 30. 9. 1999 – VII ZR 162/97,
> BauR 2000, 128 = ZfBR 2000, 97
> = NJW 2000, 133;
> vgl. dazu EWiR 2000, 1143 (*Portz*):
> Nicht nachbesserungsfähiger Mangel eines Architekten-
> werks vor Abnahme.

16 Neben den Kosten der Nachbesserung kann der Auftraggeber den Schaden nach § 635 BGB a. F. (= § 634 Nr. 4 BGB n. F.) ersetzt verlangen, der durch die Mängelbeseitigung nicht behoben werden kann oder der während oder durch die Mängelbeseitigung entsteht.

> BGH, Urt. v. 15. 3. 1990 – VII ZR 311/88,
> BauR 1990, 466 = ZfBR 1990, 276
> = NJW-RR 1990, 786;
> dazu EWiR 1990, 979 (*Doerry*).

Die VOB/B hat die Voraussetzungen und den Inhalt des Schadensersatzes **17** grundlegend anders geregelt als das BGB. Im VOB/B-Vertrag bestehen vor Abnahme grundlegende Unterschiede zwischen den Ansprüchen des Auftraggebers vor und nach der Kündigung (Auftragsentziehung). Vor Abnahme steht dem Auftraggeber, wenn er den Vertrag nicht nach § 4 Nr. 7 Satz 3 i. V. m. § 8 Nr. 3 VOB/B kündigt, der nur eingeschränkte Schadensersatzanspruch nach § 4 Nr. 7 Satz 2 VOB/B zu. Diese Anspruchsgrundlage gewährt grundsätzlich keinen Anspruch auf Schadensersatz wegen Nichterfüllung des ganzen Vertrages.

> BGH, Urt. v. 6. 5. 1968 – VII ZR 33/66,
> BGHZ 50, 160.

Danach hat der Auftragnehmer dem Auftraggeber grundsätzlich nur den **18** durch die mangelhafte Leistung verursachten Schaden zu ersetzen, der trotz der Mängelbeseitigung verbleibt. Die Mängelbeseitigungskosten werden grundsätzlich nicht von dem Schadensersatzanspruch erfasst.

> BGH, Urt. v. 25. 2. 1982 – VII ZR 161/80,
> BauR 1982, 277 = ZfBR 1982, 122
> = NJW 1982, 1524;
>
> BGH, Urt. v. 15. 5. 1986 – VII ZR 176/85,
> BauR 1986, 573 = ZfBR 1986, 226;
> dazu EWiR 1986, 935 (*Hochstein*);
>
> BGH, Urt. v. 20. 4. 2000 – VII ZR 164/99,
> BauR 2000, 1479 = NZBau 2000, 421
> = ZfBR 2000, 479.

Für den Zeitraum nach Abnahme enthält die VOB/B Sonderregelungen für **19** den so genannten kleinen Schadensersatz gemäß § 13 Nr. 7 Abs. 1 und für den so genannten großen Schadensersatz gemäß § 13 Nr. 7 Abs. 2 (vgl. unten Rz. 407 ff).

B. Die Rechtsgrundlagen des Gewährleistungsrechts

I. Die Anwendbarkeit des Werkvertragsrechts

1. Werkverträge

Das Werkvertragsrecht des BGB oder das durch die wirksame Vereinba- **20**
rung der VOB/B modifizierte gesetzliche Werkvertragsrecht gilt für Verträge, in denen sich der Auftragnehmer zur Erbringung eines Werkerfolges
verpflichtet hat. Der typische Bauvertrag, durch den sich der Unternehmer
zur Erbringung einer Bauleistung verpflichtet, ist ein Werkvertrag. Nach
der Rechtsprechung des Bundesgerichtshofs sind Bauleistungen für ein
Bauvorhaben Leistungen, mit denen Bauwerke unmittelbar geschaffen, erhalten oder geändert werden. Die Entscheidungen zur Anwendbarkeit des
Werkvertragsrechts sind zu zwei unterschiedlichen Aspekten ergangen, der
Abgrenzung des Werkvertragsrechts zum Kaufrecht (vgl. unten Rz. 20 ff)
und zur Abgrenzung der Verjährungsregelungen für Bauwerksarbeiten und
Arbeiten bei Grundstücken (vgl. unten Rz. 446 ff).

2. Erwerberverträge über Neubauten

Das Gewährleistungsrecht des Werkvertragsrechts ist auch auf die Erwer- **21**
berverträge anwendbar, in denen sich der Vertragspartner des Erwerbers
dazu verpflichtet, das Objekt neu zu errichten, das Objekt an den Erwerber
zu veräußern und zu übereignen. Ob und in welchem Umfang für derartige
Verträge die VOB/B vereinbart werden kann, ist höchstrichterlich nur zum
Teil geklärt. Der in der Praxis häufigste Vertragstyp dieser Art ist der
Bauträgervertrag. Das werkvertragliche Gewährleistungsrecht ist anwendbar auf die Bauerrichtungsverpflichtung und die Planungsleistung. Der Erwerb des Eigentums an dem Grundstück richtet sich nach Kaufrecht.

> BGH, Urt. v. 16. 4. 1974 – VII ZR 155/72,
> BGHZ 60, 362;
>
> BGH, Urt. v. 10. 10. 1974 – VII ZR 28/73,
> BGHZ 63, 96;
>
> BGH, Urt. v. 22. 12. 2000 – VII ZR 310/99,
> BGHZ 146, 250 = ZIP 2001, 245 mit Anm. *Grziwotz*
> = BauR 2001, 391 = ZfIR 2001, 111
> = NZBau 2001, 132 = ZfBR 2001, 183;
> vgl. dazu *Blank*, ZfIR 2001, 85;
> EWiR 2001, 85 (*Vogel*);
> *Pause*, LM BGB § 134 Nr. 172 (5/2001).

22 Das gilt auch für Erwerberverträge über Objekte, die sich im Bau befinden oder die bis auf geringe Restarbeiten fertig gestellt sind.

> BGH, Urt. v. 5. 5. 1977 – VII ZR 36/76,
> BGHZ 68, 372 = BauR 1977, 271
> = NJW 1977, 1336;
> vgl. dazu EWiR 1991, 773 (*Kniffka*);
> *Girisch*, LM Nr. 29 zu § 633 BGB;
>
> BGH, Urt. v. 5. 4. 1979 – VII ZR 308/77,
> BGHZ 74, 204;
>
> BGH, Urt. v. 11. 7. 1997 – V ZR 246/96,
> ZflR 1997, 595.

23 Das werkvertragliche Gewährleistungsrecht ist auch anwendbar, wenn der Erwerb eines neu errichteten Gebäudes oder eine Eigentumswohnung ohne Herstellungsverpflichtung des Veräußerers Gegenstand des Vertrages ist. Als neu gelten nicht nur Objekte, die unmittelbar nach der Fertigstellung veräußert werden, sondern auch Neubauten, die nach der Fertigstellung längere Zeit leer standen, vorübergehend vermietet waren oder als Musterhaus dienten.

> BGH, Urt. v. 5. 4. 1979 – VII ZR 308/77,
> BGHZ 74, 204 = BauR 1979, 337:
> Erwerb eines weitgehend fertig gestellten Bauvorhabens,
> das vom Veräußerer im Einvernehmen mit dem Erwerber
> kurzzeitig genutzt wurde;
>
> BGH, Urt. v. 29. 6. 1981 – VII ZR 259/80,
> BauR 1981, 571 = WM 1981, 944:
> Veräußerung einer fertig gestellten Eigentumswohnung;
>
> BGH, Urt. v. 6. 5. 1982 – VII ZR 74/81,
> BauR 1982, 493 = ZfBR 1982, 152
> = NJW 1982, 2243;
> vgl. dazu *Hönn*, JZ 1983, 677;
> *Sturmberg*, NJW 1989, 1832:
> Veräußerung eines Musterhauses;
>
> BGH, Urt. v. 21. 2. 1985 – VII ZR 72/84,
> BauR 1985, 314 = ZfBR 1985, 132
> = NJW 1985, 1551;
> vgl. dazu *Reithmann*, WuB IV A § 638 BGB 1.85;
> *Reithmann*, DNotZ 1991, 133;
> *Schilling*, BauR 1986, 449:
> Veräußerung einer Eigentumswohnung ca. 2 ½ Jahre
> nach Fertigstellung;

OLG Frankfurt/M., Urt. v. 10. 6. 1999
– 15 U 92/95, nicht veröffentlicht;
Revision der Veräußerer nicht angenommen;
BGH, Beschl. v. 18. 1. 2001 – VII ZR 501/99:
Veräußerung eines neu errichteten Wohn- und Geschäfts-
hauses ca. zwei Jahre nach Fertigstellung.

3. Verträge über gebrauchte Immobilien

Die Gewährleistung bei Verträgen über gebrauchte Immobilien richtet sich **24**
nach den Gewährleistungsregeln des Kaufrechts (vgl. hierzu im Einzelnen
Wenzel, in: Hagen/Brambring (Hrsg.), Immobilienrecht 1998, S. 52 ff).
Nach der ständigen Rechtsprechung des für Grundstückskaufverträge zuständigen V. Zivilsenats des Bundesgerichtshofs ist ein Ausschluss der
Gewährleistung für Sachmängel durch Haftungsausschlussklauseln in notariellen Verträgen grundsätzlich wirksam. Im Unterschied zu Erwerberverträgen, die hinsichtlich des Gebäudes den werkvertraglichen Gewährleistungsregeln unterliegen, ist die Wirksamkeit derartiger Klauseln nicht
davon abhängig, dass der Notar den Erwerber ausführlich über den Inhalt
und die Rechtsfolgen der Klausel belehrt.

> BGH, Urt. v. 6. 6. 1986 – V ZR 67/85,
> BGHZ 98, 100 = ZIP 1986, 1199
> = NJW 1986, 2824;
> dazu EWiR 1986, 871 (*Bunte*).

4. Erwerberverträge über sanierte Altbauten

a) Grundlegend sanierte Altbauten

Beim Erwerb von Altbauten ist das werkvertragliche Gewährleistungsrecht **25**
anwendbar, wenn der Erwerb des Grundstücks mit einer Herstellungsverpflichtung (Sanierung, Umbau) verbunden ist. Übernimmt der Veräußerer
vertraglich Bauleistungen, die erhebliche Eingriffe in die Altbausubstanz
erfordern, dann haftet der Veräußerer nicht nur für die Umbauarbeiten,
sondern auch für die Altbausubstanz nach den Gewährleistungsregeln des
Werkvertrags.

> BGH, Urt. v. 7. 5. 1987 – VII ZR 366/85,
> BGHZ 100, 391 = ZIP 1987, 1055
> BauR 1987, 439 = ZfBR 1987, 197;
> vgl. dazu EWiR 1987, 641 (*Brambring*);
> *Kaiser*, BauR 1987, 617:
> Neubau hinter historischer Fassade;

> BGH, Urt. v. 21. 4. 1988 – VII ZR 146/87,
> BauR 1988, 464 = ZfBR 1988, 218
> = NJW 1988, 1972;
> vgl. dazu *Koeble*, BauR 1992, 569;
> *Kanzleiter*, DNotZ 1989, 301:
> Umwandlung von Garagen- und Werkstatträumen in
> Eigentumswohnungen;
>
> BGH, Urt. v. 29. 6. 1989 – VII ZR 151/88,
> BGHZ 108, 164 = ZIP 1989, 1200
> = BauR 1989, 597 = ZfBR 1989, 245
> = NJW 1989, 2748;
> vgl. dazu EWiR 1989, 89 (*Löwe*);
> *Brambring*, DNotZ 1990, 99: Umwandlung eines
> Bungalows in ein Haus mit Eigentumswohnungen;
>
> OLG Düsseldorf, Urt. v. 4. 2. 1999
> – 5 U 100/98, nicht veröffentlicht;
> BGH, Beschl. v. 18. 1. 2001 – VII ZR 491/99,
> nicht veröffentlicht: Revision des Verkäufers nicht ange-
> nommen: umfangreich sanierte Eigentumswohnung.

26 Die Bezeichnung und Ausgestaltung derartiger Erwerberverträge über neue oder sanierte Objekte als Kaufverträge und die Bezeichnung der Vertragsparteien als Verkäufer und Käufer ist für die Anwendbarkeit des werkvertraglichen Gewährleistungsrechts ohne Bedeutung.

> BGH, Urt. v. 29. 6. 1981 – VII ZR 259/80,
> BauR 1981, 571 = NJW 1981, 2344
> = WM 1981, 944;
>
> BGH, Urt. v. 29. 6. 1989 – VII ZR 151/88,
> BGHZ 108, 164 = ZIP 1989, 1200;
> vgl. dazu EWiR 1989, 89 (*Löwe*);
> *Brambring*, DNotZ 1990, 99:
> Umwandlung eines Bungalows in ein Haus mit
> Eigentumswohnungen;
>
> BGH, Urt. v. 11. 7. 1997 – V ZR 246/96,
> ZflR 1997, 595.

27 Beschränkungen der Gewährleistungshaftung in AGB sind nach § 11 Nr. 10 AGBG (= § 309 Nr. 8 BGB n. F.) unwirksam.

> BGH, Urt. v. 29. 6. 1981 – VII ZR 259/80,
> BauR 1981, 571 = NJW 1981, 2344
> = WM 1981, 944.

28 Haftungsfreizeichnungen oder Haftungsbeschränkungen in notariellen Individualverträgen sind im Unterschied zu Kaufverträgen über gebrauchte

Immobilien nach § 242 BGB unwirksam, wenn die Freizeichnung nicht mit dem Erwerber unter ausführlicher Belehrung durch den Notar eingehend erörtert worden ist.

> BGH, Urt. v. 17. 9. 1987 – VII ZR 153/86,
> BGHZ 101, 350 = ZIP 1987, 1461
> = BauR 1987, 686 = ZfBR 1988, 16
> = NJW 1988, 135 = JR 1988, 237 mit Anm. *Schlosser*
> = DNotZ 1988, 292 mit Anm. *Brambring*;
> vgl. dazu EWiR 1987, 1169 (*Heinrichs*);
>
> BGH, Urt. v. 29. 6. 1989 – VII ZR 151/88,
> BGHZ 108, 164 = ZIP 1989, 1200;
> vgl. dazu EWiR 1989, 89 (*Löwe*);
> *Brambring*, DNotZ 1990, 99:
> Umwandlung eines Bungalows in ein Haus mit Eigentumswohnungen.

Zur Begründung einer Herstellungsverpflichtung bei der Veräußerung **29** grundlegend sanierter oder umgebauter Altbauten ist es nicht erforderlich, dass die Vertragsparteien eine Herstellungsverpflichtung vertraglich ausdrücklich vereinbart haben. Nach der Rechtsprechung des Bundesgerichtshofs ist es allein entscheidend, *„dass sich aus dem Inhalt derartiger Verträge, aus ihrem Zweck und ihrer wirtschaftlichen Bedeutung sowie aus der Interessenlage die Verpflichtung des Veräußerers zur (mangelfreien) Errichtung ergibt".*

> BGH, Urt. v. 29. 6. 1989 – VII ZR 151/88,
> BGHZ 108, 164, 167 = ZIP 1989, 1200;
> vgl. dazu EWiR 1989, 89 (*Löwe*);
> *Brambring*, DNotZ 1990, 99:
> Umwandlung eines Bungalows in ein Haus mit Eigentumswohnungen.

Für die Praxis bedeutet diese Rechtsprechung, dass Erwerberverträge über **30** grundlegend sanierte oder umgebaute Objekte im Regelfall dem Werkvertragsrecht unterliegen. Beispiele hierfür aus der jüngsten Vergangenheit und Gegenwart sind die zahlreichen sanierten Plattenbauten in den neuen Bundesländern, die durchweg nach einer grundlegenden Sanierung als Wohnungseigentum veräußert worden sind.

b) Modernisierte Altbauten

Von den Erwerberverträgen über grundlegend sanierte Altbauten sind **31** Verträge zu unterscheiden, die Objekte zum Gegenstand haben, die nicht in dem Umfang saniert worden sind, dass auf sie nach den für grundlegend sanierten Objekten entwickelten Grundsätzen (Rz. 25 ff) das werkvertragliche Gewährleistungsrecht anwendbar ist. Für derartige Verträge stellt sich die Frage, ob jedenfalls auf die Modernisierungsarbeiten als solche die werkvertragliche Herstellungsverpflichtung und die werkvertraglichen Gewährleistungsregeln anwendbar sind, und ob und unter welchen Voraussetzungen hinsichtlich dieser Arbeiten die Haftung in notariellen Verträgen, wie bei dem Erwerb gebrauchter Immobilien, durch individuelle Haftungsausschlussklauseln ausgeschlossen werden kann. Beide Fragen sind höchstrichterlich bisher nicht entschieden.

32 Nach der Rechtsprechung des VII. Zivilsenats des Bundesgerichtshofs zur Anwendbarkeit des Werkvertragsrechts auf Sanierungsmodelle und zu den Arbeiten bei Bauwerken (vgl. unten Rz. 446 ff) ist nicht auszuschließen, dass der VII. Zivilsenat auf Sanierungsarbeiten, die als Arbeiten bei Bauwerken anzusehen sind, das werkvertragliche Gewährleistungsrecht anwendet, wenn der Veräußerer sich vertraglich zu diesen Arbeiten verpflichtet hat oder wenn sich aus den Umständen des Einzelfalles eine derartige Verpflichtung ergibt. Hinsichtlich der werkvertraglichen Gewährleistungsverpflichtung des Veräußerers wäre es nur konsequent, einen etwaigen Haftungsausschluss in allgemeinen Geschäftsbedingungen nach § 11 Nr. 10 AGBG (= § 309 Nr. 8 BGB n. F.) als unwirksam anzusehen. Individuelle Haftungsbeschränkungsklauseln in notariellen Verträgen dürften nach den für Erwerberverträge entwickelten Grundsätzen nur wirksam sein, wenn der Notar den Erwerber über den Inhalt und die Rechtsfolgen einer derartigen Klausel belehrt hat.

5. Fertighausverträge

33 Der Fertighausvertrag ist kein Rechtsbegriff und betrifft sehr unterschiedliche technische Sachverhalte (z. B. Ausbauhäuser, Bausatzhäuser, Typenhäuser u. a. m.). Im Geschäftsverkehr werden Verträge als Fertighausvertrag bezeichnet, die entweder dem Kaufrecht oder dem Werkvertragsrecht unterliegen können. Das juristisch für die Unterscheidung maßgebliche Abgrenzungskriterium ist die Herstellungsverpflichtung des Veräußerers.

34 Verpflichtet sich der Unternehmer lediglich dazu, genormte Baumaterialien und Fertigteile für den Eigenbau zu liefern, dann unterliegt dieser sog. Bausatzvertrag den kaufrechtlichen Gewährleistungsregeln.

BGH, Urt. v. 12. 11. 1980 – VIII ZR 338/79,
BGHZ 78, 375 = BauR 1981, 190
= NJW 1981, 453;

BGH, Urt. v. 10. 3. 1983 – VII ZR 302/82,
BGHZ 87, 112 = BauR 1983, 266
= NJW 1983, 1489.

Sieht der Fertighausvertrag eine Errichtungsverpflichtung des Unterneh- **35**
mers vor, dann handelt es sich um einen Werkvertrag.

BGH, Urt. v. 6. 12. 1979 – VII ZR 313/78,
BGHZ 76, 43 = BauR 1980, 167
= NJW 1980, 829;

BGH, Urt. v. 10. 3. 1983 – VII ZR 302/82,
BGHZ 87, 112;

BGH, Urt. v. 8. 11. 1984 – VII ZR 256/83,
ZIP 1985, 291 = BauR 1985, 79
= ZfBR 1984, 259;

BGH, Urt. v. 23. 3. 1995 – VII ZR 228/93,
BauR 1995, 546 = ZfBR 1995, 199.

II. Die Anwendbarkeit von BGB oder VOB/B

Das Werkvertragsrecht des BGB gilt als dispositives Recht für Werkver- **36**
träge; seine Vorschriften sind insoweit nicht anwendbar, als die Parteien
abweichende Regelungen wirksam vereinbart haben. Das Werkvertragsrecht ist das gesetzliche Modell für die AGB-rechtliche Inhaltskontrolle.
Die VOB/B enthält ein vorformuliertes Vertragsmuster für den Bauvertrag
(allgemeine Geschäftsbedingungen), das keine Rechtsnormqualität hat. Sie
ist daher weder gesetzliches Modell i. S. v. § 9 AGBG (= § 307 BGB n. F.)
noch gesetzliche Auffangvorschrift i. S. d. § 6 Abs. 2 AGBG (= § 306
Abs. 2 BGB n. F.).

BGH, Urt. v. 10. 6. 1999 – VII ZR 365/98,
BGHZ 142, 46 = ZIP 1999, 1712
= ZfIR 2000, 25 = BauR 1999, 1290
= ZfBR 2000, 27;
dazu EWiR 2000, 203 (*Lindacher*).

Die VOB/B kann Vertragsinhalt nur durch eine entsprechende Vereinba- **37**
rung werden. Sie gilt auch nur kraft Vereinbarung jeweils für den konkreten Vertrag. Infolgedessen ist der mündliche Bauvertrag im Regelfall ein
BGB-Werkvertrag. Vereinbaren die Vertragsparteien wirksam die VOB/B,

gelten die Bestimmungen des BGB auch ohne Erwähnung im Vertrag, soweit die VOB/B keine abweichenden Regelungen enthält. Aufgrund dieses Rangverhältnisses zwischen den subsidiären gesetzlichen Regelungen des BGB und der VOB/B sind die in der Vertragspraxis verbreiteten Rangklauseln überflüssig, soweit sie die gesetzliche Rangfolge wiederholen. Soweit sie die vorrangige Geltung des BGB vor der VOB/B vorsehen, begründen derartige Rangregeln Konflikte und Unklarheiten über den Inhalt des Vertrages. Die erforderliche Auslegung begründet Rechtsunsicherheit, eine verbindliche Auslegung ist im Streitfall nur durch die Gerichte möglich. Das Ergebnis dieser Auslegung ist kaum vorhersehbar.

> BGH, Urt. v. 21. 3. 1991 – VII ZR 110/90,
> BauR 1991, 458 = ZfBR 1991, 200;
> vgl. hierzu *Quack*, BauR 1992, 18:
> Rangklausel und mehrere widersprüchliche Verjährungsregelungen.

C. Die Grundlagen der werkvertraglichen Haftung

I. Die werkvertragliche Leistungspflicht des Unternehmers

1. Die Grundsätze der Einstandspflicht für den Werkerfolg

Die Gewährleistungsansprüche des Werkvertragsrechts korrespondieren **38** mit der spezifischen Einstandspflicht des Auftragnehmers für den vereinbarten und geschuldeten Erfolg. Die Einstandspflicht des Auftragnehmers für den geschuldeten Erfolg ist unabhängig vom Verschulden und der Möglichkeit der Herbeiführung des Erfolgs. Erweist sich der vertraglich übernommene Werkerfolg als objektiv unmöglich, haftet der Auftragnehmer für die übernommene Verpflichtung, den Erfolg herbeizuführen. Die Vorschrift des § 306 BGB a. F. (= § 311a BGB), der für Verträge, die auf eine unmögliche Leistung gerichtet sind, die Nichtigkeit des Vertrages regelt, ist auf Werkverträge nicht anwendbar.

> BGH, Urt. v. 24. 11. 1988 – VII ZR 222/87,
> BauR 1989, 219 = ZfBR 1989, 58
> = WM 1989, 414;
>
> BGH, Urt. v. 21. 12. 2000 – VII ZR 17/99,
> BauR 2001, 785 = NJW 2001, 1642;
> vgl. dazu EWiR 2001, 413 (*Schwenker*) sowie
> LM BGB § 306 Nr. 15 (7/2001) (*Emmerich*):
> Bau- und Architektenvertrag, nicht genehmigungs-
> fähige Planung.

Eine vertragsgerechte Leistung liegt nur dann vor, wenn der Auftragneh- **39** mer einen Werkerfolg herbeigeführt hat, der die Beschaffenheit aufweist, die für den vertraglich vorausgesetzten oder gewöhnlichen Gebrauch erforderlich ist. Soweit die Vertragsparteien den Verwendungszweck vertraglich vereinbart haben, ist der vertraglich vereinbarte Gebrauch für die Beurteilung der Vertragsgerechtigkeit der Leistung maßgeblich. Entspricht die Werkleistung nicht diesen Anforderungen, ist sie nicht vertragsgerecht, selbst dann nicht, wenn die anerkannten Regeln der Technik eingehalten worden sind. Der Auftraggeber schuldet grundsätzlich im Rahmen der getroffenen Vereinbarung ein funktionstaugliches und zweckentsprechendes Werk.

> BGH, Urt. v. 9. 1. 2003 – VII ZR 181/00,
> ZIP 2003, 724 = ZfIR 2003, 279 mit Anm. *Schwenker*
> = BauR 2003, 533 = NZBau 2003, 214;
> dazu EWiR 2003, 391 (*Siegburg*):
> Verwendung von Beton der Güteklasse B 25 statt der ver-
> einbarten Güteklasse B 35 für das Dach eines Parkhauses;

BGH, Urt. v. 11. 11. 1999 – VII ZR 403/98,
ZfBR 2000, 121 = BauR 2000, 411
= NZBau 2000, 74 = NJW-RR 2000, 465:
Dichtigkeit eines Daches einer Lager- und Produktionshalle
gegen heftigen Regen.

BGH, Urt. v. 19. 11. 1998 – VII ZR 371/96,
BauR 1999, 254 = ZfBR 1999, 153:
Ebenflächigkeit eines Industrieestrichsbodens.

BGH, Urt. v. 16. 7. 1998 – VII ZR 350/96,
BGHZ 139, 244 = ZIP 1998, 1877
= ZfIR 1998, 692 = BauR 1999, 37
= ZfBR 1999, 14;
dazu EWiR 1999, 83 (*Siegburg*):
Gebrauchstauglichkeit eines Sanierungsobjektes als
Mietshaus;

BGH, Urt. v. 14. 5. 1998 – VII ZR 184/97,
BGHZ 139, 16 = ZfIR 1998, 460
= BauR 1998, 872 = ZfBR 1998, 247:
geschuldeter Luftschallschutz für eine Eigentumswohnung.

BGH, Urt. v. 19. 1. 1995 – VII ZR 131/93,
BauR 1995, 230 = ZfBR 1995, 132
= WiB 1995, 478 mit Anm. *Meyer*
= NJW-RR 1995, 472:
Unzureichender Trittschallschutz einer Treppe in einem
Doppelhaus.

BGH, Urt. v. 20. 4. 1989 – VII ZR 80/88,
BauR 1989, 462 = ZfBR 1989, 213
= NJW-RR 1989, 849;
vgl. dazu EWiR 1989, 817 (*Siegburg*):
Unzureichende Dimensionierung einer Kombinationsheizung aus Flächenspeicherheizung und mit Tagstrom
betriebenen Direktheizgeräten.

40 Der nach dem Vertrag vorausgesetzte Gebrauch richtet sich nach den Interessen des Auftraggebers, die er mit dem Vertrag verfolgt. Zu dem nach
dem Vertrag vorausgesetzten Gebrauch gehören die technischen Eigenschaften, die mit der vertraglich geschuldeten Ausführung erreichbar sind
und die aus der Sicht des Auftraggebers für die Funktion des Werkes von
Bedeutung sind.

BGH, Urt. v. 9. 1. 2003 – VII ZR 181/00,
ZIP 2203, 724 = ZfIR 2003, 279 mit Anm. *Schwenker*
= BauR 2003, 533 = NZBau 2003, 214;
dazu EWiR 2003, 391 (*Siegburg*):
Vertragswidrige Verwendung der Beton-Güteklasse B 25

statt B 35 für eine Decke eines Parkhauses: relevante Gebrauchsbeeinträchtigung durch den Verlust einer geschuldeten Nutzlastreserve und durch das Risiko erhöhter Betriebs- und Instandsetzungskosten.

Die Bestimmung des nach dem Vertrag vorausgesetzten Gebrauchs nach **41** den berechtigten Interessen des Auftraggebers entspricht dem Grundsatz, dass für die Beurteilung der Unverhältnismäßigkeit der Nachbesserung unter anderem der vereinbarte oder nach dem Vertrag vorausgesetzte Gebrauch maßgeblich ist (vgl. unten Rz. 99).

> BGH, Urt. v. 6. 12. 2001 – VII ZR 241/00,
> ZIP 2002, 484 = BauR 2002, 613
> = ZfBR 2002, 345 = NZBau 2002, 338
> = IBR 2002, 124, 128 mit Anm. *Wellensiek*:
> Verunreinigung einer Klinkerfassade mit Mörtelresten.

Der Auftragnehmer ist im Regelfall auch dann verpflichtet, einen Werker- **42** folg herbeizuführen, der die für die Funktionstauglichkeit erforderliche Beschaffenheit aufweist und den anerkannten Regeln der Technik entspricht, wenn die Parteien eine Ausführungsart vereinbart haben, mit der die vereinbarte Funktionstauglichkeit oder der anerkannte Stand der Technik nicht erreicht werden kann. Ist das Werk mangelhaft, weil der Werkunternehmer die vereinbarte Ausführungsart ausgeführt hat, sind unter bestimmten Voraussetzungen die Kosten, um die das Werk bei mangelfreier Erstellung von vornherein teurer geworden wäre, als So-wie-so-Kosten zu berücksichtigen.

> BGH, Urt. v. 17. 5. 1984 – VII ZR 169/82,
> BGHZ 91, 206 = BauR 1984, 510
> = ZfBR 1984, 222;
>
> BGH, Urt. v. 20. 4. 1989 – VII ZR 80/88,
> BauR 1989, 462 = ZfBR 1989, 213;
> vgl. dazu EWiR 1989, 817 (*Siegburg*):
> Unzureichende Dimensionierung einer Kombinationsheizung aus Flächenspeicherheizung und mit Tagstrom betriebenen Direktheizgeräten;
>
> BGH, Urt. v. 16. 7. 1998 – VII ZR 350/96,
> BGHZ 139, 244 = ZIP 1998, 1877
> ZfIR 1998, 642 = BauR 1999, 37
> = ZfBR 1999, 14;
> dazu EWiR 1999, 83 (*Siegburg*):
> Gebrauchstauglichkeit eines Sanierungsobjektes als Miethaus.

43 Diese an der Funktionstauglichkeit des Werkes orientierte Bestimmung des geschuldeten Werkerfolgs wird in der Praxis der Vertragsdurchführung und von Instanzgerichten häufig nicht beachtet. In der Baubranche, unter Rechtsanwälten und auch bei zahlreichen Instanzgerichten ist die unzutreffende Vorstellung verbreitet, dass die Beachtung der anerkannten Regeln der Technik oder die Ausführung der vereinbarten, im Leistungsverzeichnis aufgeführten Leistungselemente für die vertragsgemäße Erfüllung allein ausreicht.

44 Ist das Werk funktionstauglich oder zweckgerecht, weicht es jedoch im Detail von der vertraglichen Vereinbarung ab, ist es ebenfalls nicht vertragsgerecht. Zu dem geschuldeten Werkerfolg gehören nicht nur die ursprünglich vereinbarten Leistungen, sondern auch zulässige Änderungsanordnungen des Auftraggebers nach den §§ 1 Nr. 3, 2 Nr. 5 VOB/B sowie die gemäß den §§ 1 Nr. 4, 2 Nr. 6 VOB/B vom Auftraggeber geforderten zusätzlichen Leistungen, und zwar unabhängig davon, ob so genannte „Nachtragsvereinbarungen" geschlossen worden sind.

45 Erbringt der Auftraggeber ohne Auftrag oder unter eigenmächtiger Abweichung vom Vertrag Leistungen, ist die Leistung des Auftragnehmers insoweit nicht vertragsgerecht, es sei denn, der Auftraggeber erkennt die Leistungen nachträglich als Vertragsleistungen an (§ 2 Nr. 8 VOB/B). Dieser Grundsatz gilt auch für den BGB-Vertrag.

46 Eine Beschränkung der vertraglichen Einstandspflicht im BGB- und VOB/B-Vertrag und damit der Gewährleistungspflicht des Auftragnehmers tritt ein, wenn der Auftraggeber trotz eines Hinweises des Auftragnehmers auf Bedenken hinsichtlich der vom Auftraggeber gelieferten Baustoffe und Bauteile, der geplanten Ausführung sowie der Leistung anderer Unternehmer auf der Ausführung besteht (vgl. hierzu im Einzelnen Rz. 104 ff).

2. Umfang und maßgeblicher Zeitpunkt der Einstandspflicht

47 Der Auftragnehmer schuldet einen Werkerfolg, der der vertraglich vereinbarten Beschaffenheit entspricht. Der Umfang der so genannten Nachbesserung vor und nach der Abnahme bestimmt sich nach dem vereinbarten Erfüllungsziel. Weicht die Leistung des Auftragnehmers von diesem Ziel ab, schuldet der Auftragnehmer grundsätzlich die Leistung, die zur Erfüllung erforderlich ist. Er schuldet Neuherstellung, wenn die Mängel, die Abweichung vom vertraglich geschuldeten Werkerfolg, nur auf diese

Weise nachhaltig beseitigt werden können. Diese Verpflichtung besteht im BGB- und VOB/B-Vertrag vor und nach der Abnahme:

> BGH, Urt. v. 10. 10. 1985 – VII ZR 303/84,
> BGHZ 96, 111 = BauR 1986, 93
> = ZfBR 1986, 23 = JZ 1986, 291 mit Anm. *Köhler*
> = NJW 1986, 711;
> vgl. dazu EWiR 1986, 357 (*Vygen*).

Der maßgebliche Zeitpunkt für die Vertragsgerechtigkeit der Leistung ist **48** grundsätzlich die Abnahme. Das gilt auch für den Stand der anerkannten Regeln der Technik und der Baukunst. Das Risiko einer Änderung des Erkenntnisstandes zwischen Auftragserteilung und Abnahme liegt im Regelfall bei dem Auftragnehmer.

> BGH, Urt. v. 14. 5. 1998 – VII ZR 184/97,
> BGHZ 139, 16 = ZflR 1998, 460
> = BauR 1998, 872 = ZfBR 1998, 247:
> Regeln der Technik betreffend den Luftschallschutz
> für eine Eigentumswohnung.

II. Die Voraussetzung der Gewährleistungsrechte

1. VOB/B-Vertrag

Im VOB/B-Vertrag ist nach § 4 Nr. 2, Nr. 7, § 13 Nr. 1 VOB/B Vorausset- **49** zung für die Gewährleistungsrechte, dass einer der folgenden Tatbestände vorliegt:

– Fehlen der vertraglich zugesicherten Eigenschaft oder

– Verstoß gegen die Regeln der Technik oder

– Vorliegen von Fehlern, die den Wert oder die Tauglichkeit zu dem gewöhnlichen oder dem nach dem Vertrag vorausgesetzten Gebrauch mindern oder aufheben (Mangel).

Die drei Tatbestände begründen jeder für sich, wenn einer von ihnen vor- **50** liegt, die Voraussetzungen für eine Gewährleistungshaftung des Auftragnehmers.

2. BGB-Vertrag

51 Für den BGB-Werkvertrag sind als Voraussetzungen der Gewährleistung nur die folgenden beiden Tatbestände geregelt (§ 633 Abs. 1 BGB a. F. = § 633 Abs. 1–3 BGB):

–   Fehlen der vertraglich zugesicherten Eigenschaft oder

–   Vorliegen von Fehlern, die den Wert oder die Tauglichkeit zu dem gewöhnlichen oder dem nach dem Vertrag vorausgesetzten Gebrauch mindern oder aufheben (Mangel).

52 Der Verstoß gegen die Regeln der Technik ist nicht als Haftungstatbestand im BGB geregelt. Ein Verstoß gegen derartige Regeln begründet jedenfalls dann einen Mangel, wenn die Beachtung dieser Regeln vertraglich vereinbart worden ist. Fehlt eine entsprechende Vereinbarung, ist im Wege der Auslegung zu ermitteln, ob der Stand der Technik stillschweigend vereinbart worden ist. Im Regelfall wird eine derartige stillschweigende Vereinbarung zu bejahen sein, weil der Besteller üblicherweise erwarten darf, dass das Werk zum Zeitpunkt der Abnahme den gleichen technischen Standard aufweist wie vergleichbare Objekte.

> BGH, Urt. v. 14. 5. 1998 – VII ZR 184/97,
> BGHZ 139, 16 = ZfIR 1998, 460
> = BauR 1998, 872 = ZfBR 1998, 247;
> zur Rechtsnatur technischer Vertragsbestimmungen
> vgl. *Quack*, ZfBR 2002, 641.

53 Jedenfalls begründen Verstöße gegen die Regeln der Technik stets einen Mangel, wenn dadurch die vereinbarte oder gewöhnliche Gebrauchstauglichkeit des Werkes beeinträchtigt wird.

54 In der Praxis der Vertragsgestaltung ist den Parteien zu empfehlen, Sicherheits- und Qualitätsstandards, die geschuldet werden sollen, zu vereinbaren, um späteren Streit zu vermeiden.

III. Die haftungsbegründenden Tatbestände

1. Die Selbständigkeit der Tatbestände

55 Die Haftung des Bauunternehmers setzt voraus, dass einer der drei genannten Tatbestände vorliegt. Da sich die Voraussetzungen der einzelnen Tatbestände unterscheiden, ist es erforderlich, die Abweichung des Ist-Zustandes der Werkleistung von dem geschuldeten Werkerfolg den Tatbeständen zuzuordnen. In der Praxis erfüllen derartige Abweichungen häufig nicht nur einen der genannten Tatbestände. Die für die Gewährleistungshaftung erforderliche Abweichung zwischen dem Ist-Zustand und dem vereinbarten Erfüllungsziel kann nur bestimmt werden, wenn zuvor sorgfältig ermittelt worden ist, welchen Werkerfolg der Auftragnehmer schuldete. In der Praxis entsteht vor allem bei so genannten funktionalen Leistungsbeschreibungen und bei sog. unklaren oder lückenhaften Leistungsbeschreibungen Streit über den Umfang des geschuldeten Werkerfolgs und damit über die Frage, ob die Leistung des Auftragnehmers einen Mangel aufweist. Der maßgeblich geschuldete Werkerfolg richtet sich nicht nur nach dem ursprünglichen Werkvertrag, sondern er umfasst auch die Leistungen, die der Auftragnehmer aufgrund einer Anweisung des Auftraggebers (§ 1 Nr. 3 VOB/B) oder aufgrund der berechtigten Forderung nach zusätzlichen Leistungen (§ 1 Nr. 4 VOB/B) erbringt. Die rechtsgeschäftlichen Willenserklärungen des Auftraggebers nach § 1 Nr. 3 und Nr. 4 VOB/B zur Erweiterung oder Änderung des Auftrags ändern die vertraglichen Pflichten des Auftragnehmers.

> BGH, Urt. v. 14. 7. 1994 – VII ZR 186/93,
> ZIP 1994, 1607 = BauR 1994, 760
> = ZfBR 1995, 15;
> vgl. hierzu *Quack*, BauR 1995, 441.
>
> BGH, Urt. v. 25. 1. 1996 – VII ZR 233/94,
> BGHZ 131, 392 = ZIP 1996, 678.

2. Zugesicherte Eigenschaften

Während die Fehlerhaftigkeit der Leistung nur dann ein relevanter haftungsbegründender Mangel ist, wenn der Fehler zu einer Wertminderung oder einer Beeinträchtigung des nach dem Vertrag vorausgesetzten oder gewöhnlichen Gebrauchs führt, begründet das Fehlen einer zugesicherten Eigenschaft allein schon die Mangelhaftigkeit des Werkes. Auf eine Beeinträchtigung des Wertes oder der Gebrauchstauglichkeit kommt es nicht an. Das erhöhte Haftungsrisiko des Auftragnehmers für zugesicherte Eigenschaften ist in der Baubranche nicht überall bekannt. **56**

a) Eigenschaften

Eigenschaften sind neben der physischen Beschaffenheit einer Sache oder Leistung oder der zu ihrer Herstellung verwendeten Materialien alle tatsächlichen und rechtlichen Verhältnisse, die nach der Verkehrsanschauung **57** wegen ihrer Art und Dauer Einfluss auf die Wertschätzung oder die Brauchbarkeit ausüben. Zu den Eigenschaften zählen auch die wertbildenden Faktoren, die tatsächlichen oder rechtlichen Beziehungen der Leistungen zur Umwelt, sofern sie in der Leistung selbst ihren Grund haben und ihr für gewisse Zeit anhaften. Keine Eigenschaften sind der Wert oder der Preis der Leistung.

58 Der Bundesgerichtshof hat beispielsweise folgende Faktoren als Eigenschaften der Werkleistung angesehen:

> Zusage einer Energieersparnis einer Heizungsanlage:
> BGH, Urt. v. 29. 6. 1981 – VII ZR 299/80,
> BauR 1981, 575 = ZfBR 1981, 218
> = NJW 1981, 2403;
> vgl. dazu *Haß*, JA 1982, 87;

> Angabe eines Wärmedurchlasswiderstandes (K-Wert)
> für Fenster- und Türrahmen:
> BGH, Urt. v. 10. 10. 1985 – VII ZR 303/84,
> BGHZ 96, 111 = BauR 1986, 93
> = ZfBR 1986, 23 = JZ 1986, 291 mit Anm. *Köhler*
> = NJW 1986, 711;
> vgl. dazu EWiR 1986, 357 (*Vygen*);

> Angabe eines Schaftdurchmessers für gesenkge-
> schmiedete Regelstangen:
> BGH, Urt. v. 17. 5. 1994 – X ZR 39/93,
> NJW-RR 1994, 1134;

> Zusage, eine Tiefdruckanlage werde den gesetzlichen
> und sicherheitstechnischen Bestimmungen entsprechen:
> BGH, Urt. v. 5. 12. 1995 – X ZR 14/93,
> NJW-RR 1996, 783 = WiB 1996, 604 mit Anm. *Impling*.

b) Zusicherung

59 Das Fehlen einer Eigenschaft begründet nur dann einen Mangel, wenn die Eigenschaft vertraglich zugesichert war. Eine Zusicherung ist das vertraglich vom Auftraggeber gegebene, vom Auftragnehmer angenommene Versprechen, das Werk mit einer bestimmten Eigenschaft auszustatten. Anders als im Kaufrecht ist es nicht erforderlich, dass der Auftragnehmer zum Ausdruck bringt, er werde für alle Folgen einstehen, wenn die Eigenschaft nicht erreicht werde.

> BGH, Urt. v. 17. 5. 1994 – X ZR 39/93,
> NJW-RR 1994, 1134.

BGH, Urt. v. 5. 12. 1995 – X ZR 14/93,
NJW-RR 1996, 783.

Eine Beschreibung der Leistungen in einem Leistungsverzeichnis, in **60**
einem Angebot oder in einer Baubeschreibung ist nicht ohne weiteres eine
Zusicherung einer bestimmten Eigenschaft. Die Zusicherung kann sich
aber im Einzelfall durch Auslegung hieraus entnehmen lassen.

Es ist nicht erforderlich, dass die Zusicherung ausdrücklich oder wörtlich **61**
als solche erfolgt, sie kann auch konkludent, d. h. stillschweigend, vereinbart werden. Eine derartige Zusicherung liegt vor, wenn sich aus den Umständen des Einzelfalles ergibt, dass der Auftraggeber erkennbar großen
Wert auf die Einhaltung der Leistungsbeschreibung legt, weil es ihm darauf ankommt, dass das Werk nach der Leistungsbeschreibung gestaltet
wird und der Auftragnehmer die Einhaltung dieser Leistungsbeschreibung
zumindest stillschweigend verspricht.

BGH, Urt. v. 17. 5. 1994 – X ZR 39/93,
NJW-RR 1994, 1134.

Erkennbar großen Wert in diesem Sinne wird der Auftraggeber beispiels- **62**
weise auf Eigenschaften legen, die aus mehr oder minder weltanschau-
lichen Gründen (Ökologie) oder aus Gründen des Denkmalschutzes gefor-
dert werden.

Die Zusicherung der Abwesenheit eines Fehlers ist eine Eigenschaft der **63**
Leistung. Einseitig gebliebene Erörterungen und Anpreisungen genügen
im Regelfall nicht, die Annahme der Zusicherung einer Eigenschaft zu
rechtfertigen. Ausnahmsweise können derartige Verhaltensweisen eine
Zusicherung begründen, wenn sie im Rahmen von ernsthaften Vertrags-
verhandlungen erfolgen und der Vertrag anschließend abgeschlossen
wurde.

Ein relevanter Mangel liegt vor, wenn eine zugesicherte Eigenschaft fehlt, **64**
auch wenn die Regeln der Technik beachtet worden sind.

3. Anerkannte Regeln der Technik

Der Auftraggeber muss vorbehaltlich einer abweichenden Vereinbarung **65**
die anerkannten Regeln der Technik einhalten.

BGH, Urt. v. 9. 7. 1981 – VII ZR 40/80,
BauR 1981, 577 = ZfBR 1981, 265
= NJW 1981, 2801;

BGH, Urt. v. 14. 5. 1998 – VII ZR 184/97,
BGHZ 139, 16 = ZfIR 1998, 460
= BauR 1998, 872 = ZfBR 1998, 247:
Technische Regeln über Luftschallschutz in einer
Eigentumswohnung;

zur Rechtsnatur technischer Regelungen vgl.
Quack, ZfBR 2002, 641.

66 Entspricht die Bauausführung nicht den Standards dieser Regeln, liegt jedenfalls dann ein Mangel vor, wenn der Fehler die Gebrauchstauglichkeit und den Wert der Sache aufhebt oder mindert (Rz. 84 ff). Diese Voraussetzungen sind im Regelfall gegeben. Ob ein Verstoß gegen die Regeln der Technik ausnahmsweise dann kein Mangel ist, wenn dieser Verstoß den Wert oder die Gebrauchstauglichkeit des Werkes nicht beeinträchtigt und auch in Zukunft nicht beeinträchtigen kann, hat der Bundesgerichtshof bisher nicht entschieden.

67 Die Verpflichtung des Unternehmers, die Regeln der Technik einzuhalten, gilt für den VOB/B-Vertrag und im Regelfall auch für den BGB-Vertrag. Die anerkannten Regeln der Technik sind nicht identisch mit den allgemein technischen Bestimmungen des Teiles C der VOB. Die Regeln der Technik müssen nicht identisch sein mit den DIN-Vorschriften, nicht jede DIN entspricht den Regeln der Technik. Der für das Deliktsrecht zuständige VI. Zivilsenat des Bundesgerichtshofs hat Regeln der Technik unter der Voraussetzung als allgemein anerkannt klassifiziert, dass sie der herrschenden Auffassung unter den technischen Praktikern entsprechen:

BGH, Urt. v. 11. 12. 1979 – VI ZR 141/78,
NJW 1980, 1219.

68 An dieser Entscheidung orientieren sich die in der Literatur üblichen Definitionen, die sich nur unwesentlich unterscheiden. „Anerkannte Regeln der Technik sind solche bautechnischen Regeln, die in der Wissenschaft als theoretisch richtig anerkannt worden sind und die sich in der Praxis bewährt haben, und zwar dadurch, dass sie von der Gesamtheit der für die Anwendung der Regeln in Betracht kommenden Techniker, die die für die Beurteilung der Regeln erforderliche Vorbildung besitzen, anerkannt und mit Erfolg praktisch angewandt worden sind" (*Heiermann/Riedl/Rusam*, VOB, 9. Aufl., B § 4 Rz. 37). Die Formulierung geht auf eine Entscheidung des Reichsgerichts in Strafsachen zur Strafbarkeit der Baugefährdung zurück. Sie enthält Erwägungen, die für das Zivilrecht nicht ohne weiteres übernommen werden können.

In einer neueren Entscheidung hat der VII. Zivilsenat des Bundesgerichts- **69** hofs den Stand der anerkannten Regeln der Technik abweichend von den herkömmlichen Definitionen in der Literatur danach bestimmt, welchen Qualitäts- und Komfortstandard der Auftraggeber erwarten kann. Maßstab für die berechtigte Erwartung ist der Standard vergleichbarer zeitgleich fertig gestellter und abgenommener Objekte.

> BGH, Urt. v. 14. 5. 1998 – VII ZR 184/97,
> BGHZ 139, 16 = ZfIR 1998, 460
> = BauR 1998, 872 = ZfBR 1998, 247:
> Technischer Standard des geschuldeten Luftschallschutzes
> für eine Eigentumswohnung;
>
> zur Rechtsnatur technischer Regelwerke vgl.
> *Quack*, ZfBR 2002, 164.

Die DIN-Normen sind keine Rechtsnormen, sondern private technische **70** Regelungen mit Empfehlungscharakter. Sie können die anerkannten Regeln der Technik wiedergeben oder hinter diesen zurückbleiben.

> BGH, Urt. v. 14. 5. 1998 – VII ZR 184/97,
> BGHZ 139, 16 = ZfIR 1998, 460
> = BauR 1998, 872 = ZfBR 1998, 247:
> Geschuldeter Luftschallschutz für eine Eigentums-
> wohnung.

In der Praxis kommt es nicht selten vor, dass die veröffentlichten techni- **71** schen Vorschriften durch die Entwicklung des Erkenntnisstandes überholt sind.

> BGH, Urt. v. 27. 9. 1994 – VI ZR 150/93,
> ZIP 1994, 1960 = NJW 1994, 3349
> = WiB 1995, 126 mit Anm. *Meyer*;
> vgl. dazu EWiR 1995, 43 (*von Westphalen*);
> *Foerste*, LM BGB § 823 (De) Nr. 196 (2/1995):
> Möglichkeit eines Bedienungsfehlers beim Anschluss
> eines medizinischen Geräts;
>
> BGH, Urt. v. 19. 1. 1995 – VII ZR 131/93,
> BauR 1995, 230 = ZfBR 1995, 132:
> Schallschutzmangel einer Treppe in einem Doppelhaus;

BGH, Urt. v. 14. 5. 1998 – VII ZR 184/97,
BGHZ 139, 16 = ZfIR 1998, 460
= BauR 1998, 872 = ZfBR 1998, 247:
Technischer Standard des geschuldeten Luftschall-
schutzes für eine Eigentumswohnung.

72 Weitere Beispiele sind die so genannten Flachdachfälle aus der Nichtan-
nahmepraxis des VII. Zivilsenates. In diesen Fällen waren Flachdächer
nach den veröffentlichten Regeln der Technik gebaut worden, zum Zeitpunkt der Abnahme waren diese Regeln der Technik durch die Erkennt-
nisse über die Unzulänglichkeit der bisherigen Bauweise überholt.

73 Die Parteien können vereinbaren, dass anerkannte Regeln der Technik
nicht einzuhalten sind. Eine derartige Vereinbarung können die Parteien
ausdrücklich oder stillschweigend treffen. In Sanierungsfällen, wie beispielsweise der Sanierung von Altbauten oder von Plattenbauten in den
neuen Bundesländern, wird der Auftragnehmer im Regelfall die anerkannten Regeln der Technik bei Eingriffen in die Altbausubstanz nicht einhalten können. Falls die Parteien in derartigen Fällen keine Vereinbarung getroffen haben, ist im Wege der Auslegung des Vertrages zu ermitteln, ob
und in welchem Umfang der Auftragnehmer verpflichtet war, die anerkannten Regeln der Technik einzuhalten. Soweit der Auftragnehmer ein
Objekt saniert und anbietet, das für den Auftraggeber erkennbar Bauteile
enthält, die von der Sanierungsmaßnahme nicht erfasst worden sind, ist es
zumindest zweifelhaft, ob der Auftragnehmer für diesen Bauteil den anerkannten Stand der Technik schuldet.

74 Vereinbaren die Parteien in einem Vertrag über die Sanierung eines Objek-
tes ohne Einschränkung die VOB/B, dann ist das Werk im Regelfall nur
vertragsgerecht, wenn es den anerkannten Regeln der Technik entspricht:

BGH, Urt. v. 16. 7. 1998 – VII ZR 350/96,
BGHZ 139, 244 = ZIP 1998, 1877
ZfIR 1998, 642 = BauR 1999, 37
= ZfBR 1999, 14;
dazu EWiR 1999, 83 (*Siegburg*):
Gebrauchstauglichkeit eines Sanierungsobjektes als
Mietshaus; Sanierung von Decken, Wänden und Böden,
technische Regeln über den Brand- und Schallschutz.

75 Für die Vertragspraxis ist den Parteien, vor allem dem Auftragnehmer –
Bauunternehmer, Bauträger – dringend anzuraten, die Problematik des geschuldeten technischen Standards vertraglich zu regeln.

Der Auftragnehmer eines VOB/B-Vertrages ist gemäß § 4 Nr. 2 Abs. 1 **76** Satz 2 VOB/B verpflichtet, bei der Ausführung der Leistung zusätzlich zu den anerkannten Regeln der Technik die gesetzlichen und behördlichen Bestimmungen zu beachten. Zu den behördlichen Bestimmungen zählen auch die dem Auftraggeber erteilte Baugenehmigung und die darin enthaltenen Auflagen.

> BGH, Urt. v. 5. 2. 1998 – VII ZR 170/96,
> ZfIR 1998, 196 = BauR 1998, 397:
> Auflagen hinsichtlich der Gründung eines Güllebehälters.

Nach der Rechtsprechung des Bundesgerichtshofs spricht eine Vermutung **77** dafür, dass im örtlichen und zeitlichen Zusammenhang mit dem Verstoß gegen die anerkannten Regeln der Technik entstandene Schäden auf der Verletzung der Regeln der Technik beruhen. Der Auftragnehmer kann diese Vermutung durch den Nachweis der fehlenden Ursächlichkeit widerlegen.

> Vgl. folgende Grundsatzentscheidung:
> BGH, Urt. v. 19. 4. 1991 – V ZR 34/89,
> BGHZ 114, 273 = ZfBR 1991, 252
> = NJW 1991, 2021;
> vgl. dazu EWiR 1991, 1033 (*Siegburg*):
> Schäden am Nachbargrundstück bei der Aushebung
> einer Baugrube.

4. Der Mangel

Ein Mangel des Werkes liegt vor, wenn das ausgeführte Werk von der Be- **78** schaffenheit der Werkleistung abweicht, die von den Parteien im Vertrag vereinbart oder vorausgesetzt worden ist, und wenn dieser Fehler den Wert oder die Tauglichkeit des Werkes beeinträchtigt (subjektiver Fehlerbegriff). Diese einschränkende Voraussetzung, die Beeinträchtigung des Wertes oder der Gebrauchstauglichkeit, des bisherigen Rechts (§ 633 BGB a. F.), kennt das neue Recht nicht (§ 633 Abs. 2 BGB). Ein Mangel liegt nach neuem Recht bereits dann vor, wenn die Istbeschaffenheit des Werks von der Sollbeschaffenheit abweicht (vgl. *Thode*, NZBau 2002, 297, 302 f).

> BGH, Urt. v. 21. 1. 1999 – VII ZR 398/97,
> ZfIR 1999, 347 = BauR 1999, 648:
> Geringere Wohnfläche, als im Vertrag vereinbart;

BGH, Urt. v. 11. 11. 1999 – VII ZR 403/98,
BauR 2000, 411 = ZfBR 2000, 121
= NZBau 2000, 74:
Dichtigkeit eines Daches einer Lager- und Produktions-
halle gegen heftigen Regen;

BGH, Urt. v. 21. 3. 2002 – VII ZR 493/00,
BGHZ 150, 226 = ZfIR 2002, 631 mit Anm. *Blank*
= BauR 2002, 1385 = NZBau 2002, 495
= ZfBR 2002, 661;
dazu EWiR 2002, 977 (*v. Hoyningen-Huene*):
Erwerb von Bauträger; Erforderlichkeit von mehreren
Stoßlüftungen pro tag und erhöhter Heizungsaufwand einer
Souterrainwohnung bedingt durch die Lage der Wohnung;

BGH, Urt. v. 9. 1. 2003 – VII ZR 181/00,
ZIP 2003, 724 = ZfIR 2003, 279 mit Anm. *Schwenker*
= BauR 2003, 533 = NZBau 2003, 214;
dazu EWiR 2003, 391 (*Siegburg*):
Verwendung von Beton der Güteklasse B 25 statt der
vereinbarten Güteklasse B 35 für die Decke eines Park-
hauses; Verlust einer Nutzlastreserve und Risiko höherer
Betriebs- und Instandhaltungskosten.

79 Eine haftungsbegründende Beeinträchtigung der Gebrauchstauglichkeit
liegt nicht nur dann vor, wenn der nach dem Vertrag vorausgesetzte Gebrauch konkret eingeschränkt ist, es kann genügen, dass ein relevantes Risiko zukünftiger Beeinträchtigungen besteht.

BGH, Urt. v. 24. 10. 1996 – VII ZR 98/94,
ZfIR 1997, 23 = BauR 1997, 129
= ZfBR 1997, 75 = NJW-RR 1997, 339
= WiB 1997, 661 mit Anm. *Laux*:
Risiko von Wassereinbrüchen in eine nicht vertrags-
gemäß abgedichtete Tiefgarage bei extremen Hoch-
wasserständen;

BGH, Urt. v. 9. 1. 2003 – VII ZR 181/00,
ZIP 2003, 724 = ZfIR 2003, 279 mit Anm. *Schwenker*
= BauR 2003, 533 = NZBau 2003, 214;
dazu EWiR 2003, 391 (*Siegburg*):
Risiko höherer Betriebs- und Instandhaltungskosten.

80 Der Maßstab für eine relevante Beeinträchtigung des Gebrauchs ist die
vertragliche Vereinbarung. Für die Frage der Mangelhaftigkeit ist es unerheblich, dass die Bauausführung möglicherweise wirtschaftlich und technisch besser ist als die vereinbarte.

BGH, Urt. v. 7. 3. 2002 – VII ZR 1/00,
ZflR 2002, 802 mit Anm. *Schwenker*
= BauR 2003, 1536 = NZBau 2002, 571
= ZfBR 2002, 767.

Der gewöhnliche Gebrauch ist als Kriterium für die Ermittlung der Ver- **81**
tragsgerechtigkeit nur maßgeblich, wenn sich ein nach dem Vertrag vor-
ausgesetzter Gebrauch ausnahmsweise auch nicht mit dem juristischen In-
strumentarium der Vertragsauslegung ermitteln lässt. Das wird selbst bei
einfacheren Bauwerken selten der Fall sein. Der gewöhnliche Gebrauch ist
im Unterschied zu dem nach dem Vertrag vorausgesetzten Gebrauch objektiv zu bestimmen. Maßgeblich sind die Erwartungen des Bestellers, die
er nach Umständen des Falles, vor allem nach den örtlichen Verhältnissen,
redlicherweise an das Werk stellen kann.

BGH, Urt. v. 5. 7. 2001 – VII ZR 399/99,
ZflR 2001, 812 mit Anm. *Vogel*
= BauR 2001, 1731 = ZfBR 2001, 530:
Gewöhnlicher Gebrauch eines Ladenlokals.

Eine Leistung ist auch dann mangelhaft, wenn sie bei der Ausführung oder **82**
bei der Abnahme den anerkannten Regeln der Technik entsprach. Entspricht das vom Bauunternehmer hergestellte Werk nicht dem vertraglich
vorausgesetzten oder dem gewöhnlichen Gebrauch, so liegt ein gewähr-
leistungspflichtiger Mangel auch dann vor, wenn die anerkannten Regeln
der Technik eingehalten worden sind.

Dieser Grundsatz der ständigen Rechtsprechung des Bundesgerichtshofs **83**
wird von den Instanzgerichten häufig nicht beachtet. Von einigen Instanzgerichten wird ein relevanter haftungsbegründender Mangel verneint,
wenn das Werk den anerkannten Regeln der Technik zur Zeit der Ausführung und der Abnahme entsprach, auch wenn der Fehler die Gebrauchstauglichkeit oder den Wert der Sache beeinträchtigt. Der Bundesgerichtshof hat diese Ansicht in mehreren Grundsatzentscheidungen abgelehnt.

Blasbachtalbrückenfall:
OLG Frankfurt/M., Urt. v. 27. 5. 1981
– 17 U 82/80, BauR 1983, 156
= NJW 1983, 456;
Revision vom BGH nicht angenommen:
Beschl. v. 21. 10. 1982 – VII ZR 189/81;

BGH, Urt. v. 6. 5. 1985 – VII ZR 304/83,
BauR 1985, 567 = ZfBR 1985, 276:
Korrosion an Aluminiumheizkörpern;

BGH, Urt. v. 20. 4. 1989 – VII ZR 80/88,
BauR 1989, 462 = ZfBR 1989, 213;
vgl. dazu EWiR 1989, 817 (*Siegburg*):
Unzureichende Fußbodennachtspeicherheizung;

BGH, Urt. v. 19. 1. 1995 – VII ZR 131/93,
BauR 1995, 230 = ZfBR 1995, 132:
Schallschutzmangel einer Wohntreppe in einem
Doppelhaus;

BGH, Urt. v. 14. 5. 1998 – VII ZR 184/97,
BGHZ 139, 16 = ZflR 1998, 460
= BauR 1998, 872 = ZfBR 1998, 247:
Geschuldeter Luftschallschutz für eine Eigentums-
wohnung;

BGH, Urt. v. 16. 7. 1998 – VII ZR 350/96,
BGHZ 139, 244 = ZIP 1998, 1877
ZflR 1998, 642 = BauR 1999, 37
= ZfBR 1999, 14;
dazu EWiR 1999, 83 (*Siegburg*):
Gebrauchstauglichkeit eines Sanierungsobjektes
als Mietshaus;

BGH, Urt. v. 19. 11. 1998 – VII ZR 371/96,
BauR 1999, 254 = ZfBR 1999, 153:
Ebenflächigkeit eines Industrieestrichbodens.

BGH, Urt. v. 11. 11. 1999 – VII ZR 403/98,
BauR 2000, 411 = NZBau 2000, 74
= ZfBR 2000, 121:
Regendichtigkeit eines Daches einer Lager- und
Produktionshalle.

84 Die anerkannten Regeln der Technik beschränken sich nicht auf technische Anforderungen, die das Bauordnungsrecht vorgibt. Dieser technische Bereich ist ohnehin in der VOB/B zusätzlich sanktioniert (vgl. § 4 Nr. 2 Abs. 1 VOB/B).

BGH, Urt. v. 5. 2. 1998 – VII ZR 170/96,
ZflR 1998, 196 = BauR 1998, 397:
Bau eines Güllebehältnis unter Missachtung von Auf-
lagen in der Baugenehmigung.

85 Es geht vielmehr, was von vielen Sachverständigen verkannt wird, entscheidend auch um technische Standards, die für Komfort oder Qualität oberhalb der öffentlich-rechtlichen Anforderungen bestehen.

BGH, Urt. v. 14. 5. 1998 – VII ZR 184/97,
BGHZ 139, 16 = ZflR 1998, 460
= BauR 1998, 872 = ZfBR 1998, 247:
Geschuldeter Schallschutz für eine Eigentumswohnung;

zur Rechtnatur technischer Regeln
vgl. *Quack*, ZfBR 2002, 164.

Deshalb kommt es auch nicht, was in der Vorinstanz zu der o.a. Entschei- **86** dung verkannt worden ist, auf die „Einführung" als bauordnungsrechtliche Norm an.

IV. Unverhältnismäßiger Mängelbeseitigungsaufwand

1. Bedeutung in Praxis

Der Einwand des Auftragnehmers gegenüber der Aufforderung des Auf- **87** traggebers zur Mängelbeseitigung, er verweigere die Mängelbeseitigung, weil der Mängelbeseitigungsaufwand unverhältnismäßig sei, gehört in der Praxis der Vertragsabwicklung zu den häufigsten Verteidigungsmitteln des Auftragnehmers. Dieser Einwand, den der Auftragnehmer im BGB-Vertrag (§ 633 Abs. 2 Satz 3 BGB a. F. = § 635 Abs. 3 BGB) und im VOB/B-Vertrag (§ 13 Nr. 6 VOB/B) erheben kann, beschränkt, wenn er begründet ist, den Auftraggeber auf die Gewährleistungsrechte der Minderung und des Schadensersatzes. Im BGB-Vertrag kann der Auftragnehmer diesen Einwand vor und nach der Abnahme erheben. Für den VOB/B-Vertrag ist dieses Recht des Auftragnehmers nur für den Zeitraum nach der Abnahme vorgesehen, ob dem Auftragnehmer der Einwand auch vor der Abnahme zusteht, ist höchstrichterlich bisher nicht geklärt.

BGH, Urt. v. 30. 4. 1992 – VII ZR 185/90,
BauR 1992, 627 = ZfBR 1992, 216
= NJW 1992, 2481.

In der Praxis der Instanzgerichte besteht die Neigung, die Unverhältnis- **88** mäßigkeit nicht nach den vom Bundesgerichtshof entwickelten normative Grundsätzen zu bestimmen, sondern nach den ingenieurtechnischen Kriterien der Sachverständigen (vgl. etwa *Oswald*, Die Beurteilung von optischen Mängeln, in: Kapellmann/Vygen, Jahrbuch Baurecht 1998, S. 357). Sachverständige bejahen, gefragt oder ungefragt, eine Unverhältnismäßigkeit schon dann, wenn die Sanierungskosten einen beachtlichen Aufwand erreichen, z. B. wenn sie den Werklohn oder die ursprünglich erforderlichen Herstellungskosten übersteigen. Das für die normative Beurteilung der Unverhältnismäßigkeit vorrangige Kriterium, das berechtigte Interesse des Auftraggebers an dem mangelfreien und funktionsfähigen Werk, spielt bei der betriebswirtschaftlichen oder ingenieurtechnischen Beurteilung keine Rolle.

> BGH, Urt. v. 6. 12. 2001 – VII ZR 241/00,
> ZIP 2002, 484 = BauR 2002, 613
> = NZBau 2002, 338 = ZfBR 2002, 345:
> Verunreinigung einer Fassade mit Mörtelresten.

89 Die Frage der Unverhältnismäßigkeit ist keine Sachverständigenfrage, sondern eine Rechtsfrage. Die verbreitete Neigung der Instanzgerichte, die Unverhältnismäßigkeit durch einen Sachverständigen klären zu lassen und dessen Ergebnis zu übernehmen, ist ein grober Fehler. Diese bekannte Neigung der Instanzgerichte bietet unseriösen Bauunternehmern einen Anreiz, kostenintensive vertraglich geschuldete Standards zu unterschreiten, wie beispielsweise die geschuldeten Standards des Wärme- und Schallschutzes und der Abdichtung gegen Feuchtigkeit.

2. Die Rechtsprechung des Bundesgerichtshofs

a) Die Abwägungskriterien

90 Nach der ständigen Rechtsprechung des Bundesgerichtshofs sind die zur Beseitigung eines Werkmangels erforderlichen Aufwendungen unverhältnismäßig, wenn der damit in Richtung auf die Beseitigung des Mangels erzielte Erfolg oder Teilerfolg bei Abwägung aller Umstände des Einzelfalles in keinem vernünftigen Verhältnis zur Höhe des dafür gemachten Geldaufwandes steht.

> BGH, Urt. v. 23. 2. 1995 – VII ZR 235/93,
> BauR 1995, 540 = ZfBR 1995, 197
> = NJW 1995, 1836:
> Rammpfahlgründung; Setzungen der pfahlgegründeten
> Gebäude; Unverhältnismäßigkeit nachträglicher kosten-
> intensiver Pfahlgründung verneint.

91 Im Rahmen der Abwägung ist vorrangig maßgebend das Verhältnis der Mangelbeseitigungskosten zu dem Vorteil, den der Auftraggeber durch die Mangelbeseitigung erhält.

> BGH, Urt. v. 30. 4. 1992 – VII ZR 185/90,
> BauR 1992, 627 = ZfBR 1992, 216:
> Möglicher Einfluss auf die Standsicherheit eines Ge-
> bäudes durch das Auswechseln einer Attikaplatte;
> Kosten: 36.000 DM; Unverhältnismäßigkeit verneint.

Die Höhe der zur Mängelbeseitigung erforderlichen Kosten ist allein nicht **92**
entscheidend, selbst dann nicht, wenn sie beträchtlicher sind, als die wirtschaftliche Bedeutung des Mangels für den Bauherrn. Verfehlt ist es auch,
auf ein Verhältnis zum Gesamtwerklohn abzustellen. Hat der Besteller an
der Nachbesserung ein berechtigtes Interesse, dann ist es ohne Bedeutung,
dass die dafür erforderlichen Aufwendungen wesentlich höher sind als die
für die ursprünglich zu erbringende Leistung.

> BGH, Urt. v. 23. 2. 1995 – VII ZR 235/93,
> BauR 1995, 540 = ZfBR 1995, 197
> = NJW 1995, 1836:
> Rammpfahlgründung; Setzungen der pfahlgegründeten
> Gebäude; Unverhältnismäßigkeit nachträglicher kosten-
> intensiver Pfahlgründung verneint;
>
> BGH, Urt. v. 24. 4. 1997 – VII ZR 110/96,
> BauR 1997, 638 = ZfBR 1997, 249:
> Nachbesserung eines Schallschutzmangels einer Reihen-
> hausanlage, Durchsägen der Trennwände.

Bei der Abwägung der Umstände ist zu Lasten des Auftraggebers die **93**
Schwere des Vertragsverstoßes und das Verschulden des Auftragnehmers
zu berücksichtigen.

> BGH, Urt. v. 23. 2. 1995 – VII ZR 235/93,
> BauR 1995, 540 = ZfBR 1995, 197
> = NJW 1995, 1836:
> Rammpfahlgründung; Setzungen der pfahlgegründeten
> Gebäude; Unverhältnismäßigkeit nachträglicher kosten-
> intensiver Pfahlgründung verneint.

Der Nachbesserungsaufwand ist nur dann unverhältnismäßig, wenn einem **94**
objektiv geringen Interesse des Bestellers an einer völlig ordnungsgemäßen Vertragsleistung ein ganz erheblicher und deshalb vergleichsweise un-
angemessener Aufwand gegenübersteht. Hat der Besteller hingegen objektiv ein berechtigtes Interesse an einer ordnungsgemäßen Erfüllung des
Vertrages, was vor allem anzunehmen ist, wenn die Funktionsfähigkeit des
Werkes spürbar beeinträchtigt ist, so kann regelmäßig nicht wegen hoher
Kosten die Nachbesserung verweigert werden. Ohne Bedeutung für die

Abwägung ist das Preis- Leistungsverhältnis des Vertrages und das Verhältnis von Nachbesserungsaufwand zu den zugehörigen Vertragspreisen, ebenso wenig allein das Verhältnis von Nachbesserungsaufwand und der dadurch zu erreichenden Wertsteigerung:

> BGH, Urt. v. 4. 7. 1996 – VII ZR 24/95,
> ZIP 1996, 1905 = BauR 1996, 858
> = ZfBR 1996, 313 = NJW 1996, 3269;
> vgl. dazu EWiR 1996, 1063 (*Siegburg*);
> *Littbarski*, LM BGB § 633 Nr. 96 (1/1997):
> Nachbesserung durch Installierung eines Fahrstuhles in
> einem Hotel in Sonderanfertigung; Kosten:150.000 DM;
> Unverhältnismäßigkeit verneint;

> BGH, Urt. v. 24. 4. 1997 – VII ZR 110/96,
> BauR 1997, 638 = ZfBR 1997, 249:
> Schallschutzmangel einer Reihenhausanlage, Durchsägen
> der Trennwände.

95 Im Ergebnis läuft diese Rechtsprechung darauf hinaus, dass der Einwand der Unverhältnismäßigkeit ein Sonderfall von Treu und Glauben ist, wie das für die ganz ähnlich strukturierte Vorschrift des § 251 Abs. 2 BGB der ganz herrschenden Meinung entspricht. Dass es im Ergebnis um Treu und Glauben und nicht um wirtschaftliche Überlegungen im weitesten Sinne geht, lässt sich auch aus dem Ausschluss des Einwands bei Vorsatz und aus der Berücksichtigung des Verschuldens am Vertragsverstoß herleiten.

> Vgl. hierzu im Einzelnen
> *Quack*, in: Festschrift Vygen, 1999, S. 368.

96 Der Einwand der Unverhältnismäßigkeit betrifft nur den Aufwand für den Nachbesserungsaufwand, nicht hingegen den Schadensersatzanspruch gemäß § 635 BGB a. F. (= § 634 Nr. 4; § 636 i. V. m. §§ 280, 281, 283 BGB).

> BGH, Urt. v. 26. 10. 1972 – VII ZR 181/71,
> BGHZ 59, 365 = BauR 1973, 112:
> Unverhältnismäßigkeit der Nachbesserung; Nach-
> besserungskosten als Schaden;

> BGH, Urt. v. 7. 3. 2002 – VII ZR 1/00,
> ZfIR 2002, 802 mit Anm. *Schwenker*
> = NZBau 2002, 571:
> Mangelhafte Bauausführung aufgrund eines Planungs-
> fehlers; Haftung des Architekten.

Darf der Unternehmer die Nachbesserung verweigern, weil der Nachbesse- **97** rungsaufwand unverhältnismäßig ist, kann der Auftraggeber seinen Schadensersatzanspruch grundsätzlich nach den von ihm für die Mängelbeseitigung gemachten Aufwendungen berechnen, er ist nicht auf den merkantilen Minderwert beschränkt. Dem Unternehmer steht gegenüber diesem Anspruch ausnahmsweise der schadensrechtliche Einwand der unverhältnismäßigen Aufwendungen in entsprechender Anwendung des § 251 Abs. 2 BGB a. F. zu. Der schadensrechtliche Einwand unterliegt sehr viel strengeren Anforderungen, als die Einrede gemäß § 633 Abs. 2 Satz 3 BGB a. F. (= § 635 Abs. 3 BGB).

> BGH, Urt. v. 26. 10. 1972 – VII ZR 181/71,
> BGHZ 59, 365 = BauR 1973, 112:
> Unverhältnismäßigkeit der Nachbesserung; Nachbesserungskosten als Schaden.

Verursacht ein Planungsmangel eines Architekten die Mangelhaftigkeit **98** des Bauwerkes, dann kann der Architekt die Einrede der Unverhältnismäßigkeit gegenüber den Kosten für die Mängelbeseitigung am Bauwerk nicht erheben. Die Einrede der Unverhältnismäßigkeit betrifft nur den Aufwand für die Nachbesserung des Planungsmangels des Architektenwerkes und nicht die Mangelfolgeschäden. Die Kosten für die Mängelbeseitigung sind ein Mangelfolgeschaden des Planungsmangels.

> BGH, Urt. v. 7. 3. 2002 – VII ZR 1/00,
> ZfIR 2002, 802 mit Anm. *Schwenker*
> = NZBau 2002, 571:
> Mangelhafte Bauausführung aufgrund eines Planungsfehlers; Haftung des Architekten.

In einer neueren Entscheidung hat der Bundesgerichtshof die Grundsätze **99** zur Unverhältnismäßigkeit der Leistung in einem Grundsatzurteil bestätigt und weiter entwickelt. Die Leitsätze lauten wie folgt:

> „2a. Aufgrund der Risikoverteilung des Werkvertrages trägt der Unternehmer grundsätzlich das Erfüllungsrisiko für die versprochene Leistung unabhängig von dem dafür erforderlichen Aufwand. Diese Risikoverteilung gilt auch für die Pflicht des Unternehmers zur Nachbesserung einer mangelhaft erbrachten Leistung.
>
> 2b. Der Einwand der Unverhältnismäßigkeit der Nachbesserung ist nur dann gerechtfertigt, wenn einem objektiv geringen Interesse des Bestellers an einer mangelfreien Vertragsleistung unter Abwägung aller Umstände ein ganz erheblicher und deshalb vergleichsweise unangemessener Aufwand

gegenübersteht, so dass die Forderung auf ordnungsgemäße Vertragserfül-
lung ein Verstoß gegen Treu und Glauben ist.

2c. Der Maßstab für das objektiv berechtigte Interesse des Bestellers an
einer ordnungsgemäßen Erfüllung, auch durch eine Nachbesserung einer
mangelhaft erbrachten Leistung, ist der vereinbarte oder nach dem Vertrag
vorausgesetzte Gebrauch des Werkes."

> BGH, Urt. v. 6. 12. 2001 – VII ZR 241/00,
> ZIP 2002, 484 = BauR 2002, 613
> = NZBau 2002, 338 = ZfBR 2002, 345:
> Verunreinigung einer Klinkerfassade mit Mörtelresten.

100 Der Bundesgerichtshof hat in diesen Urteilen zugleich entschieden, dass in
Ausnahmefällen der Auftragnehmer zu einer bestimmten Nachbesserungsmaßnahme verpflichtet sein kann, und dass eine von dem ursprünglich geschuldeten Werkerfolg abweichende Nachbesserungsmaßnahme geschuldet wird, wenn nur durch diese Maßnahme ein Zustand erreicht wird,
der die negativen Auswirkungen des Mangels für den nach dem Vertrag
vorausgesetzten Gebrauch vermindert.

> BGH, Urt. v. 4. 7. 1996 – VII ZR 24/95,
> ZIP 1996, 1905 = BauR 1996, 858
> = ZfBR 1996, 313;
> vgl. dazu EWiR 1996, 1063 (*Siegburg*);
> *Littbarski*, LM BGB § 633 Nr. 96 (1/1997):
> Nachbesserung durch Installierung eines Fahrstuhles
> in einem Hotel in Sonderanfertigung; Kosten: 150.000 DM;
> Unverhältnismäßigkeit verneint.

101 Ob dem Auftragnehmer der Einwand der Unverhältnismäßigkeit auch dann
zusteht, wenn er eine Eigenschaft zugesichert hat, wird von der herrschenden Meinung verneint. Diese Frage ist vom Bundesgerichtshof bisher noch
nicht entschieden worden.

> Zum Meinungsstand und insgesamt eingehend zu diesem
> Thema vgl. *Mandelkow*, BauR 1996, 656 ff.

102 Nach neuem Recht stellt sich dieses Problem nicht, weil die zugesicherte
Eigenschaft als besonderes Beschaffenheitsmerkmal des geschuldeten
Werkerfolges nicht mehr vorgesehen ist (§ 633 Abs. 2 BGB n. F.; vgl.
hierzu *Thode*, NZBau 2002, 297).

b)   Der maßgebliche Zeitpunkt

Maßgeblich für die Bewertung des zur Nachbesserung erforderlichen   **103**
Aufwandes ist der Zeitpunkt, zu dem die vertragsgemäße Erfüllung geschuldet war. Eine Erhöhung des Aufwandes, der durch spätere Baukostenerhöhung verursacht wird, ist nicht zu berücksichtigen. Derartige Kos-
tenerhöhungen gehören zum Erfüllungsrisiko des Unternehmers, sie können regelmäßig den Einwand der Unverhältnismäßigkeit nicht rechtfertigen.

> BGH, Urt. v. 23. 2. 1995 – VII ZR 235/93,
> BauR 1995, 540 = ZfBR 1995, 197
> = NJW 1995, 1836:
> Rammpfahlgründung; Setzungen der pfahlgegründeten
> Gebäudes;
>
> BGH, Urt. v. 4. 7. 1996 – VII ZR 24/95,
> ZIP 1996, 1905 = BauR 1996, 858
> = ZfBR 1996, 313 = NJW 1996, 3269;
> vgl. dazu EWiR 1996, 1063 (*Siegburg*);
> *Littbarski*, LM BGB § 633 Nr. 96 (1/1997):
> Nachbesserung durch Installierung eines Fahrstuhles in
> einem Hotel in Sonderanfertigung;
>
> BGH, Urt. v. 24. 4. 1997 – VII ZR 110/96,
> BauR 1997, 638 = ZfBR 1997, 249:
> Schallschutzmangel einer Reihenhausanlage, Durchsägen
> der Trennwände.

V.   Die Prüfungs- und Hinweispflichten des Auftragnehmers

1.   Die Grundsätze

a)   Gegenstand, Inhalt und Folgen

Der Auftragnehmer trägt das Risiko des vertraglich geschuldeten Erfolges   **104**
grundsätzlich auch dann, wenn die Ursache des Mangels des von ihm her-
gestellten Werkes auch oder ganz im Verantwortungsbereich des Auftraggebers oder eines Vorunternehmers liegt. Eine Ausnahmeregelung zu der
werkvertraglichen Einstandspflicht des Auftragnehmers enthält § 13 Nr. 3
VOB/B in Verbindung mit § 4 Nr. 3 VOB/B. Diese Regelungen finden
auch im BGB-Werkvertrag Anwendung.

> BGH, Urt. v. 23. 10. 1986 – VII ZR 48/85,
> BauR 1987, 79 = ZfBR 1987, 32
> = NJW 1987, 643;
> vgl. dazu *Motzke*, ZfBR 1988, 244.

105 Nach § 13 Nr. 3 VOB/B ist der Auftragnehmer von der Gewährleistung für solche Mängel frei, die auf der Leistungsbeschreibung oder Anordnung des Auftraggebers, auf die von diesem gelieferten oder angeordneten Stoffe oder Bauteile oder der Beschaffenheit der Vorleistung eines anderen Unternehmers zurückzuführen sind. Die Haftungsfreistellung setzt allerdings voraus, dass der Auftragnehmer seiner Prüfungs- und Mitteilungspflicht nach § 4 Nr. 3 VOB/B genügt hat. Nach dieser Vorschrift hat der Auftragnehmer die ihm obliegende Prüfung durchzuführen und dem Auftraggeber Bedenken gegen die vorgesehene Art der Ausführung, gegen die Güte der vom Auftraggeber gelieferten Stoffe oder Bauteile oder gegen die Leistung anderer Unternehmer dem Auftraggeber unverzüglich, möglichst vor Beginn der Arbeiten, schriftlich mitzuteilen. Unterlässt der Auftragnehmer die Prüfung oder die Mitteilung, dann haftet er für die eingetretenen Mängel.

> BGH, Urt. v. 16. 5. 1974 – VII ZR 35/72,
> BauR 1975, 130:
> Haftung des Nachunternehmers für Mängel des Werks
> des Vorunternehmers;
>
> BGH, Urt. v. 8. 7. 1982 – VII ZR 314/81,
> BauR 1983, 70 = ZfBR 1983, 562:
> Fehlerhafte Vorarbeiten für eine Ringdrainage;
>
> BGH, Urt. v. 23. 10. 1986 – VII ZR 267/85,
> BauR 1987, 86 = ZfBR 1987, 34:
> Haftung des Nachunternehmers für Mängel des Werkes
> des Vorunternehmers;
>
> BGH, Urt. v. 11. 10. 1990 – VII ZR 228/89,
> BauR 1991, 79 = ZfBR 1991, 61:
> Fehlerhafte Ausschreibung einer für den Bodenanstrich
> ungeeigneten Dispersionsfarbe;
>
> BGH, Urt. v. 5. 11. 1998 – VII ZR 236/97,
> BauR 1999, 252 = ZfBR 1999, 99:
> Fehlerhafte Planung einer Decke.

106 Im VOB/B-Vertrag muss der Auftragnehmer den Hinweis schriftlich erteilen, damit die Bedenken für den Auftraggeber das erforderliche Gewicht erhalten. Beachtet der Auftragnehmer die Schriftform nicht, verletzt er den Vertrag. Ein mündlicher Hinweis befreit den Auftragnehmer grundsätzlich nicht von der Haftung, befolgt der Auftraggeber einen zuverlässigen Hinweis nicht, kommt eine Mithaftung des Auftraggebers nach § 254 BGB in Betracht.

BGH, Urt. v. 10. 4. 1975 – VII ZR 183/74,
NJW 1975, 1217.

Die Aufklärungs- und Hinweispflicht setzt voraus, dass für den Auftrag- **107**
nehmer nach einer sorgfältigen Prüfung Anlass zu Bedenken bestand. Ob
dies der Fall ist, wird in erster Linie durch das vom Unternehmer zu erwartende Fachwissen und durch sonstige Umstände bestimmt, die für den
Unternehmer als bedeutsam erkennbar sind.

BGH, Urt. v. 23. 10. 1986 – VII ZR 48/85,
BauR 1987, 79 = ZfBR 1987, 32;

BGH, Urt. v. 11. 10. 1990 – VII ZR 228/89,
BauR 1991, 79 = ZfBR 1991, 61;

BGH, Urt. v. 12. 12. 2001 – X ZR 192/00,
BauR 2002, 945 = NJW 2002, 1565.

Verwendet der Unternehmer neue und unerprobte Techniken oder Mate- **108**
rialien, muss er den Auftraggeber über die damit verbundenen Risiken
aufklären. Die Hinweispflicht setzt allerdings voraus, dass nach einer sorgfältigen Prüfung für den Auftragnehmer Anlass für Bedenken bestand
(Rz. 107, 131).

BGH, Urt. v. 9. 7. 1987 – VII ZR 208/86,
BauR 1987, 681 = ZfBR 1987, 269:
Angebot des Unternehmers zur Errichtung einer noch
nicht erprobten Anlage;

BGH, Urt. v. 24. 9. 1992 – VII ZR 213/91,
BauR 1993, 26 = ZfBR 1993, 20:
Planung und Bau einer Anlage zur alternativen Wärme-
gewinnung durch den Unternehmer;

BGH, Urt. v. 12. 12. 2001 – X ZR 192/00,
BauR 2002, 945 = NJW 2002, 1565:
Unerprobtes Dichtungsmaterial für Flanschverbindungen
einer Heizungsanlage.

Hinsichtlich von Stoffen und Bauteilen, die der Auftraggeber oder ein **109**
Dritter dem Auftragnehmer geliefert hat, ist die Prüfungs- und Hinweispflicht grundsätzlich beschränkt auf die Bauteile, die der Unternehmer für
den von ihm geschuldeten Werkerfolg zu be- oder zu verarbeiten hatte.

BGH, Urt. v. 14. 9. 1999 – X ZR 89/97,
BauR 2000, 262 = ZfBR 2000, 42
= NZBau 2000, 196;

BGH, Urt. v. 12. 12. 2001 – X ZR 192/00,
BauR 2002, 945 = NJW 2002, 1565.

110 Der Auftragnehmer haftet grundsätzlich nur für eine eigene schuldhafte Pflichtverletzung, der Baustofflieferant ist in der Regel nicht Erfüllungsgehilfe des Unternehmers, so dass ein Verschulden des Lieferanten dem Unternehmer nicht nach § 278 BGB zugerechnet werden kann.

BGH, Urt. v. 9. 2. 1978 – VII ZR 84/77,
BauR 1978, 304 = NJW 1978, 1157;

BGH, Urt. v. 12. 12. 2001 – X ZR 192/00,
BauR 2002, 945 = NJW 2002, 1565.

111 Eine Risikoverlagerung auf den Auftraggeber tritt auch dann ein, wenn der Auftraggeber dem Auftragnehmer die Anweisung erteilt, einen konkreten, nicht nur der Gattung nach bestimmten Baustoff zu verwenden, der sich später als mangelhaft erweist.

Grundlegend hierzu:
BGH, Urt. v. 14. 3. 1996 – VII ZR 34/95,
BGHZ 132, 189 = ZIP 1996, 1305
= BauR 1996, 1305 = ZfBR 1996, 255
= NJW 1996, 2372 = WiB 1997, 208 mit Anm. *Hertwig*: vorgeschriebener Baustoff einer bestimmten Herstellung oder eines bestimmten Herstellers der Gattung nach dem Leistungsverzeichnis, der sich später als mangelhaft herausgestellt hat.

112 Mit dieser Entscheidung hat der Bundesgerichtshof seine bisherige Rechtsprechung geändert und die Möglichkeit der Risikoverlagerung durch eine Anweisung des Auftraggebers erheblich eingeschränkt. Nach den Grundsätzen dieser Entscheidung führen die üblichen Bestimmungen in einem Leistungsverzeichnis, dass die Produkte eines bestimmten Herstellers zu verwenden sind, dann nicht zu einer Beschränkung der Haftung, wenn das Produkt für die vorgesehene Verwendung generell geeignet ist. Unter dieser Voraussetzung liegt eine für den Auftraggeber haftungsbegründende Anweisung nur vor, wenn die Anweisung sich auf ein bestimmtes bereits hergestelltes Produkt der Gattung bezieht.

113 Erteilt der Auftraggeber eine Anweisung, ein der Gattung nach bestimmtes Produkt zu verwenden, das sich generell als für die vorgesehene Verwendung ungeeignet erweist, führt diese Anweisung zu einer Verlagerung der werkvertraglichen Einstandspflicht und damit der Haftung für den Baustoff auf den Auftraggeber. Die Risikoverlagerung aufgrund der Anweisung tritt in Fällen nicht oder nur teilweise ein, in denen der Auftragnehmer entweder seiner Prüfungspflicht nicht nachgekommen ist oder auf die für ihn erkennbaren Bedenken gegen die Verwendung des Produktes nicht hingewiesen hat. Eine Verteilung des werkvertraglichen Risikos auf den Auftragnehmer erfolgt in derartigen Fällen nach den beiderseitigen Verantwortungsanteilen für die eingetretene Abweichung des Ist-Zustands des Bauwerkes von dem vereinbarten Werkerfolg.

Diese Grundsätze hat der Bundesgerichtshof in einer neueren Entscheidung weiterentwickelt. Erteilt der Auftraggeber ausschließlich unter dem Aspekt der Form und Farbe eines Baumaterials die Anweisung an den Auftragnehmer, dieses Material zu verwenden, dann tritt die Risikoverlagerung nur in dem Umfang der Anordnung ein. Treten Mängel auf, die von der Anordnung nicht erfasst werden, haftet der Auftragnehmer. **114**

> BGH, Nichtannahmebeschl. v. 4. 11. 1999 – VII ZR 184/98;
> Revision gegen OLG München, Urt. v. 21. 10. 1997
> – 28 U 6259/96, IBR 2000, 16 mit Anm. *Schwenker*:
> Turmziegel für eine historische Burgmauer; mangelnde Frostbeständigkeit.

Der Hinweis ist nur ausreichend, wenn der Auftragnehmer die Risiken und nachteiligen Folgen konkret bezeichnet, damit der Auftraggeber die Tragweite der vorgesehenen Ausführung beurteilen kann. Allgemeine und vage Hinweise genügen nicht. **115**

> BGH, Urt. v. 10. 4. 1975 – VII ZR 183/74,
> NJW 1975, 1217.

Fehlerhafte Maßnahmen und Anweisungen des Bauherren oder dessen Architekten entlasten den Unternehmer grundsätzlich nicht. Der Unternehmer ist verpflichtet, die Anordnung zu prüfen, seine Bedenken mitzuteilen, und unter Umständen die Ausführung zu verweigern. **116**

> BGH, Urt. v. 30. 7. 1977 – VII ZR 325/74,
> BauR 1977, 420 = NJW 1977, 1966.

Ein Bedenkenhinweis des Auftragnehmers hinsichtlich der Planung des Architekten kann grundsätzlich nur dann zur Haftungsfreistellung des Auftragnehmers führen, wenn die vertraglich vereinbarte Planung des Architekten fehlerhaft ist. **117**

> BGH, Urt. v. 10. 7. 1975 – VII ZR 243/73,
> BauR 1975, 420.

118 Ordnet der Architekt gegenüber der vereinbarten Planung vertragswidrige Änderungen der Planung an, entlastet der Bedenkenhinweis den Auftragnehmer gegenüber dem Auftraggeber regelmäßig nicht von der Haftung für die Bauausführung, die von der vereinbarten Planung abweicht.

> BGH, Urt. v. 19. 12. 2002 – VII ZR 103/00,
> ZIP 2003, 672 = ZfIR 2003, 375 mit Anm. *Siegburg*
> = NZBau 2003, 265 = ZfBR 2003, 352
> = NJW 2003, 1450.

b) Grenzen der Hinweispflicht

119 Die Hinweispflicht setzt voraus, dass der Auftraggeber aufklärungsbedürftig ist. Dieser für die Anlagevermittlung und Anlageberatung entwickelte Grundsatz gilt für alle Informationspflichten, unabhängig davon, ob der Verpflichtete die Informationspflicht als vertragliche oder vorvertragliche Pflicht schuldet.

> BGH, Urt. v. 23. 11. 1979 – I ZR 161/77,
> DB 1980, 679 = WM 1980, 284;
>
> BGH, Urt. v. 4. 11. 1987 – IV a ZR 145/86,
> NJW-RR 1988, 365 = WM 1988, 41;
>
> BGH, Urt. v. 14. 5. 1996 – XI ZR 188/95,
> ZIP 1996, 1161 = NJW-RR 1996, 947
> = WM 1996, 1214;
> dazu EWiR 1996, 791 (*Schwintowski*);
>
> BGH, Urt. v. 24. 9. 1996 – XI ZR 244/95,
> ZIP 1996, 2064 = NJW-RR 1997, 176;
> dazu EWiR 1997, 71 (*Schwintowski*).

120 Die eigene Sachkunde des Auftraggebers begründet keine Beschränkung der Hinweispflichten des Auftragnehmers. Der sachkundige Auftraggeber hat die gleichen vertraglichen Rechte wie ein nicht sachkundiger. Die Hinweispflicht entfällt nur dann, wenn der Auftraggeber nicht aufklärungsbedürftig ist, weil er informiert ist. Den Inhalt des Bedenkenhinweises kann der Auftragnehmer an der Sachkunde des Auftraggebers orientieren. Die Sachkunde des Architekten des Auftraggebers ist ohne Bedeutung für die Frage, ob der Auftragnehmer zu einem Bedenkenhinweis verpflichtet ist (vgl. unten Rz. 130). Ein Auftraggeber, der selbst auf dem Gewerk seines Auftragnehmers aufbaut und weitere Bauleistungen erbringt, verletzt die ihm in eigenen Angelegenheiten obliegende Sorgfaltspflicht, wenn er die Leistungen dieses Auftragnehmers ungeprüft übernimmt.

BGH, Urt. v. 8. 5. 2003 – VII ZR 205/02,
zur Veröffentlichung bestimmt.

c) Der Adressat des Bedenkenhinweises

Der Adressat des Bedenkenhinweises ist der Auftraggeber. Der Auftrag- **121**
nehmer muss den Hinweis selbst oder durch einen entsprechend beauftragten Erklärungsboten oder bevollmächtigten Dritten dem Auftraggeber oder
einem von ihm zum Empfang des Hinweises bevollmächtigten Dritten erteilen.

Zu der für die Praxis bedeutsamen Frage, ob und unter welchen Vorausset- **122**
zungen der Auftragnehmer den Hinweis gegenüber dem Architekten des
Auftraggebers erteilen kann, gibt es nur einige wenige Entscheidungen des
Bundesgerichtshofs. Die Entscheidungen, in denen der Bundesgerichtshof
jeweils einen Hinweis gegenüber dem Architekten aus Umständen, die in
der Person des Architekten begründet sind, für nicht möglich erachtet hat,
enthalten zu dieser Frage nur wenige und teilweise unklare Hinweise.

Nach ständiger Rechtsprechung ist ein Hinweis gegenüber dem Architek- **123**
ten des Auftraggebers nicht ausreichend, wenn der Hinweis einen Fehler
betrifft, den der Architekt selbst verursacht hat oder wenn sich der Architekt dem berechtigten Hinweis verschließt.

BGH, Urt. v. 10. 4. 1975 – VII ZR 183/74,
NJW 1975, 1217 = MDR 1975, 1217;

BGH, Urt. v. 29. 9. 1977 – VII ZR 134/75,
BauR 1978, 54;

BGH, Urt. v. 10. 11. 1977 – VII ZR 252/75,
BauR 1978, 139 = NJW 1978, 995;

BGH, Urt. v. 19. 1. 1989 – VII ZR 87/88,
BauR 1989, 467 = ZfBR 1989, 164
= NJW-RR 1989, 721;
vgl. dazu EWiR 1989, 717 (*Siegburg*);

BGH, Urt. v. 18. 1. 2001 – VII ZR 457/98,
BauR 2001, 622 = ZfBR 2001, 265;
vgl. dazu EWiR 2001, 337 (*Vogel*).

Nicht abschließend geklärt ist die Frage, unter welchen Voraussetzungen **124**
ein Hinweis gegenüber dem Architekten des Auftraggebers genügt, wenn
der Hinweis gegenüber dem Architekten aufgrund der beiden Ausnahmetatbestände (vgl. Rz. 121 ff) nicht ausgeschlossen ist.

125 In einer der Ausgangsentscheidungen hat der Bundesgerichtshof die Ansicht vertreten, dass der Hinweis gegenüber dem Auftraggeber selbst oder gegenüber einem befugten Vertreter erfolgen muss. Seinen weiteren Hinweis, dass es insbesondere darauf ankommen könne, inwieweit für den Auftraggeber erkennbar der Auftragnehmer den Dritten, in diesem Fall einen Subunternehmer, als seinen befugten Vertreter an der Baustelle habe auftreten lassen, hat der Bundesgerichtshof nicht näher erläutert.

> BGH, Urt. v. 10. 4. 1975 – VII ZR 183/74,
> NJW 1975, 1217 = MDR 1975, 1217.

126 In einer Anschlussentscheidung, in der der Bundesgerichtshof einen Hinweis gegenüber dem Architekten für ausgeschlossen erachtete, weil der Hinweis einen Fehler betraf, für den der Architekt verantwortlich war, hat der Bundesgerichtshof in einem obiter dictum zur Empfangsvollmacht des Architekten Stellung genommen. Er hat die These formuliert, dass der Architekt im Regelfall bevollmächtigt sei, eine derartige Erklärung entgegen zu nehmen, weil der Architekt den Auftraggeber in „den die technischen Angelegenheiten betreffenden Dingen gegenüber dem Auftragnehmer vertritt".

> BGH, Urt. v. 10. 11. 1977 – VII ZR 252/75,
> BauR 1978, 139 = NJW 1978, 995.

127 Danach genügt ein Hinweis auch gegenüber einem zur Entgegennahme bevollmächtigten Architekten nicht, wenn einer der beiden Ausnahmetatbestände vorliegt.

128 In seiner bisher jüngsten Entscheidung hat der Bundesgerichtshof seine bisherige Rechtsprechung zu den Ausnahmevoraussetzungen bestätigt, unter denen ein Hinweis gegenüber dem Architekten nicht möglich sein soll. Im Hinblick auf eine Besonderheit des Sachverhalts hat der Bundesgerichtshof ausgeführt, dass unter diesen Voraussetzungen eine Hinweispflicht unmittelbar gegenüber dem Auftraggeber auch dann besteht, wenn der Auftraggeber sich die Sachkunde des Architekten zurechnen lassen müsse.

> BGH, Urt. v. 18. 1. 2001 – VII ZR 457/98,
> BauR 2001, 622 = ZfBR 2001, 265;
> vgl. dazu EWiR 2001, 337 (*Vogel*).

129 Die Rechtsprechung des Bundesgerichtshofs zu den Voraussetzungen eines wirksamen Hinweises gegenüber dem Architekten des Auftraggebers ist nicht konsistent und dogmatisch nicht fundiert. Der Hinweis auf die Vollmacht des Architekten für die Entgegennahme des Hinweises lässt vermuten, dass der Bundesgerichtshof seine Erwägungen zur Empfangszuständigkeit des Architekten für den Hinweis, eine Wissenserklärung und keine Willenserklärung, auf die entsprechende Anwendung der Empfangsvollmacht (§ 164 Abs. 3 BGB) stützt. Die These, dass der Architekt im Regelfall über eine Empfangsvollmacht verfüge, lässt sich in dieser Allgemeinheit nicht begründen, es kommt vielmehr auf die Ausgestaltung der Vollmacht und deren Auslegung im Einzelfall an. Im Hinblick auf die erhebliche Bedeutung des Hinweises, mit der der Bundesgerichtshof seine Forderung begründet, dass der Hinweis nur gegenüber dem Auftraggeber oder einem befugten Vertreter erfolgen kann,

BGH, Urt. v. 10. 4. 1975 – VII ZR 183/74,
NJW 1975, 1217 = MDR 1975, 1217.

genügt eine konkludent erteilte Empfangsvollmacht nicht.

Eine geeignete Grundlage für sachgerechte Lösungen bieten die Grund- **130** sätze der Rechtsgeschäftslehre. Wenn der Architekt des Auftraggebers keine Empfangsvollmacht für den Hinweis hat, ist er Erklärungsbote des Auftragnehmers, so dass der Hinweis im Verhältnis zum Auftraggeber nur erfolgt, wenn der Architekt ihn an den Auftraggeber weiterleitet. Für diese Fallvariante ist es unerheblich, ob der Architekt fachkundig ist oder sich dem Hinweis verschließt. Verfügt der Architekt über eine Empfangsvollmacht, dann ist der Hinweis gegenüber dem Auftraggeber grundsätzlich erfolgt, wenn der Hinweis dem Architekten zugegangen ist (§ 164 Abs. 1, Abs. 3 BGB a. F. und n. F.). Der Zugang des Hinweises bei dem Architekten wird dem Auftraggeber ausnahmsweise nach den Grundsätzen des Vollmachtsmissbrauchs nicht zugerechnet, wenn der Hinweis für den Auftragnehmer erkennbar einen Fehler betrifft, den der Architekt zu verantworten hat, oder wenn der Architekt sich dem berechtigten Hinweis verschließt. In dieser Fallvariante kommt es auf die Sachkunde des Architekten, die dem Auftraggeber unter keinem rechtlichen Gesichtspunkt zugerechnet werden kann, ebenfalls nicht an.

2. Die Pflichten hinsichtlich des eigenen Werkes

Erteilt der Auftraggeber dem Auftragnehmer eine Anweisung, ist der Auf- **131** tragnehmer verpflichtet, sie auf ihre Eignung für eine mangelfreie Herstellung zu prüfen (vgl. Rz. 105 ff). Eine entsprechende Prüfungspflicht obliegt dem Auftragnehmer hinsichtlich der Leistungsbeschreibung einschließlich der Planung und der von dem Auftraggeber gelieferten oder angeordneten Stoffe oder Bauteile (vgl. Rz. 109 ff). Von der Gewährleistung für Mängel seines Gewerks, die in den genannten Umständen ihre Ursache haben, wird der Auftragnehmer ohne einen Bedenkenhinweis nur frei, wenn er bei sorgfältiger Prüfung das Mangelrisiko nicht hat erkennen können.

> BGH, Urt. v. 26. 3. 1992 – VII ZR 195/90,
> BauR 1992, 627 = ZfBR 1992, 207
> = NJW-RR 1992, 1104:
> Für den Bauunternehmer nicht erkennbare Fehlplanung
> des Architekten.

132 Hat oder hätte er das Risiko erkennen können, dann wird er nur von seiner Haftung frei, wenn er den Auftraggeber in der gebotenen Schriftform hinreichend konkret zur rechten Zeit auf seine Bedenken hingewiesen hat und der Auftraggeber trotz dieses Hinweises auf der Ausführung besteht (vgl. im Einzelnen oben Rz. 105). Ob es ausreicht, dass der Auftraggeber auf einen Hinweis des Auftragnehmers nicht reagiert oder der Weiterführung der Arbeiten nicht widerspricht, hängt von den Umständen des Einzelfalles ab. In der Praxis am Bau ist dem Auftragnehmer anzuraten, den Auftraggeber zu einer später beweisbaren Reaktion zu veranlassen.

133 Der Auftragnehmer muss die Hinweise selbst und im Regelfall dem Auftraggeber erteilen. Ein Hinweis gegenüber dem Architekten des Auftraggebers genügt nach der Rechtsprechung des Bundesgerichtshofs nicht, wenn die vom Auftragnehmer beanstandete Vorgabe auf der Planung oder Weisung des Architekten beruht und der Architekt sich gegenüber dem Hinweis des Auftragnehmers als uneinsichtig erweist (vgl. hierzu im Einzelnen oben Rz. 121 ff).

3. Die Pflichten hinsichtlich der Vorleistungen Dritter

134 Die Prüfungs- und Mitteilungspflichten des Auftragnehmers beziehen sich auch auf die Vorarbeiten anderer Unternehmer. Die Mängel einer Vorleistung eines anderen Unternehmers, die zu einem Mangel des Werks des Auftragnehmers führen, begründen dessen Einstandspflicht, wenn er die Mängel der Vorarbeiten hätte erkennen können. Der Auftragnehmer muss den Auftraggeber auf die für ihn erkennbaren Mängel der Vorleistung vor Beginn seiner Arbeiten hinweisen, damit dieser von dem Vorunternehmer Nachbesserung verlangen kann. Er muss die Vorarbeiten darauf hin prüfen, ob sie eine geeignete Grundlage für sein Werk bieten und keine Eigenschaft besitzen, die den Erfolg seiner Arbeit in Frage stellen können. Gegebenenfalls muss er geeignete Erkundigungen einziehen.

> BGH, Urt. v. 8. 7. 1982 – VII ZR 314/81,
> BauR 1983, 70 = ZfBR 1983, 562
> = NJW 1983, 875;
>
> BGH, Urt. v. 23. 10. 1986 – VII ZR 267/85,
> BauR 1987, 86 = ZfBR 1987, 34;
>
> BGH, Urt. v. 23. 10. 1986 – VII ZR 48/85,
> BauR 1987, 140 = ZfBR 1987, 32;
>
> BGH, Urt. v. 12. 12. 2001 – X ZR 192/00,
> BauR 2002, 945 = NJW 2002, 1565.

Der Umfang der Prüfungspflicht wird nicht begrenzt durch die in den DIN- **135** Vorschriften genannten Prüfungsfristen; er bestimmt sich nach den vom Unternehmer zu erwartenden Fachkenntnissen. Die Prüfungsfrist erstreckt sich auf alle Umstände, die für ihn bei hinreichend sorgfältiger Prüfung als bedeutsam erkennbar sind.

> BGH, Urt. v. 7. 6. 2001 – VII ZR 471/99,
> ZfBR 2001, 457 = NZBau 2001, 495
> = IBR 2001, 415 mit Anm. *Schulze-Hagen.*

Der Auftragnehmer kann eine Befreiung von der Einstandspflicht für **136** Mängel an seinem Gewerk, die durch Mängel des Vorgewerks verursacht worden sind, nur erreichen, wenn er den Auftraggeber auf die Mangelhaftigkeit des Vorgewerks hinweist, bevor er mit seinen Arbeiten beginnt.

Diese Grundsätze gelten auch für die zur Herstellung erforderlichen Sa- **137** chen, die der Auftraggeber geliefert hat. Der Auftragnehmer ist grundsätzlich auch ohne besondere Vereinbarung verpflichtet, das vom Auftraggeber für die Herstellung des geschuldeten Werkes gelieferte Material zu überprüfen, ob es zur Herstellung eines mangelfreien Werkes geeignet ist.

> BGH, Urt. v. 14. 9. 1999 – X ZR 89/97,
> ZfBR 2000, 42 = NJW 2000, 280;
>
> BGH, Urt. v. 12. 12. 2001 – X ZR 192/00,
> BauR 2002, 945 = NJW 2002, 1565.

4. Die Pflichten hinsichtlich anderer Arbeiten

138 Der Auftragnehmer ist grundsätzlich nicht verpflichtet, die seiner Werkleistung nachfolgenden Arbeiten zu beobachten und den Auftraggeber auf zu erwartende oder bereits eingetretene Mängel aufmerksam zu machen. Er darf grundsätzlich darauf vertrauen, dass die Nachunternehmer oder der Auftraggeber, der Eigenleistung erbringt, selbst die erforderlichen Kenntnisse besitzen, die anerkannten Regeln der Technik einhalten und ihre Pflicht erfüllen, auf Bedenken hinsichtlich der Vorarbeiten und ihrer eigenen Werkleistung hinzuweisen. Dem Auftragnehmer obliegt, vorbehaltlich einer entsprechenden vertraglichen Vereinbarung, keine umfassende Beratung des Auftraggebers hinsichtlich der Planung und Ausführung. Er ist grundsätzlich nur verpflichtet, seine Leistung so zu erbringen, das sie für die Nachfolgegewerke eine geeignete Grundlage bildet.

> BGH, Urt. v. 8. 7. 1982 – VII ZR 314/81,
> BauR 1983, 125 = ZfBR 1983, 562.

139 Der Auftragnehmer ist nur ausnahmsweise verpflichtet, seinen Auftraggeber auf drohende Fehler bei der Ausführung von Nachfolgearbeiten hinzuweisen. Hat der Auftragnehmer Anhaltspunkte dafür, dass der Nachunternehmer fachlich nicht in der Lage ist zu überprüfen, ob die Vorarbeit als Grundlage für seine Arbeiten geeignet ist, oder wenn ihm bekannt ist, dass die Anschlussarbeiten fehlerhaft ausgeführt werden, ist er zu einem Hinweis verpflichtet. Unterlässt er diesen Hinweis, ist er zum Ersatz des Schadens verpflichtet, der dadurch entsteht, dass er den Hinweis unterlassen hat.

> BGH, Urt. v. 8. 6. 1982 – VII ZR 314/81,
> BauR 1983, 70 = ZfBR 1983, 16
> = NJW 1983, 875.

5. Obhuts- und Beratungspflichten

140 Dem Unternehmer können ausnahmsweise hinsichtlich des Werkes Obhuts- und Beratungspflichten als Nebenpflichten obliegen. Maßgeblich für den Umfang dieser Nebenpflichten ist die vertraglich geschuldete Primärverpflichtung.

> BGH, Urt. v. 3. 5. 2000 – X ZR 49/98,
> ZfBR 2000, 411 = NJW 2000, 411:
> Pflicht zur Überprüfung einer Rücklaufleitung eines Heizöl-
> tanks durch einen mit der Reparatur eines Schutzrohres
> beauftragten Unternehmer verneint;

BGH, Urt. v. 14. 9. 1999 – X ZR 89/97,
BauR 2000, 262 = ZfBR 2000, 42
= NJW 2000, 280:
Pflicht zur Überprüfung des vom Besteller gelieferten Materials auf die Eignung für das geschuldete Werk bejaht;

BGH, Urt. v. 23. 9. 1976 – II ZR 119/74,
BauR 1977, 131 = MDR 1977, 206:
Pflicht zu Prüfung des Baugrunds durch einen Fertighaushersteller verneint.

Verletzt der Unternehmer eine derartige Pflicht, dann haftet er für den da- **141**
durch verursachten Schaden.

VI. Die Mithaftung des Auftraggebers

1. Die Begründung der Haftung

Eine Mithaftung oder eine alleinige Haftung des Auftraggebers kommt in **142**
Betracht, wenn eine fehlerhafte Planung, ungeeignete Baustoffe oder ungeeignete Ausführungen, die vertraglich vereinbart sind, sowie fehlerhafte
Anweisungen von dem Auftraggeber oder von einem seiner Erfüllungsgehilfen zu verantworten sind (§§ 254, 278 BGB). Erfüllungsgehilfen des
Auftraggebers sind der planende Architekt und andere von ihm eingeschal-
tete Sonderfachleute. Eine Mithaftung des Auftraggebers kommt ausnahmsweise auch dann in Betracht, wenn er einen fachlich nicht kompe-
tenten Unternehmer beauftragt.

2. Die Mithaftung des Auftraggebers für eigenes oder zurechenbares Verschulden

In der Praxis stellt sich die Frage eines Mitverschuldens des Auftraggebers **143**
vorrangig in den Fällen, in denen der Auftraggeber Architekten oder andere Sonderfachleute beauftragt hat. Für die Zurechnung von Pflicht- oder
Obliegenheitsverletzungen nach § 278 BGB kommt es entscheidend darauf
an, ob der Architekt oder ein Sonderfachmann vom Auftraggeber mit der
Planung oder der Bauaufsicht beauftragt worden ist. Wenn der Architekt
oder Sonderfachmann sowohl mit Planungsaufgaben und der Bauaufsicht
beauftragt worden ist, ist es erforderlich, seine Verursachungsbeiträge, die
den Mangel verursacht oder mit verursacht haben, der Planung und der
Bauaufsicht zuzuordnen. Ein zurechenbares Mitverschulden des Auftraggebers kommt dann in Betracht, wenn er selbst auf dem Gewerk seines

Auftragnehmers aufbaut und weitere Bauleistungen erbringt, ohne dass er die Leistung dieses Auftragnehmers überprüft.

> BGH, Urt. v. 8. 5. 2003 – VII ZR 105/02,
> zur Veröffentlichung bestimmt:
> Vorbehandlung eines Fußbodens durch den Auftrag
> nehmer für eine vom Auftraggeber zu erbringende Bo
> denbeschichtung.

144 Nach der dogmatisch zum Teil anfechtbaren Rechtsprechung des Bundesgerichtshofs ist der Architekt im Verhältnis zum Auftraggeber nur hinsichtlich der Planung Erfüllungsgehilfe des Auftraggebers, nicht hingegen hinsichtlich der Bauaufsicht.

> BGH, Urt. v. 11. 5. 1978 – VII ZR 313/75,
> BauR 1978, 405 = NJW 1978, 2393:
> Planungsfehler; begehbares Flachdach;
>
> BGH, Urt. v. 6. 5. 1982 – VII ZR 172/81,
> BauR 1982, 514:
> Bauaufsicht; Schalldämmgrube für ein Notstrom
> aggregat;
>
> BGH, Urt. v. 27. 6. 1985 – VII ZR 23/84,
> BGHZ 95, 128 = BauR 1985, 561
> = ZfBR 1985, 282 = NJW 1985, 2475;
> vgl. dazu *Kraus*, BauR 1986; 77;
> *Vygen*, BauR 1989, 387;
> *Grieger*, BauR 1990, 406;
> *Baden*, BauR 1991, 30;
> *Kapellmann*, BauR 1992, 433;
> *Dähne*, BauR 1994, 518:
> Planungs- und Koordinierungsverschulden, Gründungs
> arbeiten;
>
> BGH, Urt. v. 29. 9. 1988 – VII ZR 182/87,
> BauR 1989, 97 = ZfBR 1989, 24:
> Planungs- und Bauaufsichtsverschulden; Bau einer
> Eislaufhalle;
>
> BGH, Urt. v. 11. 10. 1990 – VII ZR 228/89,
> BauR 1991, 79 = ZfBR 1991, 61:
> Planungsverschulden, fehlerhafte Ausschreibung einer für
> den Bodenanstrich ungeeigneten Dispersionsfarbe;
>
> BGH, Urt. v. 16. 10. 1997 – VII ZR 64/96,
> BGHZ 137, 35 = ZfIR 1997, 718
> = BauR 1997, 1021 = ZfBR 1997, 718
> – Schürmannbau II:
> Fehlerhafte Bauaufsicht; fehlender Hochwasserschutz;

BGH, Urt. v. 5. 11. 1998 – VII ZR 236/97,
BauR 1999, 252 = ZfBR 1999, 99:
Fehlerhafte Ausschreibung von Deckenarbeiten;

BGH, Urt. v. 21. 10. 1999 – VII ZR 185/98,
BGHZ 143, 32 = ZfIR 2000, 452
= BauR 2000, 722 = ZfBR 2000, 248;
vgl. dazu *Kraus*, BauR 2000, 1105
sowie *Gehlen*, ZfBR 2000, 291:
Planungs- und Koordinierungsverschulden; Verzögerung
von Wärmedämmarbeiten für ein Verwaltungsgebäude;

BGH, Urt. v. 7. 3. 2002 – VII ZR 1/00,
ZfIR 2002, 802 mit Anm. *Schwenker*
= NZBau 2002, 571:
Planungsmangel; mündliche Anweisung an den Unternehmer,
den Keller abweichend von der vereinbarten Ausführung
1.15 m höher zu gründen;

BGH, Urt. v. 18. 4. 2002 – VII ZR 70/01,
NJW-RR 2002, 1175 = NZBau 2002, 514;
vgl. dazu EWiR 2002, 657 (*Schwenker*):
Unzureichende Objektüberwachung, Arbeiten eines
Sanitätsinstallateurs.

a) Der planende Architekt des Auftraggebers

Der planende Architekt und der Bauunternehmer haften dem Auftraggeber **145**
für einen von ihnen verursachten Mangel als Gesamtschuldner. Der Auftraggeber muss sich das Planungsverschulden seines Architekten, der im
Verhältnis zum Unternehmer sein Erfüllungsgehilfe ist, gemäß § 278 BGB
zurechnen lassen, so dass der Unternehmer berechtigt ist, gegenüber dem
Auftraggeber ein Mitverschulden gemäß § 254 BGB einzuwenden. Der
Unternehmer ist nicht darauf beschränkt, den Einwand des Mitverschuldens im Gesamtschuldnerausgleich nach § 426 BGB geltend zu machen.

BGH, Urt. v. 11. 5. 1978 – VII ZR 313/75,
BauR 1978, 405:
Planungsfehler; begehbares Flachdach;

BGH, Urt. v. 6. 5. 1982 – VII ZR 172/81,
BauR 1982, 514:
Bauaufsicht; Schalldämmgrube für ein Notstromaggregat;

BGH, Urt. v. 7. 3. 2002 – VII ZR 1/00,
ZfIR 2002, 802 mit Anm. *Schwenker*
= NZBau 2002, 571:
Planungsmangel; mündliche Anweisung an den Unternehmer,

den Keller abweichend von der vereinbarten Ausführung
1,15 m höher zu gründen;
BGH, Urt. v. 18. 4. 2002 – VII ZR 70/01,
NJW-RR 2002, 1175 = NZBau 2002, 514;
vgl. dazu EWiR 2002, 657 (*Schwenker*):
Unzureichende Objektüberwachung, Arbeiten
eines Sanitätsinstallateurs.

146 Der planende Architekt und der Bauunternehmer haften dem Auftraggeber auch dann als Gesamtschuldner, wenn der Bauunternehmer noch berechtigt ist, den Mangel nachzubessern.

BGH, Urt. v. 19. 12. 1968 – VII ZR 23/66,
BGHZ 51, 275 = NJW 1969, 653;

BGH, Urt. v. 11. 5. 1978 – VII ZR 313/75,
BauR 1978, 405;

BGH, Urt. v. 27. 6. 1985 – VII ZR 23/84,
BGHZ 95, 128 = BauR 1985, 561
= ZfBR 1985, 282 = NJW 1985, 2475;

BGH, Urt. v. 7. 3. 2002 – VII ZR 1/00,
ZfIR 2002, 802 mit Anm. *Schwenker*
= NZBau 2002, 571:
Planungsmangel; mündliche Anweisung an den Unter-
nehmer, den Keller abweichend von der vereinbarten
Ausführung 1.15 m höher zu gründen.

147 Ist der Architekt des Auftraggebers für einen Mangel der Ausschreibung verantwortlich, muss der Auftraggeber sich den Fehler zurechnen lassen, weil der Architekt sein Erfüllungsgehilfe im Verhältnis zum Unternehmer ist. Beruht der Mangel des Bauwerks darauf, dass der Auftragnehmer seiner Hinweispflicht nicht nachgekommen ist, obwohl er die Fehlerhaftigkeit der vertraglichen Vorgaben kannte, haftet der Auftragnehmer im Regelfall allein, auch wenn der Auftraggeber oder seine Erfüllungsgehilfen den Mangel mit zu verantworten haben.

BGH, Urt. v. 11. 10. 1990 – VII ZR 228/89,
BauR 1991, 79 = ZfBR 1991, 61;
vgl. dazu *Tomic*, BauR 1992, 34;
Soergel, ZfBR 1995, 165:
Verschulden bei Mängeln der Ausschreibung und Verletzung
der Hinweispflicht des Auftragnehmers auf die Mängel.

148 Der Hauptunternehmer haftet seinem Subunternehmer für Planungsfehler des Architekten seines Auftraggebers, wenn die Planungsfehler mitursächlich für den Baumangel sind. In dieser Fallkonstellation ist der Architekt des Auftraggebers Erfüllungsgehilfe des Hauptunternehmers im Verhältnis zu seinem Subunternehmer.

> BGH, Urt. v. 23. 10. 1986 – VII ZR 267/85,
> BauR 1987, 86 = ZfBR 1987, 34.

Im Prozess des Auftraggebers gegen den Bauunternehmer ist eine Streit- **149** verkündung an den Architekten zulässig, weil im Hinblick auf den Mitverschuldenseinwand des Unternehmers eine sog. alternative Schuldnerschaft vorliegt.

> BGH, Urt. v. 22. 12. 1977 – VII ZR 94/76,
> BGHZ 70, 187 = BauR 1978, 149
> = NJW 1978, 643;
>
> BGH, Urt. v. 6. 5. 1982 – VII ZR 172/81,
> BauR 1982, 514.

b)   Der mit der Bauaufsicht beauftragte Architekt

Der bauüberwachende Architekt des Auftraggebers ist im Verhältnis zum **150** Bauunternehmer nicht der Erfüllungsgehilfe des Auftraggebers, weil der Auftraggeber dem Auftragnehmer gegenüber nicht verpflichtet ist, diesen zu beaufsichtigen. Ein Mitverschulden des Auftraggebers für eine Pflichtverletzung des Architekten kommt deshalb im Verhältnis zum Unternehmer nicht in Betracht. Der bauüberwachende Architekt und der Bauunternehmer haften dem Auftraggeber als Gesamtschuldner. Schon die Mitursächlichkeit der Vertragsverletzung des Architekten oder des Unternehmers führt zur vollen Haftung beider dem Auftraggeber gegenüber. Die Verursachungsbeiträge der Schädiger für den Mangel und den Schaden sind nur im Gesamtschuldnerausgleich zwischen dem Architekten und dem Unternehmer von Bedeutung.

> BGH, Urt. v. 22. 12. 1977 – VII ZR 94/76,
> BGHZ 70, 187;
>
> BGH, Urt. v. 6. 5. 1982 – VII ZR 172/81,
> BauR 1982, 514;
>
> BGH, Urt. v. 29. 9. 1988 – VII ZR 182/87,
> BauR 1989, 87 = ZfBR 1989, 24;
>
> BGH, Urt. v. 16. 10. 1997 – VII ZR 64/96,
> BGHZ 137, 35 = ZfIR 1997, 718
> = BauR 1997, 1021 = ZfBR 1998, 33
> – Schürmannbau II;

> BGH, Urt. v. 18. 4. 2002 – VII ZR 70/01,
> NJW-RR 2002, 1175 = NZBau 2002, 514
> vgl. dazu EWiR 2002, 657 (*Schwenker*);
>
> BGH, Urt. v. 16. 5. 2002 – VII ZR 81/00,
> BauR 2002, 1423 = ZfBR 2002, 675
> = NZBau 2002, 574;
> vgl. hierzu EWiR 2002, 857 (*Wenner*).

151 Bei typischen Geschehensabläufen wird dem Auftraggeber der Nachweis, dass der Architekt seine Bauaufsicht verletzt hat, durch einen Anscheinsbeweis erleichtert.

> BGH, Urt. v. 16. 5. 2002 – VII ZR 81/00,
> BauR 2002, 1423 = ZfBR 2002, 675
> = NZBau 2002, 574;
> vgl. hierzu EWiR 2002, 857 (*Wenner*).

152 Im Prozess des Auftraggebers gegen einen der Schädiger ist eine Streitverkündung des Auftraggebers an den anderen Schädiger unzulässig, weil sie als Gesamtschuldner nicht alternativ, sondern kumulativ haften.

> BGH, Urt. v. 22. 12. 1977 – VII ZR 94/76,
> BGHZ 70, 187;
>
> BGH, Urt. v. 6. 5. 1982 – VII ZR 172/81,
> BauR 1982, 514.

Wird ein Gesamtschuldner von dem Auftraggeber verklagt, dann ist dem verklagten Gesamtschuldner zu empfehlen, dem nicht verklagten Schuldner den Streit zu verkünden.

c) Der Vorunternehmer

153 Der Vorunternehmer ist im Regelfall kein Erfüllungsgehilfe des Auftraggebers, so dass Mängel des Werkes des Vorunternehmers dem Auftraggeber nicht im Verhältnis zum Nachunternehmer zugerechnet werden können.

> BGH, Urt. v. 27. 6. 1985 – VII ZR 23/84,
> BGHZ 95, 125 = BauR 1985, 561
> = ZfBR 1985, 282;
> vgl. dazu *Kraus*, BauR 1986, 77;
> *Vygen*, BauR 1989, 387;
> *Grieger*, BauR 1990, 406;
> *Baden*, BauR 1991, 30;
> *Kapellmann*, BauR 1992, 433;
> *Dähne*, BauR 1994, 518;

BGH, Urt. v. 16. 10. 1997 – VII ZR 64/96,
BGHZ 137, 35 = ZflR 1997, 718
= BauR 1997, 1021 = ZfBR 1998, 33
– Schürmannbau II;

BGH, Urt. v. 21. 10. 1999 – VII ZR 185/98,
BGHZ 143, 32 = ZflR 2000, 452
= BauR 2000, 722 = NZBau 2000, 187
= ZfBR 2000, 248;
vgl. dazu *Kraus*, BauR 2000, 1105;
Gehlen, ZfBR 2000, 291;
Stamm, BauR 2002, 1.

Eine Haftung des Auftraggebers für Mängel des Werkes des Vorunterneh- **154**
mers oder für zeitliche Verzögerungen, die der Vorunternehmer verursacht
hat, kommt nur in Betracht, wenn der Auftraggeber sich gegenüber dem
Nachunternehmer verpflichtet hat, dem Nachunternehmer für die zeitge-
rechte oder mangelfreie Arbeit des Vorunternehmers einzustehen.

BGH, Urt. v. 27. 6. 1985 – VII ZR 23/84,
BGHZ 95, 128 = BauR 1985, 561
= ZfBR 1985, 282 = NJW 1985, 2475;
vgl. dazu *Kraus*, BauR 1986, 77;
Vygen, BauR 1989, 387;
Grieger, BauR 1990, 406;
Baden, BauR 1991, 30;
Kapellmann, BauR 1992, 433;
Dähne, BauR 1994, 518;

BGH, Urt. v. 21. 10. 1999 – VII ZR 185/98,
BGHZ 143, 32 = ZflR 2000, 452
= BauR 2000, 722 = NZBau 2000, 187
= ZfBR 2000, 248.

Der Auftraggeber kann dem Nachunternehmer aus § 642 BGB haften, **155**
wenn er durch das Unterlassen einer bei der Herstellung des Werkes erforderlichen und ihm obliegenden Mitwirkungshandlung in den Verzug der
Annahme kommt. Dieser Anspruch steht dem Auftragnehmer sowohl im
VOB/B- als auch im BGB-Vertrag zu, er ist beschränkt auf eine angemessene Entschädigung, Wagnis und Gewinn werden von dem Anspruch nicht
umfasst.

BGH, Urt. v. 21. 10. 1999 – VII ZR 185/98,
BGHZ 143, 32 = ZflR 2000, 452
= BauR 2000, 722 = NZBau 2000, 187
= ZfBR 2000, 248;

vgl. dazu *Kraus*, BauR 2000, 1105;
Gehlen, ZfBR 2000, 291;
Stamm, BauR 2002, 1.

3. Auftragsvergabe an einen nicht kompetenten Auftragnehmer

156 Ein Bauunternehmer, der einen entgeltlichen Auftrag übernimmt, trägt im Verhältnis zum Auftraggeber grundsätzlich allein die Verantwortung für die vertragsgerechte Erfüllung, auch wenn er nicht über die erforderliche Fachkompetenz verfügt. Vergibt der Auftraggeber einen Auftrag an einen Unternehmer, an dessen fachlicher oder sachlicher Kompetenz aus seiner Sicht konkreter Anlass zu Zweifeln bestand, kann ausnahmsweise ein Mitverschuldenseinwand des Unternehmers begründet sein.

BGH, Urt. v. 2. 10. 1990 – VII ZR 14/90,
ZfBR 1991, 160 = ZIP 1990, 1481
= NJW 1991, 165;

BGH, Urt. v. 12. 1. 1993 – X ZR 87/91,
NJW 1993, 1191;
dazu EWiR 1993, 345 (*Siegburg*);

BGH, Urt. v. 29. 4. 1999 – I ZR 232/97,
in juris dokumentiert;

BGH, Urt. v. 12. 12. 2001 – X ZR 192/00,
BauR 2002, 945 = NJW 2002, 1565.

4. Die Beteiligung an der Haftung

157 Die Anteile der Haftung im Verhältnis des Auftraggebers und des Schädigers und die Haftung im Verhältnis der Schädiger unter einander, die als Gesamtschuldner haften, bestimmen sich nach den jeweiligen Verursachungsbeiträgen. Handelt einer der Verantwortlichen vorsätzlich, dann ist er stets allein für den Schaden verantwortlich.

BGH, Urt. v. 11. 10. 1990 – VII ZR 228/89,
BauR 1991, 79 = ZfBR 1991, 61:
Abwägung des Verschuldens des planenden Architekten
und des Bauunternehmers; unterlassener Hinweis des
Unternehmers auf erkannte Mängel.

D. Die Abnahme

I. Funktion und Bedeutung

Die Abnahme der Werkleistung im BGB- und VOB/B-Vertrag dient dazu, **158** die Frage zu klären, ob das Werk der vertraglichen Vereinbarung entspricht. Die Abnahme soll dem Auftraggeber die Möglichkeit eröffnen, die Werkleistung darauf hin zu überprüfen, ob sie vertragsgerecht erbracht worden ist (vgl. im Einzelnen *Kniffka*, ZfBR 1998, 113; *Thode*, ZfBR 1999, 116). Mit der Abnahme wird das Erfüllungsstadium des Vertragsverhältnisses beendet und dessen Abwicklungsstadium eingeleitet.

> BGH, Urt. v. 19. 12. 2002 – VII ZR 103/00,
> ZIP 2003, 672 = ZflR 2003, 375 mit Anm. *Siegburg*
> = NZBau 2003, 265 = ZfBR 2003, 352
> = NJW 2003, 1450.

Nach der bisherigen Rechtsprechung des Bundesgerichtshofs war unklar, **159** ob nach einer Kündigung des Vertrages eine Abnahme möglich oder erforderlich war (vgl. im Einzelnen *Kniffka*, ZfBR 1998, 113 und *Thode*, ZfBR 1999, 116, 120 ff). In einer neueren Grundsatzentscheidung hat der Bundesgerichtshof nunmehr entschieden, dass die Abnahmewirkungen, abgesehen von der Fälligkeit der Werklohnforderung, erst mit der Abnahme der bis zur Kündigung erbrachten Leistung eintreten.

> BGH, Urt. v. 19. 12. 2002 – VII ZR 103/00,
> ZIP 2003, 672 = ZflR 2003, 375 mit Anm. *Siegburg*
> = NZBau 2003, 265 = ZfBR 2003, 352
> = NJW 2003, 1450.

Die Abnahme hat tief greifende Veränderungen der gegenseitigen Rechte **160** und Pflichten zur Folge, sie verringert das werkvertragliche Einstandsrisiko des Auftragnehmers und verlagert es teilweise auf den Auftraggeber (vgl. im Einzelnen *Kniffka*, ZfBR 1998, 113; *Thode*, ZfBR 1999, 116 f). Im Hinblick auf die mit der Abnahme verbundenen Rechtsfolgen ist es für beide Vertragsparteien von entscheidender Bedeutung, dass der Zeitpunkt der Abnahme feststeht.

In der Praxis der Vertragsdurchführung wird von den Vertragsparteien und **161** deren Rechtsanwälten die Bedeutung der Abnahme für das Vertragsverhältnis verkannt. Auftragnehmer versäumen nicht selten, ihren Anspruch auf Abnahme durchzusetzen, mit der Folge, dass die Rechtsfolgen der Abnahme nicht eintreten. Häufig verlassen sich die Auftragnehmer darauf, dass die Abnahmewirkungen durch eine sog. konkludente oder fiktive Abnahme eintreten, anstatt eine förmliche Abnahme zu vereinbaren und durchzuführen. Die Abnahmeformen der konkludenten und der fiktiven Abnahme sind häufig Ausgangspunkt und Ursache von Rechtsstreitigkeiten mit ungewissem Ausgang. Beide Abnahmeformen haben gegenüber der förmlichen Abnahme den Nachteil, dass der Zeitpunkt der Abnahme und deren Voraussetzungen nicht feststehen. Fehlt es an einer zeitlich eindeutig fixierten Abnahme durch eine förmliche Abnahme, überlassen die Parteien es den Gerichten festzulegen, ob und gegebenenfalls zu welchem Zeitpunkt die Abnahmewirkungen eingetreten sind. Unklarheiten über den Zeitpunkt der Abnahme können auch durch unwirksame AGB-Klauseln über die Voraussetzungen und den Zeitpunkt der Abnahme verursacht werden. Bestehende Unsicherheiten über den Zeitpunkt, in dem die Abnahmewirkungen eingetreten sind, haben nicht selten zur Folge, dass die Einstandspflichten und Gewährleistungsrisiken falsch eingeschätzt werden, Ansprüche geltend gemacht werden, die nicht mehr oder noch nicht bestehen. Es besteht das Risiko, dass aufgrund einer unzutreffenden Beurteilung der Vertragssituation Ansprüche verloren gehen oder durch falsche Verhaltensweisen zusätzliche Risiken begründet werden, wie beispielsweise durch unberechtigte Verweigerung der Mängelbeseitigung oder der Zahlung, unbegründete Kündigungen, unterlassene Fristsetzungen oder Mahnungen.

162 Der Nachlässigkeit der Auftragnehmer steht auf der Seite der Auftraggeber die Neigung gegenüber, berechtigte Abnahmeverlangen zu Unrecht zu verweigern, um die Rechtsfolgen der Abnahme zu verhindern. Derartige Missbrauchsfälle sind allerdings in der Rechtsprechung des Bundesgerichtshofs nicht zu finden. Sehr viel häufiger sind die Fälle, in denen die Vertragsparteien sich über die Berechtigung der Abnahmeverweigerung streiten und dieser Streit erst im Prozess durch ein Sachverständigengutachten geklärt werden kann. Der Streit um die Abnahme und damit über die Fälligkeit der Vergütung des Auftragnehmers hat zur Folge, dass die Unternehmer häufig ihre Vergütung nicht in einer aus ihrer Sicht angemessenen Zeit durchsetzen können. Um den Unternehmern die Durchsetzung ihrer Vergütungsansprüche zu erleichtern, hat der Gesetzgeber durch das Gesetz zur Beschleunigung fälliger Zahlungen vom 30. März 2000, in Kraft seit dem 1. Mai 2000, einige Neuregelungen in das Werkvertragsrecht eingeführt, unter anderem Änderungen zum Recht der Abnahme.

163 Die Neuregelungen zur Abnahme sehen folgende Erleichterungen für den Auftragnehmer vor:

- Abnahmeverpflichtung des Auftraggebers bei unwesentlichen Mängeln (§ 640 Abs. 1 Satz 2 BGB),

- Fiktion der Abnahme, wenn der Auftraggeber trotz Abnahmeverpflichtung nicht binnen angemessener Frist abnimmt (§ 640 Abs. 1 Satz 3 BGB),

- Fiktion der Abnahme durch eine Fertigstellungsbescheinigung (§ 641a Abs. 1 BGB).

II. Die Rechtsnatur der Abnahme

Die Abnahme im BGB- und im VOB/B-Vertrag stimmen in ihren Voraussetzungen und Rechtswirkungen weitgehend überein. **164**

Die Abnahme ist die mit der körperlichen Hinnahme des Werks verbundene Billigung des Werks als der Hauptsache nach vertragsgerechte Leistung; die Billigung muss dem Auftragnehmer gegenüber erkennbar zum Ausdruck gebracht werden. **165**

> BGH, Urt. v. 15. 11. 1973 – VII ZR 110/71,
> BauR 1974, 67 = NJW 1974, 95;
>
> BGH, Urt. v. 30. 6. 1983 – VII ZR 185/81,
> BauR 1983, 573 = ZfBR 1983, 260;
>
> BGH, Urt. v. 25. 4. 1996 – X ZR 59/94,
> NJW-RR 1996, 883 = WM 1996, 1646;
>
> BGH, Urt. v. 10. 6. 1999 – VII ZR 170/98,
> BauR 1999, 1186 = ZfBR 1999, 327.

Von den Formen der rechtsgeschäftlichen Abnahme ist die sog. technische Abnahme des § 12 Nr. 2 b VOB/B zu unterscheiden. Die Bezeichnung dieses Vorgangs als Abnahme ist missverständlich und irreführend. Die technische Abnahme hat nicht die Rechtsfolgen der rechtsgeschäftlichen Abnahme, sie dient nur der Kontrolle der erbrachten Leistung in den Fällen, die in der Vorschrift genannt werden. In der Baupraxis wird die technische Abnahme nicht selten mit der rechtsgeschäftlichen Abnahme verwechselt. **166**

Die Abnahmeverpflichtung des Auftraggebers ist eine Hauptpflicht, die von dem Auftragnehmer selbständig eingeklagt werden kann, er hat einen Anspruch auf Abnahme, wenn die Voraussetzungen für die Abnahmeverpflichtung des Auftraggebers vorliegen. Das gilt gleichermaßen für den durchgeführten und durch Kündigung vorzeitig beendeten Vertrag. **167**

BGH, Urt. v. 26. 2. 1981 – VII ZR 287/79,
BauR 1991, 284 = ZfBR 1981, 139
= NJW 1981, 1448;
vgl. dazu *Kahlke*, BauR 1982, 27;
Kaiser, ZfBR 1983, 1;

BGH, Urt. v. 27. 2. 1996 – X ZR 3/94,
BGHZ 132, 96 = ZIP 1996, 839;

BGH, Urt. v. 19. 12. 2002 – VII ZR 103/00,
ZIP 2003, 672 = ZfIR 2003, 375 mit Anm. *Siegburg*
= NZBau 2003, 265 = ZfBR 2003, 352
= NJW 2003, 1450:
Abnahmeanspruch des Auftraggebers nach der Kündigung.

168 Der Auftraggeber ist berechtigt, die Abnahme einer nicht vertragsgerechten Werkleistung unter bestimmten Voraussetzungen zu verweigern (vgl.
unten Rz. 234 ff). Die Rechtsfolgen einer rechtswidrigen Abnahmeverweigerung sind höchstrichterlich weitgehend ungeklärt (vgl. im Einzelnen
Thode, ZfBR 1999, 116, 118 f). Die gesetzliche Neuregelung durch das
Gesetz zur Beschleunigung fälliger Zahlungen hat Unsicherheiten nur zum
Teil bereinigt (vgl. im Einzelnen mit berechtigter Kritik *Peters*, NZBau
2000, 169).

III. Die Rechtswirkungen der Abnahme

169 Im BGB-Vertrag wird die Vergütung grundsätzlich erst mit der Abnahme
fällig (§ 641 BGB). Wird der Vertrag gekündigt, dann wird der Werklohn
unabhängig von der Abnahme mit der Kündigung fällig, die übrigen Abnahmewirkungen treten auch nach einer Kündigung erst mit der Abnahme
ein (vgl. im Einzelnen unten Rz. 222 ff). Im Falle berechtigter Abnahmeverweigerung durch den Auftraggeber wird der Werklohn fällig, wenn der
Auftraggeber aufgrund der mangelhaften Leistung nicht mehr Erfüllung,
sondern nur noch Schadensersatz oder Minderung verlangt.

St. Rspr. vgl.
BGH, Urt. v. 10. 10. 2002 – VII ZR 315/01,
ZfIR 2002, 974 = BauR 2003, 88
= NZBau 2003, 35 = ZfBR 2003, 140
= NJW 2003, 288 m. w. N.

170 Für diese Fallkonstellation ist ungeklärt, unter welchen Voraussetzungen
die übrigen Abnahmewirkungen eintreten. Nach der Entscheidung des
Bundesgerichtshofs zum Erfordernis der Abnahme im gekündigten Vertrag
(vgl. unten Rz. 220 ff) ist die Annahme gerechtfertigt, dass er die Grund-

sätze dieser Entscheidung auf diese Fallkonstellation überträgt. Den Vertragsparteien ist zu empfehlen, eine Abnahme durchzuführen, damit die übrigen Abnahmewirkungen eintreten.

Im VOB/B-Vertrag setzt die Fälligkeit der Vergütung eine Abnahme und **171** den Zugang einer prüffähigen Schlussrechnung voraus. Im Falle berechtigter Abnahmeverweigerung ist, wie im BGB-Vertrag, die Abnahme nicht Voraussetzung der Fälligkeit der Werklohnforderung. Die Fälligkeit tritt im VOB/B-Vertrag spätestens innerhalb von zwei Monaten nach Zugang der Schlussrechnung beim Auftraggeber ein (§ 16 Nr. 3 VOB/B). Nach der Abnahme ist der Auftragnehmer im Regelfall nicht mehr berechtigt, noch nicht bezahlte Abschlagszahlungen geltend zu machen, er muss vielmehr den Restwerklohnanspruch insgesamt abrechnen (im Einzelnen *Thode*, ZfBR 1999, 116, 124 m. w. N.). Mit der Abnahme entfällt die Vorleistungspflicht des Auftraggebers; die Leistungsgefahr, das Risiko der Verschlechterung oder des Untergangs des Werks, geht auf den Auftraggeber über. Im Fall der Kündigung entfällt nach der Rechtsprechung des Bundesgerichtshofs mit der Kündigung die Vorleistungspflicht des Auftragnehmers, der Werklohn wird fällig. Die übrigen Abnahmewirkungen treten allerdings erst mit Abnahme ein (vgl. im Einzelnen unten Rz. 224 ff). Vor der Abnahme trägt der Auftraggeber grundsätzlich die Vergütungsgefahr, er kann keine Vergütung verlangen, wenn sein Werk vor der Abnahme durch einen Umstand untergeht, den keine Partei zu vertreten hat.

> BGH, Urt. v. 11. 7. 1963 – VII ZR 43/62,
> BGHZ 40, 71;
>
> BGH, Urt. v. 11. 3. 1982 – VII ZR 357/80,
> BGHZ 83, 197 = ZIP 1982, 704
> = BauR 1982, 273 = ZfBR 1982, 114
> = NJW 1982, 1458;
> vgl. dazu *Vetter*, RIW 1984, 170;
> *Walchshöfer*, LM Nr. 6 zu § 645 BGB.

Die Ausnahmen von diesem Grundsatz sind im BGB (§ 645) und der **172** VOB/B (§ 7) unterschiedlich geregelt. Im Unterschied zum BGB-Vertrag ist in § 7 VOB/B für bestimmte Risiken zugunsten des Auftragnehmers ein vorgezogener Gefahrübergang auf den Auftraggeber geregelt. Wird eine ganz oder teilweise ausgeführte Vertragsleistung vor der Abnahme durch Gewalt, Krieg, Aufruhr oder andere unabwendbare Ereignisse, die der Auftragnehmer nicht zu vertreten hat, beschädigt oder zerstört, dann steht dem Auftragnehmer ein Vergütungsanspruch zu. Nach der Rechtsprechung des Bundesgerichtshofs ist ein Ereignis unabwendbar, das nach menschlicher Einsicht und Erfahrung in dem Sinne unvorhersehbar ist, dass es oder seine Auswirkungen trotz Anwendung wirtschaftlich erträglicher Mittel durch die äußerste nach der Sachlage zu erwartende Sorgfalt nicht verhütet oder in seinen Wirkungen bis auf ein erträgliches Maß unschädlich gemacht werden kann.

> BGH, Urt. v. 31. 1. 1991 – VII ZR 291/88,
> BGHZ 113, 315 = BauR 1991, 331
> = ZfBR 1991, 146:
> Beschädigung eines Vorgewerks durch ein Nachfolgegewerk.

173 Ein Ereignis ist nicht schon dann unabwendbar, wenn es für den Auftragnehmer unverschuldet nicht vorhersehbar und für ihn nicht abwendbar war.

> BGH, Urt. v. 26. 6. 1997 – VII ZR 17/96,
> BGHZ 136, 303 = BauR 1997, 1019
> = ZfBR 1997, 300 = NJW 1997, 3018
> = WM 1997, 2779
> – Schürmannbau I;
>
> BGH, Urt. v. 16. 10. 1997 – VII ZR 64/96,
> BGHZ 137, 35 = ZflR 1997, 718
> = BauR 1997, 1021 = ZfBR 1998, 33
> – Schürmannbau II.

174 Dieser Grundsatz gilt auch für den Fall, dass ein Gewerk durch die Ausführung eines Nachfolgegewerks beschädigt wird.

175 Mit der Abnahme treten folgende Rechtsfolgen ein (vgl. im Einzelnen *Kniffka/Koeble*, Kompendium des Baurechts, Teil 6 Rz. 29; *Thode*, ZfBR 1999, 116 ff):

– die Abnahme ist grundsätzlich Fälligkeitsvoraussetzung für den Vergütungsanspruch (§ 641 BGB);

– hinsichtlich von Mängeln ist ausschließlich das Gewährleistungsrecht anwendbar;

– die Leistungs- und Vergütungsgefahr geht auf den Auftraggeber über;

– die Schutzpflicht nach § 4 Nr. 5 VOB/B entfällt;

– die Darlegungs- und Beweislast für behauptete und für nicht vorbehaltene Mängel trägt der Auftraggeber;

- die Gewährleistungsfrist beginnt für alle Mängel zu laufen; ob die Gewährleistungsfrist auch für vorbehaltene Mängel zu laufen beginnt, ist höchstrichterlich nicht geklärt (vgl. *Thode*, ZfBR 1999, 116, 120);

- für die Frage, ob der Auftragnehmer Mängel arglistig verschwiegen hat, kommt es auf den Zeitpunkt der Abnahme an (§ 638 Abs. 1 BGB a. F. = § 634a Abs. 1 BGB n. F.);

- mit der Abnahme ist der Werklohn gesetzlich zu verzinsen, wenn er nicht gestundet ist (§ 641 Abs. 4 BGB).

IV. Die Abnahmeformen

Grundsätzlich sind je nach vertraglicher Vereinbarung die formlos **176** (mündlich oder konkludent) erklärte, die förmliche und die fiktive Abnahme möglich. Ein funktional ähnliches Institut wie die Abnahmefiktion ist die Fertigstellungsbescheinigung.

1. Die konkludent erklärte Abnahme

In der Praxis ist diese Form der Abnahme trotz ihrer Nachteile nach wie **177** vor weit verbreitet. Sie hat den Nachteil, dass die Voraussetzungen und der Zeitpunkt der Abnahme häufig nicht eindeutig festliegen und zwischen den Vertragsparteien streitig sind. Die Folge sind häufig vermeidbare Prozesse mit ungewissem Ausgang.

Eine konkludente Abnahme liegt vor, wenn dem Verhalten des Auftragge- **178** bers zu entnehmen ist, dass er die Leistung willentlich als im wesentlichen vertragsgerecht billigt.

> BGH, Urt. v. 10. 6. 1999 – VII ZR 170/98,
> BauR 1999, 1186 = ZfBR 1999, 327.

Bei der Bestimmung des Abnahmezeitpunkts muss der Zeitraum berück- **179** sichtigt werden, den der Auftraggeber benötigt, um das Werk zu prüfen und zu beurteilen:

> BGH, Urt. v. 28. 4. 1992 – X ZR 27/91,
> ZfBR 1992, 264 = NJW-RR 1992, 1078:
> Entgegennahme eines Bodengutachtens.

180 Zieht der Auftraggeber ohne Zwang und ohne erhebliche Mängel zu rügen in ein fertig gestelltes Haus ein, kann deshalb auch erst nach Ablauf einer angemessenen Prüfungsfrist eine konkludente Abnahme vorliegen.

> BGH, Urt. v. 20. 9. 1984 – VII ZR 377/83,
> BauR 1985, 200 = ZfBR 1985, 71
> = NJW 1985, 731.

181 Die vorbehaltlose Zahlung der Vergütung kann eine konkludente Abnahme sein.

> BGH, Urt. v. 30. 9. 1993 – VII ZR 136/92,
> BauR 1994, 103 = ZfBR 1994, 17
> = NJW-RR 1994, 373;
> vgl. dazu EWiR 1994, 441 (*Thamm*).

182 Eine konkludente Abnahme liegt dann nicht vor, wenn der Auftraggeber vor dem Einzug oder der Nutzung die Abnahme zu Recht verweigert hat und die von ihm gerügten Mängel zu diesem Zeitpunkt noch nicht beseitigt worden sind.

> BGH, Urt. v. 10. 6. 1999 – VII ZR 170/98,
> BauR 1999, 1186 = ZfBR 1999, 327;
>
> BGH, Urt. v. 22. 12. 2000 – VII ZR 310/99,
> BGHZ 146, 250 = ZIP 2001, 245 m. Anm *Grizwotz*
> = BauR 2001, 391 = ZfIR 2001, 111
> = NZBau 2001, 132 = ZfBR 2001, 183;
> vgl. dazu *Blank*, ZfIR 2001, 85;
> EWiR 2001, 85 (*Vogel*);
> *Pause*, LM BGB § 134 Nr. 172 (5/2001).

183 Geschieht der Einzug unter dem Zwang der Verhältnisse, liegt im Regelfall keine konkludente Abnahme vor.

> BGH, Urt. v. 12. 6. 1975 – VII ZR 55/73,
> BauR 1975, 344 = NJW 1975, 1701.

184 Die Ankündigung und die Durchführung einer Ersatzvornahme sind allein keine hinreichende Grundlage für die Annahme einer konkludenten Abnahme.

> BGH, Urt. v. 16. 11. 1993 – X ZR 7/92,
> BauR 1994, 242 = ZfBR 1994, 91
> = NJW 1994, 942;

BGH, Urt. v. 27. 2. 1996 – X ZR 3/94,
BGHZ 132, 96 = ZIP 1996, 839;
vgl. dazu *Peters*, LM BGB § 640 Nr. 16 (7/1996).

2. Die förmliche Abnahme

Förmliche Abnahme ist die Abnahme unter Einhaltung eines vertraglichen **185** Verfahrens (z. B. Ladung, Aufforderung, Fristen, gemeinsame Anwesenheit) und unter Herstellung einer Niederschrift über die Abnahme. Einzelheiten der Niederschrift sind keineswegs gesichert, vor allem besteht Unsicherheit über die Verpflichtung zur Unterzeichnung. Richtigerweise ist anzunehmen, dass die Partei, für die die Urkunde keine Rechtswahrung enthält (z. B. Vorbehalt von Vertragsstrafen und Mängeln), die Urkunde nicht zu unterzeichnen braucht. Daraus ergibt sich im übrigen auch, dass keineswegs eine einverständliche Urkunde hergestellt werden muss.

Haben die Parteien eine förmliche Abnahme im Vertrag, häufig in AGB, **186** oder nachträglich vereinbart und durchgeführt, ist ein Streit über den Zeitpunkt und etwaige Vorbehalte weitgehend ausgeschlossen. Rechtliche Schwierigkeiten entstehen, wenn die Parteien eine förmliche Abnahme vereinbart und nicht durchgeführt haben. In diesen Fällen besteht regelmäßig erhebliche Unsicherheit, ob und wann die Abnahmewirkungen eingetreten sind. Die Rechtsprechung unterstellt eine stillschweigende Abnahme, wenn beide Parteien nach längerer Nutzung des Bauwerks auf die förmliche Abnahme nicht zurückkommen.

BGH, Urt. v. 21. 4. 1977 – VII ZR 108/76,
BauR 1977, 344 = WM 1977, 825.

Wenn der Auftraggeber eine förmliche Abnahme, die im Vertrag vorgese- **187** hen war, über Jahre dadurch verzögert, dass er seine Befugnis, den Termin festzusetzen, nicht nutzt, ist er nach Treu und Glauben gehindert, auf der förmlichen Abnahme zu bestehen.

BGH, Urt. v. 13. 7. 1989 – VII ZR 82/88,
BauR 1989, 727 = ZfBR 1989, 251
= NJW 1990, 43.

Eine konkludente Abnahme ist nur möglich, wenn die Vertragsparteien die **188** Vereinbarung über die förmliche Abnahme einvernehmlich aufgehoben haben. An eine konkludente Aufhebungsvereinbarung sind strenge Anforderungen zu stellen.

BGH, Urt. v. 21. 4. 1977 – VII ZR 108/76,
BauR 1977, 344 = WM 1977, 825;

BGH, Urt. v. 3. 11. 1992 – X ZR 83/90,
NJW 1993, 1063;
dazu EWiR 1993, 239 (*Lehmann*);

BGH, Urt. v. 22. 12. 2000 – VII ZR 310/99,
BGHZ 146, 250 = ZIP 2001, 245 mit Anm. *Grziwotz*
= BauR 2001, 391 = ZfIR 2001, 111
= NZBau 2001, 132 = ZfBR 2001, 183;
vgl. dazu *Blank*, ZfIR 2001, 85;
EWiR 2001, 85 (*Vogel*);
Pause, LM BGB § 134 Nr. 172 (5/2001).

3. Die fiktive Abnahme

189 Die Abnahmeform der fiktiven Abnahme war lange Zeit ein spezielles Instrument der VOB/B (§ 12 Nr. 5), das dazu diente, im VOB/B-Vertrag mit
Hilfe einer Fiktion das Vertragsverhältnis in das Abwicklungsverhältnis
überzuleiten. Die Besonderheit der fiktiven Abnahme besteht darin, dass
die Abnahmewirkungen unabhängig vom Willen des Auftraggebers eintreten. Durch das Gesetz zur Beschleunigung fälliger Zahlungen sind zwei
Formen quasifiktiver Abnahmen in das BGB aufgenommen worden (vgl.
dazu unten Rz. 198 ff).

a) Die Regelung der VOB/B

190 Die in § 12 Nr. 5 VOB/B geregelte fiktive Abnahme kommt nicht in Betracht, wenn der Auftraggeber die Abnahme ablehnt.

BGH, Urt. v. 12. 6. 1975 – VII ZR 55/73,
NJW 1975, 1701 = MDR 1975, 835.

191 Eine fiktive Abnahme nach VOB/B tritt auch dann nicht ein, wenn die
Parteien eine förmliche Abnahme vereinbart haben oder wenn die Leistung
nicht fertig gestellt war oder wesentliche Mängel aufweist.

BGH, Urt. v. 21. 12. 1978 – VII ZR 269/77,
BGHZ 73, 140 = BauR 1979, 159
= ZfBR 1979, 24 = NJW 1979, 650.

192 In § 12 Nr. 5 VOB/B sind die folgenden beiden Möglichkeiten der fiktiven
Abnahme geregelt: Die Leistung gilt als abgenommen mit Ablauf von
zwölf Werktagen nach der schriftlichen Mitteilung über die Fertigstellung

der Leistung, wenn keine Abnahme verlangt wird. Die Zusendung der Schlussrechnung kann eine derartige Mitteilung sein.

> BGH, Urt. v. 4. 3. 1993 – VII ZR 148/92,
> BauR 1993, 473 = ZfBR 1993, 182
> = NJW 1993, 1916;
>
> BGH, Urt. v. 20. 4. 1989 – VII ZR 334/87,
> BauR 1989, 603 = ZfBR 1989, 202
> = NJW-RR 1989, 979;
>
> BGH, Urt. v. 28. 4. 1980 – VII ZR 109/79,
> BauR 1980, 357 = ZfBR 1980, 192.

Nimmt der Auftraggeber die Leistung oder einen Teil der Leistung in Be- **193** nutzung, dann gilt die Abnahme nach Ablauf von sechs Werktagen nach Beginn der Benutzung als erfolgt, wenn die Parteien nichts anderes vereinbart haben. Die Benutzung von Teilen einer baulichen Anlage zur Weiterführung der Arbeiten begründet keine fiktive Abnahme.

Unabdingbare Voraussetzung der fiktiven Abnahme ist allerdings, dass **194** eine abnahmereife Leistung vorliegt.

> BGH, Urt. v. 20. 4. 1989 – VII ZR 334/87,
> BauR 1989, 603 = ZfBR 1989, 202
> = NJW-RR 1989, 979.

Diese Voraussetzung begründet für den Unternehmer das Risiko, dass sich **195** unter Umständen erst nach Jahren herausstellt, wenn ein verdeckter Mangel erkannt wird, dass die Abnahmewirkungen der fiktiven Abnahme nicht eingetreten sind. Die Voraussetzung der abnahmereifen Leistung wird in der Baupraxis und von den Instanzgerichten nicht selten übersehen.

b)   Die Neuregelung des BGB

(1)   Entstehungsgeschichte

Der Gesetzgeber hat aufgrund von Beschwerden von Handwerkern, dass **196** Auftraggeber häufig wegen geringfügiger Mängel die Abnahme verweigern, eine dem § 12 Nr. 3 VOB/B entsprechende Regelung getroffen. Die Regelung wird in der Praxis nicht den Erfolg erbringen, den sich die Bauhandwerker davon versprechen. Der kooperative Auftraggeber wird das Werk abnehmen, wenn nur unwesentliche Mängel vorhanden sind, der renitente Auftraggeber, gegen den sich die Neuregelung richtet, wird den Streit darüber, ob ein Mangel unwesentlich ist, gerichtlich ausfechten. Eine empirische Untersuchung zu der Frage, ob die Verhältnisse bei VOB/B-Verträgen anders waren als bei BGB-Verträgen, gab und gibt es nicht. Außerdem ist die Abgrenzung zwischen einem wesentlichen und unwesentlichen Mangel unscharf. Nicht geregelt hat der Gesetzgeber die zentrale Frage, welche Rechtsfolgen es hat, wenn der Auftraggeber die Abnahme zu Unrecht verweigert. Auch im Schuldrechtsmodernisierungsgesetz ist diese Frage nicht geregelt worden.

(2) Die Geltung des Gesetzes

197 Die Neuregelung des § 640 BGB gilt grundsätzlich nicht für Verträge, die vor dem 1. Mai 2000 abgeschlossen worden sind. § 640 Abs. 1 Satz 3 gilt jedoch für vor dem 1. Mai abgeschlossene Verträge mit der Maßgabe, dass der Lauf der Frist erst mit dem 1. Mai 2000 beginnt.

(3) Inhalt der Regelung

198 Nach der Neuregelung ist der Auftraggeber verpflichtet, das Werk abzunehmen, wenn das Werk mangelfrei oder nur mit unwesentlichen Mängeln behaftet ist. Die Schwierigkeit, die Unwesentlichkeit eines Mangels zu bestimmen, wird dazu führen, dass die Neuregelung nur eine beschränkte Bedeutung erlangen wird. Es ist der Rechtsprechung bisher nicht gelungen, brauchbare Abgrenzungskriterien zu entwickeln. Nach der Rechtsprechung des Bundesgerichtshofs ist ein Mangel unwesentlich, wenn er an Bedeutung so weit zurücktritt, dass es unter Abwägung der beiderseitigen Interessen für den Auftraggeber zumutbar ist, eine zügige Abwicklung des gesamten Vertragsverhältnisses nicht länger aufzuhalten und deshalb nicht mehr auf den Vorteilen zu bestehen, die sich ihm vor vollzogener Abnahme bieten.

> BGH, Urt. v. 26. 2. 1981 – VII ZR 287/79,
> BauR 1981, 1448 = ZfBR 1981, 139.

199 Für die Beurteilung der Frage, ob ein Mangel eines Bauwerkes wesentlich ist, ist der Zeitpunkt der Abnahme maßgeblich.

> BGH, Urt. v. 30. 4. 1992 – VII ZR 185/90,
> BauR 1992, 627 = ZfBR 1992, 216.

200 Für die Abgrenzung wesentlicher von unwesentlichen Mängeln sind nicht in erster Linie technische oder wirtschaftliche Kriterien maßgeblich, sondern die Auswirkungen des Mangels auf die Gebrauchstauglichkeit für den

Auftraggeber. Technisch gravierende Mängel oder Mängel, deren Beseitigung nicht nur unbedeutende Kosten verursachen, sind unabhängig von ihren Auswirkungen auf die Gebrauchstauglichkeit regelmäßig wesentliche Mängel. Technisch unbedeutende Mängel, oder Mängel, deren Beseitigung geringe Kosten verursacht, sind regelmäßig keine unwesentlichen Mängel, wenn sie die vereinbarte oder die nach dem Vertrag vorausgesetzte Gebrauchstauglichkeit nicht nur unwesentlich beeinträchtigen. Die Gebrauchstauglichkeit des Werkes bestimmt sich vorrangig nach den Interessen des Auftraggebers (vgl. im Einzelnen Rz. 84 ff).

Nach § 640 Abs. 1 Satz 3 steht es der Abnahme gleich, wenn der Besteller **201** ein abnahmefähiges Werk nicht innerhalb einer ihm vom Unternehmer bestimmten angemessenen Frist abnimmt. Nach fruchtlosem Ablauf der Frist treten alle Abnahmewirkungen ein. Die Vergütung wird fällig, die Gefahr geht auf den Auftraggeber über, der Lauf der Verjährungsfrist beginnt. Der Auftraggeber verliert allerdings nicht die in § 640 Abs. 2 BGB genannten Gewährleistungsansprüche.

Die Wirkungen treten nur ein, wenn der Auftraggeber im Zeitpunkt der **202** Aufforderung durch den Auftragnehmer zur Abnahme verpflichtet war; das Werk muss vertragsgemäß hergestellt sein und es darf keine anderen als unwesentliche Mängel aufweisen. Stellt sich nach Ablauf der Frist, möglicherweise erst nach Jahren heraus, dass das Werk diese Voraussetzungen nicht erfüllte, dann sind die Abnahmewirkungen nicht eingetreten. Im Hinblick auf dieses Risiko ist die sog. fiktive Abnahme aus der Sicht des Auftragnehmers ein praktisch wenig geeignetes Instrument. Ein Auftraggeber, der auf die Aufforderung des Auftragnehmers zur Abnahme nicht reagiert und die Frist verstreichen lässt, weil ihm ein wesentlicher Mangel bekannt ist, kann sich dadurch einen erheblichen rechtlichen Vorteil verschaffen.

4.   Abnahmefiktion durch Fertigstellungsbescheinigung

a)   Einleitung

Die durch das Gesetz zur Beschleunigung fälliger Zahlungen eingeführte **203** Fertigstellungsbescheinigung gilt für alle Werk- und Werklieferungsverträge, die ab dem 1. Mai 2000 abgeschlossen worden sind (Art. 229 Abs. 2 Satz 1 EGBGB). Die Regelung des § 641a BGB soll dem Auftragnehmer die Möglichkeit eröffnen, fällige Forderungen effektiv und schneller durchzusetzen. Die Fertigstellungsbescheinigung hat die Funktion, dem

Auftragnehmer den langwierigen Streit um die Abnahmefähigkeit zu er-
sparen, bevor er seine Vergütung erhält. Nach der Vorstellung des Gesetz-
gebers erhält der Auftragnehmer mit der Fertigstellungsbescheinigung ein
Mittel, mit dem er seine Vergütung im Urkundsverfahren zügig durchsetzen kann. Der Auftragnehmer erhält im Urkundsverfahren einen vorläufig
vollstreckbaren Titel; der Streit um etwaige Mängel wird im Nachverfahren ausgetragen. Mit der Erteilung der Fertigstellungsbescheinigung wird
die Abnahme des Werkes fingiert. Die Abnahmewirkungen treten allerdings nicht ein, wenn das vorgeschriebene Verfahren nicht eingehalten
worden ist oder wenn die Abnahmevoraussetzungen nach § 640 Abs. 1
BGB nicht vorlagen.

b) Die Fertigstellungsbescheinigung

(1) Die Prüfungsgrundlage

204 Die Fertigstellungsbescheinigung wird unter der Voraussetzung erteilt,
dass das versprochene Werk hergestellt und frei von Mängeln ist, die der
Besteller behauptet hat oder die vom Gutachter feststellbar sind (§ 641
Abs. 1 BGB). Das Gesetz regelt nicht, an Hand welcher Unterlagen und
Maßstäbe der Gutachter die Fertigstellung beurteilen soll. Diese Frage be-
antwortet mittelbar § 631 Abs. 1 BGB. Ein Werk ist hergestellt, wenn das
versprochene Werk, der vertraglich geschuldete Werkerfolg, fertig gestellt
ist. Maßstab für die Fertigstellung ist der von den Vertragsparteien vereinbarte Werkerfolg. Nach dem subjektiven Fehlerbegriff liegt ein Mangel
vor, wenn die Ist-Beschaffenheit des Werkes von der vertraglich vereinbarten Beschaffenheit abweicht und dadurch der Wert oder die Gebrauchstauglichkeit des Werkes beeinträchtigt wird. Folglich kann der Gutachter
die Mangelhaftigkeit erst beurteilen, wenn er festgestellt hat, welche
Werkleistung vertraglich geschuldet ist. Für die Beurteilung der Mangelfreiheit ist der schriftliche Vertrag maßgeblich. Mündliche Verträge sind
keine geeignete Grundlage für das Fertigstellungsverfahren. Änderungen
des schriftlichen Vertrages darf der Gutachter nur berücksichtigen, wenn
sie schriftlich vereinbart oder von beiden Vertragsparteien übereinstim-
mend gegenüber dem Gutacher vorgebracht werden (§ 641a Abs. 3 BGB).
Wenn der Vertrag entsprechende Angaben nicht enthält, sind die allgemein
anerkannten Regeln der Technik zugrunde zu legen. Das Gesetz verwechselt mit dieser Vorgabe den Prüfungsgegenstand, die vertragsgerechte
Herstellung des geschuldeten Erfolges, mit dem sekundären Prüfungs-
maßstab der anerkannten Regeln der Technik.

(2) Die Beurteilung von Rechtsfragen

Durch diese Regelung hat das Gesetz die vom Gericht zu entscheidenden **205**
Rechtsfragen, welchen Vertragsinhalt die Parteien gewollt haben und ob
das Werk mangelfrei ist, auf technische Sachverständige verlagert, die mit
dieser Aufgabe aufgrund ihrer Stellung und Ausbildung regelmäßig überfordert sind. Die technischen Sachverständigen verfügen über keine juristi-
sche Ausbildung, ihnen sind die komplizierten Prinzipien der Vertragsauslegung und die dazu höchstrichterlich entwickelten Grundsätze nicht bekannt. Aufgrund ihrer technischen Ausbildung ermitteln sie die geschuldete Leistung nach technischen Regeln, die zur Beurteilung der häufig
schwierigen Auslegungsfrage regelmäßig ungeeignet sind. Das gilt auch
für die Beurteilung der Mangelfreiheit. Der Vorschrift des § 631 BGB liegt
der subjektive Fehlerbegriff zugrunde, der nach juristischen und nicht nach
technischen Kriterien zu beurteilen ist (vgl. dazu oben Rz. 84 ff). Ein
Mangel liegt vor, wenn die Ist-Beschaffenheit des Werkes nachteilig von
der geschuldeten Soll-Beschaffenheit abweicht und dadurch der Wert oder
die vereinbarte oder nach dem Vertrag vorausgesetzte Gebrauchstauglichkeit beeinträchtigt wird. Die Einhaltung der technischen Regeln ist, vorbehaltlich abweichender Vereinbarung, lediglich der geschuldete Mindest-
standard (Rz. 65 ff, 82 ff). Danach kann ein Mangel vorliegen, obwohl die
technischen Regeln eingehalten sind. Die Gerichtspraxis zeigt, dass die
Sachverständigen mit der Beurteilung der Rechtsfrage, ob ein Mangel im
Rechtssinne vorliegt, häufig überfordert sind. Ein weiteres anschauliches
Beispiel für fehlerhafte Rechtsanwendung durch Sachverständige ist die
Beurteilung der Frage, ob eine Nachbesserung unverhältnismäßig ist oder
nicht. Die in den zahlreichen Entscheidungen des Bundesgerichtshofs be-
anstandeten Entscheidungen der Oberlandesgerichte, die eine Unverhältnismäßigkeit der Nachbesserung bejaht haben, beruhen regelmäßig auf
rechtlich falschen Gutachten von Sachverständigen (vgl. oben Rz. 86 ff).

Die Beurteilung dieser im Regelfall schwierigen Rechtsfragen durch tech- **206**
nische Sachverständige begründet ein hohes Risiko einer Fehlbeurteilung.
Die negativen Folgen für den Auftragnehmer und den Gutachter sind gravierend. Der Auftragnehmer erfährt erst nach der Beendigung des Ur-
kunds- und Nachverfahrens, dass die Abnahmewirkungen nicht eingetreten
sind, und der Sachverständige sieht sich Schadensersatzansprüchen des
Auftragnehmers und möglicherweise auch des Auftraggebers ausgesetzt.

(3)   Aufmaß/Stundenlohnabrechnung

207 Die Fertigstellungsbescheinigung kann sich auf zwei Umstände beziehen,
das Aufmaß und die Stundenlohnabrechnung, die nicht Gegenstand der
Abnahme sind. Nach § 641a Abs. 1 Satz 4 BGB wird vermutet, dass ein
Aufmaß oder eine Stundenlohnabrechnung, die der Unternehmer seiner
Rechnung zugrunde legt, zutreffen, wenn der Gutachter dies in seiner Fertigstellungsbescheinigung feststellt. Die Bestätigung des Aufmaßes soll
den Unternehmer in die Lage versetzen, im Urkundsprozess durch eine
Urkunde ein korrektes Aufmaß vorzutragen, wenn das Aufmaß Fälligkeitsvoraussetzung ist. Entsprechendes gilt für die Stundenlohnabrechnung. Unklar ist, auf welche Weise der Gutachter prüfen und bestätigen
soll, dass die berechneten Stunden tatsächlich erbracht worden sind. Die
Bescheinigung, die Stundenlohnabrechnung sei korrekt, ersetzt nicht die
für die Abrechnung von Stunden erforderliche vertragliche Vereinbarung
von Stundenlohnarbeiten.

(4)   Mitwirkung des Bestellers

208 Verweigert der Besteller eine Besichtigung des Werkes durch den Gutachter, dann wird vermutet, dass das Werk vertragsgemäß erstellt worden ist.
Der Gutachter muss in diesem Fall die Fertigstellungsbescheinigung erteilen (§ 641a Abs. 4 Satz 2 BGB).

(5)   Die Bescheinigung der Mangelfreiheit

209 Der Gutachter darf die Mangelfreiheit nur bescheinigen, wenn das Werk
frei von den behaupteten oder ihm erkennbaren Mängeln ist. Die Fertigstellungsbescheinigung verlangt ein mangelfreies Werk, es ist nicht ausreichend, dass das Werk abnahmereif im Sinne des neuen § 640 Abs. 1 Satz 2
BGB ist. Für die Abnahmereife genügt danach, dass das Werk frei von wesentlichen Mängeln ist. Unwesentliche Mängel, die einer Abnahmereife
nicht entgegenstehen, hindern den Gutachter daran, eine Fertigstellungsbescheinigung zu erteilen.

(6)   Inhalt der Fertigstellungsbescheinigung

210 Der Gesetzgeber hat die Rechtsnatur der Fertigstellungsbescheinigung
nicht geregelt. Nach der Begründung des Gesetzentwurfs soll es sich um
eine Urkunde handeln, die dem Werkunternehmer einen Urkundsprozess
gegen den Besteller ermöglichen soll (BT-Drucks. 14/1246, S. 8). Die

rechtliche Qualifikation der Bescheinigung bereitet deshalb Schwierigkeiten, weil sie überwiegend keine Wissenserklärungen oder Willenserklärungen enthält, sondern gutachterliche Ausführungen zu rechtlichen und technischen Fragen. Die Erläuterungen in der Begründung des Gesetzentwurfs sind wenig hilfreich; danach soll die Bescheinigung den inhaltlichen Anforderungen an ein gerichtliches Sachverständigengutachten entsprechen, obwohl es sich formal nicht um ein derartiges Gutachten handelt (BT-Drucks. 14/1246, S. 9).

Danach muss die Fertigstellungsbescheinigung folgende Angaben enthalten: **211**

–   Einhaltung des Verfahrens

–   Beschreibung des Werkes

–   Vertragsgrundlagen und deren Auslegung

–   Beschreibung des geschuldeten Werkes

–   behauptete Mängel

–   Begründung der Mangelfreiheit

–   Angaben zu den als maßgeblich zugrunde gelegten Regeln der Technik.

Die Fertigstellungsbescheinigung muss folglich den formalen und inhalt- **212** lichen Anforderungen an ein gerichtliches Sachverständigengutachten genügen. Im Unterschied zu einem gerichtlichen Sachverständigengutachten muss es zusätzlich rechtliche Ausführungen enthalten. Genügt sie diesen Anforderungen nicht, bietet sie keine ausreichende Grundlage für ein Vorbehaltsurteil im Urkundverfahren.

(7)   Wirkungen der Fertigstellungsbescheinigung

Die Fertigstellungsbescheinigung steht der Abnahme gleich, allerdings mit **213** Einschränkungen. Die Fälligkeit der Vergütung tritt mit der Erteilung der Bescheinigung an den Unternehmer ein. Für die weiteren Abnahmewirkungen ist die Zustellung der Bescheinung an den Besteller erforderlich (§ 641a Abs. 5 Satz 2 BGB). Die Abnahmewirkungen treten nicht ein, wenn tatsächlich kein abnahmereifes Werk vorliegt (§ 641a Abs. 1 Satz 2 BGB) oder wenn der Gutachter das vorgeschriebene Verfahren nicht eingehalten hat. Folglich hat der Unternehmer unabhängig von der Fertigstellungsbescheinigung ein elementares Interesse an einer Abnahme durch den

Besteller. Der Besteller muss sich im Verfahren der Fertigstellungsbescheinigung im Unterschied zur Abnahme die Gewährleistungsrechte für ihm bekannte Mängel oder eine Vertragsstrafe nicht vorbehalten, § 640 Abs. 2 BGB ist nicht anwendbar.

c) Der Gutachter

(1) Die Auswahl

214 § 641a Abs. 2 BGB sieht zwei unterschiedliche Modalitäten der Bestellung des Sachverständigen vor. Die Parteien können sich auf einen Sachverständigen einigen. Für diesen Fall stellt das Gesetz keine Anforderungen an die Qualifikation des Sachverständigen. Fehlt es an einer Einigung der Parteien, kann der Unternehmer einen Antrag auf Bestimmung eines öffentlich bestellten und vereidigten Sachverständigen bei einer der im Gesetz genannten Kammern stellen. Die Kammer ist berechtigt, einen geeigneten Sachverständigen als Gutachter zu bestimmen. Hinsichtlich der für die Fertigstellungsbescheinigung erforderlichen juristischen Qualifikation des Sachverständigen und deren Überprüfung enthält das Gesetz keine Vorgaben.

(2) Die Wirksamkeit der Einigung im Vertrag

215 Die Einigung der Vertragsparteien über den Gutachter im Vertrag durch Individualvereinbarung oder in Allgemeinen Geschäftsbedingungen ist nicht möglich. Die Einigung ist nur wirksam, wenn die Parteien sich im Konfliktfall auf einen Gutacher verständigen.

216 Eine Einigung über die Person des Gutachters durch Individualvereinbarung im Vertrag widerspricht der Intention dieser Vereinbarung. Die Einigung der Parteien auf die Person des Gutachters soll ihnen die Möglichkeit eröffnen, dass sie sich auf der Grundlage der Fertigstellungsbescheinigung einigen oder dass der Unternehmer nach einer Verweigerung dieser Bescheinigung die Mängel beseitigt, ohne dass ein gerichtliches Verfahren erforderlich wird. Diese Funktion ist nur gewährleistet, wenn die Vertragsparteien sich im Konfliktfall auf einen Gutachter einigen. Eine Einigung auf einen Gutachter bereits im Vertrag begründet das Risiko, dass etwa ein Bauträger dem Erwerber den Gutachter vorgibt und der Erwerber den Vertrag abschließt, ohne dass ihm die Bedeutung der Einigung auf den Gutachter bewusst ist. Im Konfliktfall wird er diesem Gutachter regelmäßig

nicht vertrauen und eher geneigt sein, die Fertigstellungsbescheinigung des Gutachters nicht zu akzeptieren und die Streitfragen gerichtlich klären zu lassen.

Eine Vereinbarung über den Sachverständigen für ein etwaiges Verfahren **217** nach § 641a BGB in Allgemeinen Geschäftsbedingungen des Auftragnehmers würde einer Inhaltskontrolle nach dem AGB-Gesetz nicht standhalten. Eine derartige Vereinbarung in Allgemeinen Geschäftsbedingungen birgt die Gefahr, dass der marktstarke Auftragnehmer seinem Vertragspartner, dem Klauselgegner, seinen Sachverständigen vorschreibt. Dieses Argument hat erhebliches Gewicht, weil das Gesetz im Fall der Einigung der Parteien keine Qualifikation des Sachverständigen fordert und weil das in § 641a Abs. 2 BGB geregelte Verfahren dem Erwerber nicht die Möglichkeit eröffnet, sich vor der Erstellung der Fertigstellungsbescheinigung mit dem Einwand der Parteilichkeit oder Befangenheit des Sachverständigen zu verteidigen. Er kann auch nicht einwenden, er könne die Bescheinigung nicht prüfen, weil sie inhaltlich nicht den Mindestanforderungen genügt, die zu seinem Schutz rechtlich geboten sind. Die Mindestanforderungen ergeben sich aus § 641a Abs. 1–4 BGB und den verfahrensrechtlichen Grundsätzen des fairen Verfahrens, des rechtlichen Gehörs und des Begründungszwangs.

Die Fertigstellungsbescheinigung eines möglicherweise vom Unternehmer **218** abhängigen und parteiischen Gutachters benachteiligt den Besteller unangemessen, vor allem deshalb, weil er sich im Urkundsprozess nur eingeschränkt gegen die Bescheinigung verteidigen kann. Damit ist für den Besteller das Risiko begründet, dass die Fertigstellungsbescheinigung eines möglicherweise abhängigen, parteiischen oder nicht hinreichend qualifizierten Sachverständigen Grundlage eines vorläufig vollstreckbaren Titels wird.

(3) Die Stellung des Gutachters

(a) Rechtsverhältnis zu den Parteien

Nach § 641a Abs. 2 Satz 1 BGB wird der Gutachter vom Unternehmer be- **219** auftragt, der Unternehmer muss dem Gutachter die Vergütung zahlen. Der Besteller muss dem Unternehmer die Auslagen für den Gutachter erstatten, wenn er sich vor der Erteilung des Auftrags an den Gutachter mit der Zahlung des Werklohns oder der Abnahme im Verzug befunden hat.

(b) Haftung

220 Der Gutachter ist beiden Parteien gegenüber verpflichtet, die Bescheinigung unparteiisch und nach bestem Wissen und Gewissen zu erteilen. Erteilt der Gutachter schuldhaft eine falsche Bescheinigung, dann haftet er beiden Parteien auf Schadensersatz. Ergeht beispielsweise gegen den Besteller im Urkundsprozess ein Vorbehaltsurteil, erweist sich die Bescheinigung im Nachverfahren als falsch, dann hat der Unternehmer die gesamten Kosten des Verfahrens zu tragen. Der Gutachter ist verpflichtet, den Unternehmer von der Schadensersatzforderung des Bestellers frei zu stellen oder ihm den gezahlten Betrag zu erstatten. Ist der Unternehmer insolvent geworden, dann hat der Gutachter dem Besteller diese Kosten zu erstatten. Vollstreckt der Unternehmer aus dem Vorbehaltsurteil und gerät der Besteller aufgrund der Vollstreckung in die Insolvenz, dann muss der Unternehmer dem Besteller den ihm daraus erwachsenen Schaden ersetzen, wenn die Klage im Nachverfahren abgewiesen wird, weil die Bescheinigung falsch war. Der Unternehmer kann diesen Schaden vom Gutachter erstattet verlangen.

d) Schlussbetrachtung

221 Das von den Interessenvertretern der Bauindustrie und der Bauhandwerker sowie der Architekten als großer Erfolg gefeierte Instrument der Fertigstellungsbescheinigung erweist sich bei näherer Betrachtung als wenig brauchbar. Es beruht auf der unrealistischen und empirisch nicht seriös belegten Einschätzung, dass Besteller im Regelfall mit unberechtigten Mängeleinwänden die Gerichtsverfahren verzögern. Für den Unternehmer ist das neue Verfahren nur dann zu empfehlen, wenn der Besteller in vertragsrechtlich einfach gelagerten Fällen mit offenkundig unbegründeten Mängeleinwänden versucht, die Zahlung hinauszuzögern. Für derartige Fälle benötigt der Unternehmer das Verfahren nicht. Er erreicht die Verurteilung des Bestellers in einem normalen Zivilprozess mit vergleichbarem Zeitaufwand und ohne die Kosten für den Gutachter. Bei aufwendigen Bauvorhaben ist das Verfahren der Fertigstellungsbescheinigung im Regelfall ungeeignet, weil die Folgen einer falschen Fertigstellungsbescheinigung für den Unternehmer gravierend sind. Das Verfahren verzögert die für den Unternehmer bedeutsamen Abnahmewirkungen. Außerdem setzt sich der Unternehmer der Gefahr aus, dass er die Kosten des verlorenen Urkunds- und Nachverfahrens sowie die Vergütung des Gutachters tragen und den Schaden ersetzen muss, der dem Besteller durch die Zwangsvollstreckung aus dem vorläufigen Urteil entstanden ist. Möglicherweise muss er einen Regressprozess gegen den Gutachter führen. Für Sachverständige birgt das Verfahren ein beachtliches Schadensersatzrisiko.

V. Die Abnahme im gekündigten Vertrag

1. Die Entwicklung und der Stand der Rechtsprechung

Die Frage, ob nach einer Kündigung des Vertrages eine Abnahme der bis **222** zur Kündigung vom Unternehmer erbrachten Leistung notwendig ist, war bis zu der Grundsatzentscheidung des Bundesgerichtshofs vom 19. Dezember 2002 (vgl. unten Rz. 226) ungeklärt (vgl. hierzu im Einzelnen *Kniffka*, ZfBR 1998, 113; *Thode*, ZfBR 1999, 116): Mit dieser Entscheidung hat der VII. Zivilsenat des Bundesgerichtshofs nunmehr klargestellt, dass, abgesehen von der Fälligkeit des Werklohns, die übrigen Abnahmewirkungen hinsichtlich der bis zur Kündigung erbrachten Leistung erst nach einer Abnahme dieser Leistung eintreten (vgl. unten Rz. 226 ff). Nach dieser Entscheidung sind die Erwägungen des VII. Zivilsenats überholt, eine Abnahme sei nach einer Kündigung nicht erforderlich oder nicht möglich (vgl. hierzu im Einzelnen *Kniffka*, ZfBR 1998, 113; *Thode*, ZfBR 1999, 116 jeweils m. N.). Nicht berührt worden sind die Grundsätze zur Fälligkeit des Werklohns nach einer Kündigung und die sich daraus ergebenden Konsequenzen für das Leistungsverweigerungsrecht des Auftraggebers (vgl. hierzu im Einzelnen *Kniffka*, ZfBR 1998, 113, 116 m. w. N.). Gegenstand der Entscheidung vom 19. Dezember 2002 sind die Anwendbarkeit der Gewährleistungsansprüche nach Abnahme und die für sie maßgeblichen Verjährungsregelungen und nicht die Fälligkeit der Werklohnforderung. Nach dem derzeitigen Stand der Rechtsprechung wird die Fälligkeit und das Ende der Vorleistungspflicht des Auftragnehmers an die Kündigung angeknüpft und die übrigen Abnahmewirkungen an die Abnahme.

2. Die Fälligkeit des Werklohns

Nach der ständigen Rechtsprechung des VII. Zivilsenats des Bundesge- **223** richtshofs wird der Werklohn des Auftragnehmers mit der Kündigung fällig, eine Abnahme ist für die Fälligkeit nicht erforderlich.

> BGH, Urt. v. 22. 2. 1971 – VII ZR 243/69,
> BGHZ 55, 354,

BGH, Urt. v. 11. 7. 1974 – VII ZR 293/82,
ZIP 1983, 1082 = BauR 1983, 459
= ZfBR 1983, 230;

BGH, Urt. v. 9. 10. 1986 – VII ZR 249/85,
BauR 1987, 95 = ZfBR 1987, 38;
dazu EWiR 1986, 1251 (*Lenzen*);

BGH, Urt. v. 25. 6. 1987 – VII ZR 251/86,
BauR 1987, 680 = ZfBR 1987, 271;
dazu EWiR 1987, 1027 (*Siegburg*).

224 In konsequenter Fortführung dieser Rechtsprechung hat der VII. Zivilsenat des Bundesgerichtshofs entschieden, dass mit der Kündigung die Vorleistungspflicht des Unternehmers und damit seine Ansprüche auf Abschlagszahlungen entfallen.

BGH, Urt. v. 21. 2. 1985 – VII ZR 160/83,
BauR 1985, 456 = ZfBR 1985, 174;
dazu EWiR 1985, 715 (*Locher*);

BGH, Urt. v. 26. 1. 1987 – VII ZR 217/85,
BauR 1987, 453 = ZfBR 1987, 200.

225 Nach einer Entscheidung des X. Zivilsenats des Bundesgerichtshofs, die von der Rechtsprechung des VII. Zivilsenats abweicht, soll die Vorleistungspflicht des Unternehmers mit der Kündigung nicht entfallen und der Werklohn nicht fällig werden, wenn die bis zur Kündigung erbrachte Leistung mangelhaft und damit für den Auftraggeber unbrauchbar ist.

BGH, Urt. v. 25. 3. 1995 – X ZR 17/92,
BauR 1993, 469 = ZfBR 1993, 189;
vgl. hierzu im Einzelnen mit berechtigter Kritik
Kniffka, ZfBR 1998, 113, 116;
Thode, ZfBR 1999, 116, 121 f.

3. Die übrigen Abnahmewirkungen

226 Das Erfüllungsstadium eines gekündigten Vertrages endet wie bei einem nicht gekündigten Vertrag mit der Abnahme. Die Abnahme hat im gekündigten Vertrag die gleiche Funktion wie im nicht gekündigten Vertrag. Sie dient dazu festzustellen, ob die aufgrund der Kündigung beschränkte Werkleistung des Auftragnehmers vertragsgemäß erbracht wurde (*Kniffka*, ZfBR 1998, 113; *Thode*, ZfBR 1999, 116, 120, 123).

BGH, Urt. v. 19. 12. 2002 – VII ZR 103/00,
ZIP 2003, 672 = ZflR 2003, 375 mit Anm. *Siegburg*
= NZBau 2003, 265 = ZfBR 2003, 352
= NJW 2003, 1450.

Nach der Kündigung oder Teilkündigung eines VOB/B-Vertrages bleiben **227** dem Auftraggeber die bis zur Kündigung nicht erledigten Ansprüche aus § 4 Nr. 7 Satz 1 und Satz 2 VOB/B erhalten. Die Kündigung allein begründet nicht die Anwendbarkeit der Gewährleistungsregelungen gemäß § 13 Nr. 5–7 VOB/B und der Verjährungsregelungen der § 13 Nr. 4 oder Nr. 7 Abs. 3 VOB/B. Hierfür ist die Abnahme erforderlich.

BGH, Urt. v. 6. 5. 1968 – VII ZR 33/66,
BGHZ 50, 160;

BGH, Urt. v. 25. 6. 1987 – VII ZR 251/86,
BauR 1987, 689 = ZfBR 1987,771;
dazu EWiR 1987, 1027 (*Siegburg*);

BGH, Urt. v. 19. 12. 2002 – VII ZR 103/00,
ZIP 2003, 672 = ZflR 2003, 375 mit Anm. *Siegburg*
= NZBau 2003, 265 = ZfBR 2003, 352
= NJW 2003, 1450.

Gegenstand der Abnahme ist die bis zur Kündigung erbrachte Leistung des **228** Unternehmers. Die Kündigung beendet den Vertrag für die Zukunft, sie berührt die bis zur Kündigung entstandenen Erfüllungsansprüche der Vertragsparteien regelmäßig nicht. Die Kündigung des Vertrages beschränkt den Umfang der vom Auftragnehmer geschuldeten Werkleistung auf den bis zur Kündigung erbrachten Teil und seinen Vergütungsanspruch auf diesen Leistungsteil der ursprünglich geschuldeten Leistung. Sie beendet nicht das Erfüllungsstadium des Vertrages.

BGH, Urt. v. 19. 12. 2002 – VII ZR 103/00,
ZIP 2003, 672 = ZflR 2003, 375 mit Anm. *Siegburg*
= NZBau 2003, 265 = ZfBR 2003, 352
= NJW 2003, 1450.

Mit der Abnahme treten die Erfüllungswirkungen der durch die Kündigung **229** beschränkten vertraglich geschuldeten Werkleistung ein (zu den Erfüllungswirkungen der Abnahme im Einzelnen vgl. *Thode*, ZfBR 1999, 116). Die Abnahme hat unter anderem zur Folge, dass dem Auftraggeber statt der Ansprüche aus § 4 Nr. 7 VOB/B die umgewandelten Ansprüche aus § 13 Nr. 5–7 VOB/B zustehen, die vorbehaltlich des § 13 Nr. 7 Abs. 3 VOB/B gemäß § 13 Nr. 4 VOB/B verjähren.

BGH, Urt. v. 19. 12. 2002 – VII ZR 103/00,
ZIP 2003, 672 = ZflR 2003, 375 mit Anm. *Siegburg*
= NZBau 2003, 265 = ZfBR 2003, 352
= NJW 2003, 1450.

230 Nach der Kündigung hat der Auftragnehmer einen Anspruch auf Abnahme, wenn die von ihm bis zur Kündigung erbrachte Leistung die Voraussetzung für die Abnahmepflicht des Auftraggebers erfüllt. Im VOB/B-Vertrag kann der Auftragnehmer nach § 8 Nr. 6 VOB/B in Verbindung mit § 12 Nr. 4 und Nr. 6 VOB/B Abnahme und Aufmaß verlangen, es sei denn, der Auftraggeber ist nach § 12 Nr. 3 VOB/B berechtigt, die Abnahme wegen wesentlicher Mängel zu verweigern.

BGH, Urt. v. 19. 12. 2002 – VII ZR 103/00,
ZIP 2003, 672 = ZflR 2003, 375 mit Anm. *Siegburg*
= NZBau 2003, 265 = ZfBR 2003, 352
= NJW 2003, 1450.

231 Eine fiktive Abnahme nach § 12 Nr. 5 VOB/B kommt bei einem gekündigten Vertrag nicht in Betracht (*Kniffka*, ZfBR 1998, 113, 115).

BGH, Urt. v. 19. 12. 2002 – VII ZR 103/00,
ZIP 2003, 672 = ZflR 2003, 375 mit Anm. *Siegburg*
= NZBau 2003, 265 = ZfBR 2003, 352
= NJW 2003, 1450.

232 Die Kündigung selbst ist keine konkludente Abnahme. Die Kündigung des Auftraggebers enthält nicht die Erklärung, dass er das bis zur Kündigung erbrachte Werk als im wesentlichen vertragsgerecht anerkennt, weil die Kündigung regelmäßig auf einer Vertragsverletzung des Auftragnehmers beruht. Die Kündigung des Auftragnehmers kann schon deshalb keine Abnahme sein, weil ausschließlich der Auftraggeber berechtigt und unter Umständen verpflichtet ist, die Abnahme zu erklären (*Kniffka*, ZfBR 1998, 114).

BGH, Urt. v. 19. 12. 2002 – VII ZR 103/00,
ZIP 2003, 672 = ZflR 2003, 375 mit Anm. *Siegburg*
= NZBau 2003, 265 = ZfBR 2003, 352
= NJW 2003, 1450.

233 Diese Grundsätze gelten gleichermaßen für die Teilkündigung eines Werkvertrages. Soweit ein Vertrag teilweise gekündigt worden ist, treten die Abnahmewirkungen hinsichtlich des gekündigten Teils mit der Abnahme ein.

BGH, Urt. v. 19. 12. 2002 – VII ZR 103/00,
ZIP 2003, 672 = ZflR 2003, 375 mit Anm. *Siegburg*
= NZBau 2003, 265 = ZfBR 2003, 352
= NJW 2003, 1450.

VI. Verweigerung der Abnahme

Der Auftraggeber eines VOB/B-Vertrages kann bis zur Beseitigung der **234**
Mängel die Abnahme verweigern, wenn wesentliche Mängel vorliegen
(§ 13 Nr. 3 VOB/B). Der Bundesgerichtshof hat die Abgrenzung zwischen
wesentlichen und unwesentlichen Mängeln nicht nach objektiven Kriterien, sondern unter dem Aspekt der Zumutbarkeit im Hinblick auf die Umstände des konkreten Vertrages vorgenommen. Ein Mangel ist dann unwesentlich, wenn er an Bedeutung soweit zurücktritt, dass es unter Abwägung
der beiderseitigen Interessen für den Auftraggeber zumutbar ist, eine zügige Abwicklung des gesamten Vertragsverhältnisses nicht länger aufzuhalten und deshalb nicht mehr auf den Vorteilen zu bestehen, die sich ihm vor
vollzogener Abnahme bieten.

BGH, Urt. v. 26. 2. 1981 – VII ZR 287/79,
BauR 1981, 284 = NJW 1981, 1448;

BGH, Urt. v. 30. 4. 1992 – VII ZR 185/90,
BauR 1992, 627 = ZfBR 1992, 216.

Für die Beurteilung der Frage, ob ein Mangel wesentlich ist, ist der Zeit- **235**
punkt des Abnahmetermins maßgeblich.

BGH, Urt. v. 30. 4. 1992 – VII ZR 185/90,
BauR 1992, 627 = ZfBR 1992, 216.

Im BGB-Vertrag ist der Auftraggeber nicht berechtigt, die Abnahme zu **236**
verweigern, wenn das Werk nur unwesentliche Mängel aufweist. Ob damit
nur ein sprachlicher oder auch ein sachlicher Unterschied zum VOB/B-
Vertrag formuliert ist, ist fraglich und bisher nicht entschieden.

Der Besteller eines Bauwerks kann sich jedenfalls nicht auf eine fehlende **237**
Abnahme berufen, wenn ein Mangel nach seiner Art, seinem Umfang und
vor allem nach seinen Auswirkungen derart unbedeutend ist, dass das Interesse des Bestellers auf Grund der besonderen Umstände des Falles an
einer Beseitigung vor Abnahme nicht schützenswert ist und sich seine
Verweigerung deshalb als Verstoß gegen Treu und Glauben darstellt. In
diesem Fall ist der Werklohn des Unternehmers gemäß § 641 BGB fällig.

BGH, Urt. v. 25. 1. 1996 – VII ZR 26/95,
BauR 1996, 390 = ZfBR 1996, 156.

238 Der VII. Zivilsenat des Bundesgerichtshofs hat in diesem Urteil entschieden, dass im Falle rechtsmissbräuchlicher Verweigerung der Abnahme die Fälligkeit der Werklohnforderung gemäß § 641 BGB zu dem Zeitpunkt eintritt, zu dem der Auftraggeber zur Abnahme verpflichtet war. Nicht entschieden hat der Senat, zu welchem Zeitpunkt die anderen Folgen der Abnahme eintreten. Die Grundsätze zur Fälligkeit dürften in Fällen dieser Art auch auf die anderen Abnahmewirkungen übertragbar sein.

239 Der Auftragnehmer kann auch eine isolierte Klage auf Abnahme erheben, ohne dass er zugleich die Zahlung des restlichen Werklohnes verlangt.

BGH, Urt. v. 27. 2. 1996 – X ZR 3/94,
BGHZ 132, 96 = ZIP 1996, 839;
vgl. *Peters*, LM BGB § 640 Nr. 16 (7/1996).

240 Im Falle einer berechtigten Verweigerung der Abnahme treten die Abnahmewirkungen insgesamt nicht ein. Trotz berechtigter Abnahmeverweigerung wird der Werklohn fällig, wenn der Auftraggeber nicht mehr Erfüllung, sondern nur noch Schadensersatz oder Minderung verlangt.

BGH, Urt. v. 10. 10. 2002 – VII ZR 315/01,
ZfIR 2002, 974 = BauR 2003, 88
= NZBau 2003, 35 = ZfBR 2003, 140
= NJW 2003, 288.

241 Verweigert der Auftraggeber die Abnahme grundlos und endgültig, kann der Auftragnehmer auch ohne Abnahme sofort auf Zahlung der Vergütung klagen.

BGH, Urt. v. 25. 1. 1996 – VII ZR 26/95,
ZfBR 1996, 156 = BauR 1996, 390
= NJW 1996, 1280.

242 Höchstrichterlich nicht geklärt ist die Frage, ob und wann im Falle der endgültigen rechtswidrigen Abnahmeverweigerung die weiteren Abnahmewirkungen eintreten (vgl. im Einzelnen *Thode*, ZfBR 1999, 116, 118 f).

VII. Vorbehalt bei der Abnahme

1. Die Rechtsfolgen des versäumten Vorbehalts

Der Auftraggeber muss sich bei der Abnahme seine Ansprüche auf Nach- 243
besserung, Kostenerstattung und Vorschuss bzw. Minderung oder Wandelung wegen bekannter Mängel vorbehalten, damit er diese Rechte nach der
Abnahme geltend machen kann. Die nicht vorbehaltenen Ansprüche gehen
nur verloren, wenn der Auftraggeber die Mängel kennt. Unterlässt der
Auftraggeber den Vorbehalt, verliert er nur die genannten verschuldensun-
abhängigen Gewährleistungsrechte, nicht hingegen den verschuldensab-
hängigen Anspruch auf Schadensersatz, der auch Mängelbeseitigungskosten umfassen kann.

> BGH, Urt. v. 8. 11. 1973 – VII ZR 86/73,
> BGHZ 61, 369, 371.

Da der Schadensersatzanspruch nach § 635 BGB a. F. (= § 634 Nr. 4 BGB 244
n. F.) nach der Rechtsprechung des Bundesgerichtshofs auch die Mängelbeseitigungskosten umfasst und im Regelfall das Verschuldenserfordernis
gegeben ist, ist der Vorbehalt der Mängelgewährleistungsansprüche in der
Praxis von geringer Bedeutung. Die Rechtsprechung des Bundesgerichtshofs eröffnet dem Auftraggeber dadurch die Möglichkeit, ohne vorherige
Nachbesserungsversuche des Auftragnehmers sofort Schadensersatz zu
verlangen, wenn er den Vorbehalt bei bekannten Mängeln nicht erklärt.

2. Der Vorbehalt der Vertragsstrafe und der bekannten Mängel

Eine wirksam vereinbarte Vertragsstrafe und bekannte Mängel kann der 245
Auftraggeber nur geltend machen, wenn er sich die entsprechenden Ansprüche bei der Abnahme vorbehält (§ 11 Nr. 4, § 12 Nr. 5 Abs. 3 VOB/B;
§ 641 Abs. 3 BGB). Ein Vorbehalt vor oder nach der Abnahme genügt
nicht. Wird in AGB die Erforderlichkeit des Vorbehalts insgesamt abbe-
dungen, dann ist die entsprechende Klausel unwirksam.

> BGH, Urt. v. 18. 11. 1982 – VII ZR 305/81,
> BGHZ 85, 305 = ZIP 1983, 76
> = BauR 1983, 80 = NJW 1983, 385;
> vgl. dazu *Bliesener*, LM Nr. 9 zu § 341 BGB.

Eine Verschiebung des Vorbehalts bis zur Schlusszahlung hinsichtlich der 246
Vertragsstrafe in allgemeinen Geschäftsbedingungen ist hingegen zulässig.

BGH, Urt. v. 12. 10. 1978 – VII ZR 139/75,
BGHZ 72, 222 = BauR 1979, 56
= NJW 1979, 212;

BGH, Urt. v. 18. 11. 1982 – VII ZR 305/81,
BGHZ 85, 305 = ZIP 1983, 76
= BauR 1983, 80 = NJW 1983, 385;
vgl. dazu *Bliesener*, LM Nr. 9 zu § 341 BGB;

BGH, Urt. v. 25. 9.1986 – VII ZR 276/84,
ZIP 1986, 1570 = BauR 1987, 92
= ZfBR 1987, 35;
dazu EWiR 1986, 1247 (*Vygen*);

BGH, Urt. v. 13. 7. 2000 – VII ZR 249/94,
BauR 2000, 1758 = NZBau 2000, 504
= ZfBR 2000, 551.

247 Bei der fiktiven Abnahme gemäß § 12 Nr. 5 Abs. 2 VOB/B durch Bezug des errichteten Bauwerks muss der Vorbehalt hinsichtlich einer Vertragsstrafe innerhalb von sechs Werktagen nach Beginn der Benutzung erklärt werden, ein vorher erklärter Vorbehalt ist wirkungslos.

248 Bei der förmlichen Abnahme muss der Vorbehalt der Vertragsstrafe und der bekannten Mängel zur Niederschrift erklärt werden. Der Vorbehalt kann auch in einer formularmäßig vorbereiteten Abnahmeniederschrift aufgenommen und mit der Unterschrift erklärt werden. Zur Abgabe der Vorbehaltserklärung und ihrer Entgegennahme sind im Zweifel die zur Durchführung der förmlichen Abnahme bevollmächtigten Vertreter der Vertragsparteien befugt.

BGH, Urt. v. 25. 9. 1986 – VII ZR 276/84,
BauR 1987, 92 = ZIP 1986, 1570
= ZfBR 1987, 35 = NJW 1987, 340;
dazu EWiR 1986, 1247 (*Vygen*);
Deuchler, WuB IV A § 341 BGB 1.87.

249 Ein Vorbehalt der Vertragsstrafe oder der bekannten Mängel ist nach der bisherigen Rechtsprechung des Bundesgerichtshofs nicht erforderlich, wenn eine Abnahme nicht stattfindet, weil der Vertrag gekündigt worden ist oder die Abnahme aufgrund mangelhafter Leistung verweigert wird.

BGH, Urt. v. 9. 4. 1981 – VII ZR 192/80,
BGHZ 80, 252 = BauR 1981, 373
= ZfBR 1981, 180 = NJW 1981, 1839.

Hinsichtlich gekündigter Verträge ist diese Rechtsprechung durch die Ent- **250** scheidung des Bundesgerichtshofs zur Abnahme nach einer Kündigung (vgl. Rz. 222 ff) überholt. Erfolgt eine Abnahme nach Kündigung, ist ein Vorbehalt der Vertragsstrafe und hinsichtlich bekannter Mängel erforderlich.

Lässt der Auftraggeber vor Abnahme eine Ersatzvornahme durchführen, **251** muss er keinen Vorbehalt der Vertragsstrafe erklären, um sich den Anspruch zu erhalten.

> BGH, Urt. v. 20. 2. 1997 – VII ZR 288/94,
> ZIP 1997, 1034 = ZfBR 1997, 198
> = NJW 1997, 1982;
> vgl. dazu EWiR 1997, 489 (*Rieble*);
> *Peters*, LM BGB § 341 Nr. 11 (8/1997).

Die Grundsätze dieser Entscheidung, die zur Vertragsstrafe ergangen ist, **252** gelten auch für den Vorbehalt hinsichtlich bekannter Mängel. Nicht entschieden ist die Frage, ob der Vorbehalt der Mängel in Allgemeinen Geschäftsbedingungen bis zur Schlusszahlung aufgeschoben werden kann.

3. Die Rechtsfolgen des erklärten Vorbehalts

Der rechtswirksam erklärte Vorbehalt erhält dem Auftraggeber die ver- **253** schuldensunabhängigen Mängelgewährleistungsrechte und den Anspruch auf eine wirksam vereinbarte Vertragsstrafe. Nach der Rechtsprechung des Bundesgerichtshofs hat der wirksam erklärte Vorbehalt hinsichtlich bekannter Mängel zur Folge, dass der Auftragnehmer, wie vor der Abnahme oder im Falle der berechtigten Verweigerung der Abnahme, die Mangelfreiheit des Werkes darlegen und beweisen muss, wenn der Auftraggeber den Mangel substantiiert behauptet.

> BGH, Urt. v. 24. 10. 1996 – VII ZR 98/94,
> ZflR 1997, 23 = BauR 1997, 129
> = ZfBR 1997, 75;
>
> BGH, Urt. v. 16. 10. 1997 – VII ZR 249/96,
> NJW-RR 1998, 233 = WM 1998, 353.

Zur Darlegung des Mangels ist es ausreichend, wenn der Auftraggeber die **254** Erscheinungsformen des Mangels bezeichnet. Es ist nicht erforderlich, dass er den Mangel selbst ermittelt und benennt (sog. Symptomtheorie, vgl. dazu im Einzelnen unten Rz. 424 ff).

255 Höchstrichterlich nicht entschieden ist die Frage, ob der Vorbehalt bestimmter Mängel dazu führt, dass hinsichtlich der vorbehaltenen Mängel die übrigen Abnahmewirkungen nicht eintreten. Derzeit ungeklärt ist, ob im Falle eines wirksamen Vorbehalts die Gewährleistungsfrist zu laufen beginnt, ob der Auftragnehmer hinsichtlich der vorbehaltenen Mängel die Vergütungsgefahr trägt (§ 7 Nr. VOB/B, §§ 644 ff BGB), ob hinsichtlich der vorbehaltenen Mängel eine erneute Abnahme erforderlich ist und ob der Auftraggeber eines VOB/B-Vertrages dem Auftragnehmer vor einer Ersatzvornahme den Auftrag entziehen muss (vgl. im Einzelnen *Thode*, ZfBR 1999, 116, 120).

VIII. Die Abnahme von Gemeinschafts- und Sondereigentum

256 Die Durchsetzung von Gewährleistungsansprüchen durch Erwerber begegnet besonderen rechtlichen Schwierigkeiten. Spezifische Besonderheiten ergeben sich auch bei der Abnahme.

257 Für die Abnahme von Bauteilen, die dem Gemeinschafts- und Sondereigentum zuzuordnen sind, gelten die genannten allgemeinen Grundsätze der Abnahme. Aufgrund des Erwerbervertrags hat der Erwerber das Recht auf Übergabe und auf Abnahme eines mangelfreien Werks. Dieser Anspruch bezieht sich sowohl auf das Sonder- als auch auf das Gemeinschaftseigentum. Die Abnahme des Sondereigentums und des Gemeinschaftseigentums kann getrennt erfolgen.

> BGH, Urt. v. 21. 2. 1985 – VII ZR 72/84,
> BauR 1985, 314 = ZfBR 1985, 132
> = NJW 1985, 1551;
> vgl. dazu *Reithmann*, WuB IV A §638 BGB 1.85,
> *Schilling*, BauR 1986, 449.

258 Die Abnahme des Sondereigentums durch den Erwerber unterliegt keinen Beschränkungen, weil es nicht gemeinschaftsbezogen ist. Die Abnahme des Sondereigentums hat keine Folgen für oder gegen die anderen Eigentümer oder für das Gemeinschaftseigentum. Wenn der Veräußerer, z. B. der Bauträger, mit den Erwerbern keine abweichende Vereinbarung getroffen hat, steht den Erwerbern uneingeschränkt das Recht auf Abnahme des Gemeinschaftseigentums zu, die Abnahme des Gemeinschaftseigentums durch die Mehrheit der Erwerber bindet den einzelnen Erwerber nicht.

259 Der Veräußerer hat die Möglichkeit, durch eine entsprechende Vereinbarung in den Erwerberverträgen eine gemeinschaftliche förmliche Abnahme des Gemeinschaftseigentums zu vereinbaren, etwa durch den Verwalter des Wohnungseigentums. In diesem Fall ist der einzelne Erwerber nicht befugt, das Gemeinschaftseigentum selbst abzunehmen, eine Abnahme durch ihn wäre wirkungslos. Eine Vereinbarung über die Abnahme durch den Verwalter, der zugleich der veräußernde Bauträger ist, dürfte aufgrund der Interessenkollision unwirksam sein.

Höchstrichterlich ungeklärt ist die Frage, ob ein späterer Erwerber, der **260** eine Eigentumswohnung nach der förmlichen Abnahme des Gemeinschaftseigentums erwirbt (sog. Nachzügler), vertraglich an die Folgen der bereits durchgeführten Abnahme gebunden werden kann. In der Praxis ist es teilweise üblich, dass Erwerber, die eine Eigentumswohnung nach der vereinbarten förmlichen Abnahme erwerben, durch eine Vereinbarung in dem Erwerbervertrag an die Wirkungen der durchgeführten Abnahme gebunden werden. Ob derartige Vertragsgestaltungen einer gerichtlichen Überprüfung standhalten, ist nicht zweifelsfrei. Der Bauträger, der auf die Wirksamkeit einer derartigen Vereinbarung vertraut und auf eine Abnahme des Gemeinschaftseigentums durch den späteren Erwerber verzichtet, läuft Gefahr, dass ihm später ein Gericht bescheinigt, dass das Gemeinschaftseigentum im Verhältnis zu dem späteren Erwerber noch nicht abgenommen worden ist.

IX. Die Abnahme der Bauleistungen von Subunternehmern

In den Bauverträgen mit Subunternehmern sind häufig Klauseln enthalten, **261** die eine Verschiebung der Abnahme zu Lasten des Subunternehmers vorsehen. Mit derartigen Klauseln soll erreicht werden, dass die Abnahme des Gewerks des Subunternehmers zeitgleich oder zumindest zeitnah mit der Abnahme im Verhältnis des Hauptunternehmers (Bauträger, Generalüberund Generalunternehmer) zu deren Auftraggeber erfolgt. Derartige Klauseln sind nur wirksam, wenn die Klausel eine zeitliche Verschiebung vorsieht, um eine angemessene Frist für die Prüfung des Gewerks des Subunternehmers zu erreichen. Verzögerungen der Abnahme, die über eine derartige Prüfungsfrist hinausgehen, sind, wenn sie in AGB vereinbart werden, unwirksam.

Abnahme aller Gewerke mit der Schlussabnahme
des Gesamtwerks:
BGH, Urt. v. 23. 2. 1989 – VII ZR 89/87,
BGHZ 107, 75 = ZIP 1989, 652

= BauR 1989, 322 = ZfBR 1989, 158
= NJW 1989, 1602;
vgl. dazu EWiR 1989, 419 (*Schulze-Hagen*);

einseitiges Bestimmungsrecht des Abnahmetermins durch
den Auftraggeber; mißbräuliche Bestimmung des Termins:
BGH, Urt. v. 13. 7. 1989 – VII ZR 82/88,
BauR 1989, 727 = ZfBR 1989, 251
= NJW 1990, 43;

förmliche Abnahme; einseitiges Bestimmungsrecht des
Abnahmetermins durch den Hauptunternehmer:
BGH, Urt. v. 25. 1. 1996 – VII ZR 233/94,
BGHZ 131, 392 = ZIP 1996, 678
= BauR 1996, 378 = ZfBR 1996, 196
= NJW 1996, 1346;

förmliche Abnahme des Gewerks des Subunternehmers
zum Zeitpunkt der Übergabe und Abnahme des Ge-
meinschaftseigentums:
BGH, Urt. v. 10. 10. 1996 – VII ZR 224/95,
ZfIR 1997, 24 = BauR 1997, 302
= ZfBR 1997, 73.

262 Die wirtschaftliche Zielsetzung, die mit der Verschiebung des Abnahmetermins in diesen Fällen verwirklicht werden soll, ist somit auf diesem
Wege praktisch nicht zu erreichen. Wer berechtigte Interessen an einem
gewissen Gleichlauf der Verjährungsfristen hat, sollte sich deshalb überle-
gen, ob er seine Interessen nicht besser und vor allem wirksam durch eine
Verlängerung der Verjährungsfristen erreichen kann.

E. Die Haftung des Unternehmers

I. Einleitung

Die Abnahme ist für die Gewährleistungsansprüche des Auftraggebers **263** nach dem bis zum 31. Dezember 2001 geltenden Werkvertragsrecht des BGB im Unterschied zur VOB/B insofern bedeutungslos, als die §§ 633 ff BGB vor und nach der Abnahme gelten.

> BGH, Urt. v. 16. 11. 1993 – X ZR 7/92,
> BauR 1994, 242 = ZfBR 1994, 81;
>
> BGH, Urt. v. 27. 2. 1996 – X ZR 3/94,
> BGHZ 132, 96 = ZIP 1996, 839.

Die Ausführungen zu den Gewährleistungsrechten des Auftraggebers nach den Regelungen der §§ 633 ff BGB a. F. gelten weitgehend für den Zeitraum vor und nach Abnahme. Für die Neuregelungen des Gewährleistungsrechts im Schuldrechtsmodernisierungsgesetz ist ungeklärt, ob die Regelungen der §§ 634 ff BGB n. F. auch vor Abnahme gelten.

II. Die Haftung des Unternehmers vor Abnahme

1. Der Anspruch auf Erfüllung

Erweist sich die Leistung des Auftragnehmers vor der Abnahme als man- **264** gelhaft, kann der Auftraggeber vor der Abnahme Mängelbeseitigung verlangen (Erfüllungsanspruch: § 633 Abs. 1 BGB a. F. = § 633 BGB n. F., § 4 Nr. 7 Satz 1 VOB/B). Er kann Neuherstellung verlangen, wenn der Mangel nicht anders beseitigt werden kann.

> BGH, Urt. v. 10. 10. 1985 – VII ZR 303/84,
> BGHZ 96, 111 = BauR 1986, 93
> = ZfBR 1986, 23;
> vgl. dazu EWiR 1986, 357 (*Vygen*).

Mängel begründen ein Leistungsverweigerungsrecht des Auftraggebers **265** nach § 320 BGB gegenüber fälligen Abschlagszahlungen. Das Zurückbehaltungsrecht kann mit einem Mehrfachen des für die Beseitigung des Mangels erforderlichen Aufwands ausgeübt werden, im Regelfall in Höhe des zwei- bis dreifachen Betrages, der für die Beseitigung erforderlich ist.

> BGH, Urt. v. 9. 7. 1981 – VII ZR 40/80,
> BauR 1981, 577 = ZfBR 1981, 265
> = NJW 1981, 2801;

BGH, Urt. v. 8. 7. 1982 – VII ZR 96/81,
BauR 1982, 379 = ZfBR 1982, 253;

BGH, Urt. v. 21. 4. 1988 – VII ZR 65/87,
BauR 1988, 474 = ZfBR 1988, 215.

266 Der Auftragnehmer muss darlegen und gegebenenfalls beweisen, dass der einbehaltene Teil des Werklohnes unverhältnismäßig ist.

BGH, Urt. v. 4. 7. 1996 – VII ZR 125/95,
BauR 1997, 133 = ZfBR 1997, 31
= NJW-RR 1997, 18.

267 Ein Verzug des Auftraggebers mit der Zahlung der Vergütung ist insoweit ausgeschlossen, als ihm wegen der Mängel der vom Auftraggeber erbrachten Leistungen ein Leistungsverweigerungsrecht zusteht.

BGH, Urt. v. 6. 5. 1999 – VII ZR 180/98,
BauR 1999, 1025 = ZfBR 1999, 313.

268 Vor der Abnahme trägt der Auftragnehmer die Darlegungs- und Beweislast dafür, dass er die vorhandenen Mängel nachhaltig beseitigt hat.

BGH, Urt. v. 4. 6. 1973 – VII ZR 112/71,
BGHZ 61, 42;

BGH, Urt. v. 9. 7. 1981 – VII ZR 40/80,
BauR 1981, 577 = ZfBR 1981, 265.

269 Haben die Parteien Fristen oder Termine für die Erstellung des Bauwerks oder Teile des Werks vereinbart oder gerät der Auftragnehmer in Verzug mit der Mängelbeseitigung (Erfüllung), stehen dem Auftraggeber im BGB-Werkvertrag die Rechte aus § 326 BGB a. F. (= §§ 281, 323 BGB n. F.) zu.

BGH, Urt. v. 2. 11. 1995 – X ZR 93/93,
CR 1996, 667 = JurPC 1996, 274;

BGH, Urt. v. 17. 2. 1999 – X ZR 8/96,
BauR 1999, 160 = ZfBR 1999, 200
= NJW 1999, 2046;
dazu EWiR 1999, 827 (*Theis*).

2. Schadensersatz

a) BGB-Vertrag

270 Beim BGB-Werkvertrag kann der Auftraggeber auch vor der Abnahme Schadensersatz wegen Nichterfüllung gemäß § 635 BGB a. F. (= § 634

Nr. 4 BGB n. F.) verlangen, wenn die Voraussetzungen der §§ 634, 635 BGB a. F. (= §§ 634 Nr. 3 und 4, 637 Abs. 2, 638 BGB n. F.) vorliegen, eine Abnahme ist nicht erforderlich.

BGH, Urt. v. 27. 2. 1996 – X ZR 3/94,
BGHZ 132, 96 = ZIP 1996, 839;
vgl. dazu *Peters*, LM BGB § 640 Nr. 16 (7/1996);
BGH, Urt. v. 30. 9. 1999 – VII ZR 162/97,
BauR 2000, 128 = ZfBR 2000, 97;
vgl. dazu EWiR 2000, 1143 (*Portz*):
Nicht nachbesserungsfähiger Mangel des
Architektenwerks.

Der Schadensersatzanspruch nach § 635 BGB a. F. (= § 634 Nr. 4 BGB **271** n. F.) steht dem Auftraggeber im Regelfall nur zu, wenn er dem Auftragnehmer eine angemessene Frist zur Mängelbeseitigung mit der Ankündigung gesetzt hat, dass er die Beseitigung des Mangels nach fruchtlosem Ablauf der Frist ablehne. Die Ablehnungsandrohung muss so gefasst sein, dass der Auftragnehmer aus der Formulierung zweifelsfrei entnehmen kann, dass der Auftraggeber nach Fristablauf die Nachbesserung ablehnt. Die Ankündigung des Auftraggebers, er werde nach fruchtlosem Ablauf der Frist eine Ersatzvornahme vornehmen, ist keine Ablehnungsandrohung.

BGH, Urt. v. 18. 12. 1986 – VII ZR 22/86,
BGHZ 61, 28 = BauR 1987, 209
= ZfBR 1987, 72 = NJW 1987, 89.

Die mit einer Fristsetzung verbundene Ankündigung, wegen Mängeln den **272** Vertrag anzufechten, kann eine Fristsetzung mit Ablehnungsandrohung sein.

BGH, Urt. v. 9. 1. 2003 – VII ZR 408/01,
ZfIR 2003, 194 = BauR 2003, 535
= NZBau 2003, 213 = ZfBR 2003, 258.

Ist die gesetzte Frist zu kurz bemessen, dann wird eine angemessene Frist **273** in Gang gesetzt. Eine Fristsetzung mit Ablehnungsandrohung ist unwirksam, wenn der Auftraggeber die Annahme der Nachbesserung endgültig verweigert, bevor die gesetzte oder angemessene Frist abgelaufen ist.

BGH, Urt. v. 24. 7. 1986 – X ZR 16/85,
WM 1986, 1255;

BGH, Urt. v. 5. 12. 2002 – VII ZR 360/01,
BauR 2003, 386 = NZBau 2003, 149
= ZfBR 2003, 253 = NJW 2003, 580.

274 Eine Fristsetzung mit Ablehnungsandrohung ist ausnahmsweise nicht erforderlich, wenn die Beseitigung des Mangels vom Auftragnehmer endgültig verweigert wird. Eine endgültige Verweigerung liegt vor, wenn der Auftragnehmer die Mängel schlechthin bestreitet oder die Mangelbeseitigung ernsthaft verweigert. Für die Beurteilung der endgültigen Verweigerung ist das gesamte Verhalten des Unternehmers einschließlich seiner späteren Einlassung im Prozess bedeutsam.

BGH, Urt. v. 22. 11. 1984 – VII ZR 287/82,
BauR 1985, 198 = ZfBR 1985, 79;

BGH, Urt. v. 15. 3. 1990 – VII ZR 311/88,
BauR 1990, 466 = ZfBR 1990, 276;
dazu EWiR 1990, 979 (*Doerry*);

BGH, Urt. v. 21. 1. 2000 – VII ZR 488/99,
BauR 2001, 667 = ZfBR 2001, 177
= NZBau 2002, 211;

BGH, Urt. v. 16. 5. 2002 – VII ZR 479/00,
BauR 2002, 1399 = ZfBR 2002, 676
= NJW 2002, 3019;
dazu EWiR 2002, 941 (*Gsell*);

BGH, Urt. v. 5. 12. 2002 – VII ZR 360/01,
BauR 2003, 386 = NZBau 2003, 149
= ZfBR 2003, 253 = NJW 2003, 580.

275 Ein Antrag auf Klageabweisung des Auftragnehmers im Prozess ist allein keine endgültige Erfüllungsverweigerung. Bestreitet der Auftragnehmer in der Begründung des Antrags die Mängel oder seine Nachbesserungsverpflichtung, so können die Voraussetzungen einer endgültigen Erfüllungsverweigerung gegeben sein.

BGH, Urt. v. 8. 12. 1983 – VII ZR 139/82,
ZIP 1984, 184 = BauR 1984, 181
= ZfBR 1984, 73 = NJW 1984, 1460;

BGH, Urt. v. 5. 12. 2002 – VII ZR 360/01,
BauR 2003, 386 = NZBau 2003, 149
= ZfBR 2003, 253 = NJW 2003, 580.

Eine Fristsetzung mit Ablehnungsandrohung ist entbehrlich, wenn die **276** Nachbesserung objektiv unmöglich ist. Ein derartiger Fall liegt nicht schon vor, wenn die Nachbesserung nur im Wege der Neuherstellung möglich ist.

Hat der Auftraggeber eine Schadensersatzklage wegen Mängeln erhoben, **277** ohne dass eine wirksame Fristsetzung mit Ablehnungsandrohung vorliegt, so muss sie nicht nachgeholt werden, wenn der Unternehmer die Mängelbeseitigung mit der Klageerwiderung endgültig verweigert.

> BGH, Urt. v. 5. 12. 2002 – VII ZR 360/01,
> BauR 2003, 386 = NZBau 2003, 149
> = ZfBR 2003, 253 = NJW 2003, 580.

Ein Auftraggeber ist grundsätzlich berechtigt, vor Ablauf einer dem Auf- **278** tragnehmer mit Ablehnungsandrohung gesetzten Frist Schadensersatz zu verlangen, wenn feststeht, dass der Auftragnehmer die Frist nicht einhalten wird.

> BGH, Urt. v. 12. 9. 2002 – VII ZR 344/01,
> BauR 2002, 1847 = NZBau 2002, 668
> = ZfBR 2003, 30 = IBR 2002, 601 mit Anm. *Vogel.*

Der Schadensersatzanspruch nach § 635 BGB a. F. (= § 634 Nr. 4 BGB **279** n. F.) erstreckt sich im Unterschied zum Schadensersatzanspruch nach § 4 Nr. 7 Satz 2 VOB/B auch auf die Kosten der Mängelbeseitigung.

Beim BGB-Vertrag sind im Unterschied zum VOB/B-Vertrag vor Abnah- **280** me neben den werkvertraglichen Gewährleistungsansprüchen der §§ 634 ff BGB a. F. (= § 633 BGB n. F.) die allgemeinen Regeln über die Leistungsstörungen anwendbar (§§ 320–326 BGB a. F. = §§ 320–322, 326; §§ 283 i. V. m. 326; §§ 281 i. V. m. 281, 323 BGB n. F.). Der Auftraggeber kann bei fehlender Abnahme neben den werkvertraglichen Ansprüchen der §§ 634 ff BGB Schadensersatz wegen Nichterfüllung verlangen.

> BGH, Urt. v. 26. 9. 1996 – X ZR 33/94,
> ZIP 1996, 2078 = ZfBR 1997, 40
> = NJW 1997, 50;
> vgl. dazu EWiR 1997, 101 (*Medicus*):
> Werkvertrag über eine sog. Vereinzelungsmaschine;
>
> BGH, Urt. v. 17. 2. 1999 – X ZR 8/96,
> BauR 1999, 160 = ZfBR 1999, 200
> = NJW 1999, 2046;
> dazu EWiR 1999, 827 (*Theis*):
> Werkvertrag über die Fertigung und Montage einer
> Montageeinrichtung für ZSB-Wasserrinnen.

281 Die Regelung des § 326 BGB a. F. (= §§ 281, 323 BGB n. F.) setzt Verzug, also Fälligkeit, im Regelfall eine Mahnung und Verschulden des Auftraggebers voraus. Die Ansprüche aus § 326 Abs. 1 BGB a. F. (= §§ 281, 323 BGB n. F.) werden von der werkvertraglichen Verjährungsregelung des § 638 BGB (= § 634a BGB n. F.) nicht erfasst.

> BGH, Urt. v. 26. 9. 1996 – X ZR 33/94,
> ZIP 1996, 2078 = ZfBR 1997, 40
> = NJW 1997, 50;
> dazu EWiR 1997, 101 (*Medicus*):
> Werkvertrag über eine sog. Vereinzelungsmaschine.

282 Soweit die Vertragsparteien keine Fälligkeitsvereinbarung hinsichtlich einzelner Leistungsabschnitte (Baufristen) getroffen haben, kann die Fälligkeit nur für den vereinbarten Werkerfolg insgesamt eintreten. Haben die Parteien keinen Zeitpunkt oder keine Frist für die Fälligkeit des Werkerfolges vereinbart, richtet sich die Fälligkeit nach § 271 BGB.

283 Der Auftragnehmer gerät nicht in Verzug mit seiner Werkleistung, wenn ihm die Einrede des nicht erfüllten Vertrags zusteht, weil der Auftraggeber beispielsweise geschuldete Voraus- oder Abschlagszahlungen nicht gezahlt hat.

> BGH, Urt. v. 28. 3. 1996 – VII ZR 228/94,
> BauR 1996, 544 = ZfBR 1996, 256;
> vgl. dazu
> *Schmidt-Lademann*, LM BGB § 326 (A) Nr. 32 (10/1996).

284 Der Auftraggeber ist nicht verpflichtet, die als Schaden verlangten Sanierungskosten für das Bauwerk vorprozessual durch ein Privatgutachten zu ermitteln. Es genügt, wenn er die Kosten schätzt und für den Fall, dass der Aufnehmer die Kosten bestreitet, ein Sachverständigengutachten als Beweismittel anbietet. Diese Grundsätze gelten auch für Schadensersatzforderungen auf der Grundlage der VOB/B.

> BGH, Urt. v. 14. 1. 1999 – VII ZR 19/98,
> ZfIR 1999, 435 = BauR 1999, 631
> = ZfBR 1999, 193;
>
> BGH, Urt. v. 28. 11. 2002 – VII ZR 136/00,
> ZfIR 2003, 171 = BauR 2003, 385
> = NZBau 2003, 152 = ZfBR 2003, 249.

b) VOB/B-Vertrag

Im VOB/B-Vertrag ist die Schadensersatzpflicht des Auftragnehmers im **285** Vergleich zum BGB-Vertrag eingeschränkt. § 4 Nr. 7 Satz 2 VOB/B ergänzt für den nicht gekündigten Vertrag den Erfüllungsanspruch auf Beseitigung des Mangels nach § 4 Nr. 7 Satz 1 VOB/B. Folglich umfasst der Schadensersatzanspruch nach § 4 Nr. 7 Satz 2 VOB/B nicht die Kosten der Mangelbeseitigung.

> BGH, Urt. v. 25. 2. 1982 – VII ZR 161/80,
> BauR 1982, 277 = ZfBR 1982, 122;
>
> BGH, Urt. v. 15. 5. 1986 – VII ZR 176/85,
> BauR 1986, 573 = ZfBR 1986, 226;
> dazu EWiR 1986, 935 (*Hochstein*);
>
> BGH, Urt. v. 20. 4. 2000 – VII ZR 164/99,
> BauR 2000, 1479 = NZBau 2000, 421
> = ZfBR 2000, 479.

In Ausnahmefällen erachtet der Bundesgerichtshof es für möglich, dass **286** dem Auftraggeber ein Schadensersatzanspruch aus § 4 Nr. 7 Satz 2 VOB/B erwächst, der sich dem Umfang nach mit dem Schadensersatzanspruch wegen Nichterfüllung des ganzen Vertrages nach § 635 BGB a. F. (= § 634 Nr. 4 BGB n. F.) deckt. Voraussetzung dieses systemwidrigen Anspruchs (vgl. hierzu die zutreffende Kritik von *Kniffka*, ZfBR 1998, 113, 118) ist es, dass das Bauwerk völlig unbrauchbar ist oder so grobe Mängel aufweist, dass es abgerissen und neu errichtet werden muss.

> BGH, Urt. v. 6. 5. 1968 – VII ZR 33/66,
> BGHZ 50, 160;
>
> BGH, Urt. v. 9. 12. 1971 – VII ZR 211/69,
> BauR 1972, 185;
>
> BGH, Urt. v. 23. 11. 1978 – VII ZR 29/78,
> BauR 1979, 152 = ZfBR 1979, 65.

Nach der Regelung des § 4 Nr. 7 Satz 2 VOB/B sind nur so genannte Be- **287** gleit- und Folgeschäden, die durch vertragswidrige oder mangelhafte Leistungen entstanden sind, ersatzfähig. Zu diesen Schäden gehört auch der entgangene Gewinn, der durch die Sanierung verursacht wird.

> BGH, Urt. v. 8. 6. 1978 – VII ZR 161/77,
> BGHZ 72, 31 = BauR 1978, 402
> = NJW 1978, 1626.

288 Der Schadensersatzanspruch umfasst die engeren und entfernteren Mangelfolgeschäden, die auf einem Mangel des Werkes oder auf einer Vertragswidrigkeit des Auftragnehmers beruhen.

> BGH, Urt. v. 20. 4. 2000 – VII ZR 164/99,
> BauR 2000, 1479 = NZBau 2000, 421
> = ZfBR 2000, 479.

289 Er erfasst auch die Verzugsschäden, die darauf beruhen, dass der Auftragnehmer vertragswidrig eine Mängelbeseitigung verzögert oder unterlässt.

> BGH, Urt. v. 6. 4. 2000 – VII ZR 199/97,
> BauR 2000, 1189 = ZfBR 2000, 465.

290 Wird der Vertrag vorzeitig durch Kündigung oder Auftragsentziehung des
Auftraggebers beendet, bleiben dem Auftraggeber die nicht erfüllten Ansprüche gemäß § 4 Nr. 7 Satz 1 und Satz 2 VOB/B erhalten.

> BGH, Urt. v. 6. 5. 1968 – VII ZR 33/66,
> BGHZ 50, 160;
>
> BGH, Urt. v. 25. 6. 1987 – VII ZR 251/86,
> BauR 1987, 689 = ZfBR 1987, 271;
> dazu EWiR 1987, 1027 (*Siegburg*);
>
> BGH, Urt. v. 19. 12. 2002 – VII ZR 103/00,
> ZIP 2003, 672 = ZfIR 2003, 375 mit Anm. *Siegburg*
> = NZBau 2003, 265 = ZfBR 2003, 352
> = NJW 2003, 1450.

291 Nach der Kündigung steht dem Auftraggeber zusätzlich ein Schadensersatzanspruch wegen Nichterfüllung nach § 8 Nr. 3 Abs. 2 Satz 3 VOB/B
zu, wenn der Auftraggeber an der Ausführung der Mängelbeseitigungsarbeiten durch einen Dritten für ihn aus den Gründen kein Interesse mehr
hat, die zu der Entziehung des Auftrags geführt haben, und wenn er auf die
Ausführung der Arbeiten verzichtet. Lässt der Auftraggeber die Arbeiten
ausführen, steht ihm ein Anspruch auf Ersatz des entstehenden weiteren
Schadens zu (§ 8 Nr. 3 Abs. 2 Satz 1 VOB/B).

292 Ersatz der Fremdnachbesserungskosten kann der Auftraggeber grundsätzlich nur verlangen, wenn die dem Auftragnehmer gesetzte Frist fruchtlos
abgelaufen ist und der Auftraggeber dem Auftragnehmer den Auftrag teilweise oder ganz entzogen hat. Fehlt es an dieser Voraussetzung, sind die
Regelungen des § 633 BGB und § 13 Nr. 5 Abs. 2 VOB/B nicht entsprechend anwendbar.

BGH, Urt. v. 15. 5. 1986 – VII ZR 176/85,
BauR 1986, 573 = ZfBR 1986, 226;
dazu EWiR 1986, 935 (*Hochstein*);

BGH, Urt. v. 2. 10. 1997 – VII ZR 44/97,
BauR 1997, 1027 = ZfBR 1998, 31;

BGH, Urt. v. 5. 7. 2001 – VII ZR 201/99,
BauR 2001, 1577 = ZfBR 2001, 468
= NZBau 2001, 623:
Entbehrlichkeit der Kündigung in Ausnahmefällen.

Im VOB/B-Werkvertrag muss der Auftraggeber nach § 5 Nr. 4 VOB/B **293**
vorgehen, wenn der Auftragnehmer die Mängelbeseitigung verzögert.
§ 326 BGB (= §§ 281, 323 BGB n. F.) ist im VOB/B-Vertrag nicht anwendbar.

Vereinbaren die Parteien für einen Bauvertrag, der neben der Errichtungs- **294**
verpflichtung Planungsleistungen umfasst, die VOB/B, greift bei einem
Verzug des Auftragnehmers mit Planungsleistungen § 326 BGB (= §§ 281,
323 BGB n. F.) ein, weil insoweit § 5 Nr. 4 VOB/B auf geschuldete Planungsleistungen nicht passt.

BGH, Urt. v. 28. 3. 1996 – VII ZR 228/94,
BauR 1996, 544 = ZfBR 1996, 256;
vgl. dazu
Schmidt-Lademann, LM BGB § 326 (A) Nr. 32 (10/1996).

3.　Ersatzvornahme/Kostenerstattung/Vorschuss

a)　Der BGB-Vertrag

Das Ersatzvornahmerecht steht dem Auftraggeber im BGB-Werkvertrag **295**
erst zu, wenn der Auftragnehmer mit seiner Nachbesserungspflicht in Verzug geraten ist (§ 633 Abs. 3 BGB a. F. § 634 Nr. 2 BGB n. F.). Voraussetzungen des Verzugs sind die Aufforderungen zur Mängelbeseitigung
und eine anschließende Mahnung des Auftraggebers sowie Verschulden.
Der Verzug tritt ausnahmsweise unmittelbar ein, wenn der Auftragnehmer
die Nachbesserung ernsthaft und endgültig verweigert (vgl. dazu im Einzelnen oben Rz. 234 ff). Unter dieser Voraussetzung kann der Auftraggeber entweder Vorschuss (vgl. Näheres Rz. 295 ff, 359 ff) verlangen oder
Mängelbeseitigung durch einen Dritten durchführen lassen und anschließend die Mängelbeseitigungskosten geltend machen.

BGH, Urt. v. 16. 11. 1993 – X ZR 7/92,
BauR 1994, 242 = NJW 1994, 942
= WM 1994, 755.

296 Nach dem fruchtlosen Ablauf der dem Auftragnehmer zur Nachbesserung gesetzten Frist ist der Auftraggeber nicht verpflichtet, das Angebot des Auftragnehmers zur Mängelbeseitigung anzunehmen. Er ist berechtigt zu entscheiden, welche der ihm nach Ablauf der Frist zustehenden Ansprüche er geltend machen will. Er kann statt einen dieser Ansprüche auch Nachbesserung wählen, das Recht des Unternehmers erlischt nicht mit Ablauf der Frist. Diese Grundsätze gelten für den VOB/B-Vertrag (§ 13 Nr. 5 Abs. 2 VOB/B), den BGB-Vertrag nach dem fruchtlosen Ablauf einer für die Nachbesserung ohne Ablehnungsandrohung gesetzten (§ 633 Abs. 3 BGB a. F. = § 634 Nr. 2 BGB n. F.) und für den BGB-Vertrag nach fruchtlosem Ablauf einer dem Auftragnehmer zur Nacherfüllung gesetzten Frist (§ 636 i. V. m. § 323 Abs. 1, § 637 BGB n. F.).

BGH, Urt. v. 27. 2. 2003 – VII ZR 338/01,
ZIP 2003, 630 = ZfIR 2003, 332 mit Anm. *Siegburg*
= NZBau 2003, 267 = ZfBR 2003, 363;
dazu EWiR 2003, 439 (*H.-C. Schwenker*).

297 Der Anspruch auf Vorschuss umfasst die mutmaßlichen Nachbesserungskosten, nicht hingegen einen technischen oder merkantilen Minderwert.

BGH, Urt. v. 24. 10. 1996 – VII ZR 98/94,
ZfIR 1997, 23 = BauR 1997, 129
= ZfBR 1997, 75.

b) Der VOB/B-Vertrag

298 Die Voraussetzungen der Ersatzvornahme sind im VOB/B-Vertrag grundlegend anders geregelt. Kommt der Auftragnehmer seiner Pflicht zur Mängelbeseitigung nicht nach, kann der Auftraggeber ihm gemäß § 4 Nr. 7 Satz 3 VOB/B eine angemessene Frist zur Mängelbeseitigung setzen und erklären, dass er ihm nach fruchtlosem Ablauf der Frist den Auftrag entziehen werde. Nach fruchtlosem Ablauf der Frist kann der Auftraggeber den Vertrag schriftlich kündigen (§ 8 Nr. 3, 5 VOB/B). Nach der Rechtsprechung des Bundesgerichtshofs ist der Auftragnehmer nach der vorzeitigen Beendigung des Vertrages grundsätzlich berechtigt und verpflichtet, Mängel an dem von ihm erstellten Teilgewerk nachzubessern.

BGH, Urt. v. 25. 6. 1987 – VII ZR 251/86,
BauR 1987, 689 = ZfBR 1987, 238
= NJW 1988, 140;
dazu EWiR 1987, 1027 (*Siegburg*).

Ungeklärt ist die Frage auf welche Weise und für welchen Zeitraum der **299** Auftraggeber dem Auftragnehmer Gelegenheit zur Nachbesserung einräumen muss. Im Hinblick auf die Entscheidung des Bundesgerichtshofs, dass der Auftragnehmer nach dem fruchtlosen Ablauf der Frist nach § 13 Nr. 5 Abs. 2 VOB/B nur mit Zustimmung des Auftraggebers nachbessern darf (vgl. oben Rz. 294), ist zweifelhaft, ob der Auftragnehmer nach Ablauf der Frist und vor der Kündigung berechtigt ist, ohne Zustimmung des Auftraggebers nachzubessern. Sein Nachbesserungsrecht verliert der Auftragnehmer erst mit der Kündigung nach § 4 Nr. 7, § 8 Nr. 3 VOV/B.

BGH, Urt. v. 15. 5. 1986 – VII ZR 176/85,
BauR 1986, 573 = ZfBR 1986, 226;
dazu EWiR 1986, 935 (*Hochstein*);

BGH, Urt. v. 8. 10. 1987 – VII ZR 45/87,
BauR 1988, 82 = ZfBR 1988, 38.

Der Auftraggeber kann den Auftrag nach § 4 Nr. 7 VOB/B auch ohne eine **300** Fristsetzung entziehen, wenn die Beseitigung des Mangels unmöglich ist oder vom Auftragnehmer ernsthaft und endgültig verweigert wird, ferner dann, wenn der Auftragnehmer durch seine mangelhafte Arbeit das Vertrauen des Auftraggebers so erschüttert hat, dass diesem die Fortsetzung des Vertrags nicht zuzumuten ist.

BGH, Urt. v. 6. 5. 1968 – VII ZR 33/66,
BGHZ 50, 160.

Nach der Entziehung des Auftrags ist der Auftragnehmer nicht mehr be- **301** rechtigt, mit Ausnahme der Mängelbeseitigung weitere Leistungen zu erbringen.

BGH, Urt. v. 9. 3. 1995 – VII ZR 23/93,
BauR 1995, 545 = ZfBR 1995, 198
= NJW 1995, 1837;
vgl. dazu EWiR 1995, 723 (*Siegburg*).

Erst nach der Entziehung des Auftrags ist der Auftraggeber berechtigt, die **302** in § 8 Nr. 3 Abs. 2 VOB/B geregelten Gewährleistungsansprüche geltend zu machen.

BGH, Urt. v. 15. 5. 1986 – VII ZR 176/85,
BauR 1986, 573 = ZfBR 1986, 226;
dazu EWiR 1986, 935 (*Hochstein*).

303 Nach der Entziehung des Auftrags ist der Auftraggeber gemäß § 8 Nr. 3 Abs. 2 VOB/B berechtigt, den noch nicht vollendeten Teil der Leistung auf Kosten des Auftragnehmers durch einen Dritten ausführen zu lassen. Die Fremdnachbesserungskosten kann der Auftraggeber grundsätzlich nur ersetzt verlangen, wenn er den Vertrag vor Beginn der Fremdnachbesserung gemäß § 8 Nr. 3 Abs. 1 VOB/B gekündigt hat. Fehlt die Kündigung, kann der Anspruch auf Ersatz der Fremdnachbesserungskosten nicht aus § 633 BGB a. F. (= §§ 633, 634, 635, 637 BGB n. F.) oder aus § 13 Nr. 5 Abs. 2 VOB/B hergeleitet werden. Diese Regelungen sind nicht entsprechend anwendbar.

BGH, Urt. v. 2. 10. 1997 – VII ZR 44/97,
BauR 1997, 1027 = ZfBR 1998, 31
= NJW-RR 1998, 235.

304 Dem Auftraggeber steht ausnahmsweise ein Anspruch auf Kostenvorschuss oder auf Ersatz der Fremdnachbesserungskosten auch ohne die Entziehung des Auftrags zu, wenn der Auftragnehmer endgültig die vertragsgemäße Fertigstellung verweigert. In diesem Fall verliert der Auftragnehmer sein Recht auf vertragsgemäße Fertigstellung des Werkes, der Auftraggeber kann die vertragsgemäße Fertigstellung verlangen oder die Ersatzvornahme durchführen.

BGH, Urt. v. 20. 4. 2000 – VII ZR 164/99,
BauR 2000, 1479 = NZBau 2000, 421
= ZfBR 2000, 479.

305 Wenn die Ausführung aus den Gründen, die zur Entziehung des Auftrags geführt haben, für ihn kein Interesse mehr hat, kann er auf die Ausführung verzichten und Schadensersatz wegen Nichterfüllung verlangen (§ 8 Nr. 3 Abs. 2 Satz 2 VOB/B). Der Auftraggeber kann statt der Nachbesserung durch einen Dritten auch einen Vorschussanspruch geltend machen.

306 Bisher nicht entschieden hat der Bundesgerichtshof die Frage, ob nach einer Kündigung nach § 4 Nr. 7 Abs. 7, § 8 Nr. 3 VOB/B, der eine Fristsetzung zur Mängelbeseitigung vorausgegangen ist, der Auftragnehmer erneut unter Fristsetzung zur Mängelbeseitigung aufgefordert werden muss. Die Frage ist zu verneinen (vgl. *Kniffka*, ZfBR 1998, 113, 117). Nach einer Kündigung, die auf dem fruchtlosen Ablauf der Mängelbeseitigungsfrist beruht, kann der Auftraggeber das Werk ohne weiteres durch einen Drittunternehmer fertig stellen lassen. Beruht die Kündigung nicht auf dem fruchtlosen Ablauf der Mängelbeseitigungsfrist, dann muss der Auftraggeber dem Auftragnehmer eine Frist zur Mängelbeseitigung setzen.

III. Gewährleistung nach Kündigung des Bauvertrages

In der Praxis wird häufig übersehen, dass nach einer Kündigung des Bau- **307** vertrags die Gewährleistungsregeln für den Teil der Leistungen gelten, die bereits erbracht worden sind. Macht der Auftraggeber dem Auftragnehmer die Wahrnehmung seines Nachbesserungsrechts, dadurch unmöglich, dass er die Mängel an der bis zur Kündigung erbrachten Leistung durch eine unberechtigte Ersatzvornahme beseitigen lässt, verliert der Auftraggeber seinen Anspruch auf die Mängelbeseitigungskosten.

BGH, Urt. v. 30. 6. 1983 – VII ZR 293/82,
ZIP 1983, 1082 = NJW 1983, 2439;

BGH, Urt. v. 21. 2. 1985 – VII ZR 160/83,
BauR 1985, 456 = ZfBR 1985, 174
= NJW 1985, 1840;
dazu EWiR 1985, 715 (*Locher*);

BGH, Urt. v. 25. 6. 1987 – VII ZR 251/86,
BauR 1987, 689 = ZfBR 1988, 38
= NJW 1988, 140;
dazu EWiR 1987, 1027 (*Siegburg*).

BGH, Urt. v. 8. 10. 1987 – VII ZR 45/87,
BauR 1988, 82 = ZfBR 1988, 38
= NJW-RR 1988, 208.

Im BGB-Vertrag gelten hinsichtlich der Mängel an der bis zur Kündigung **308** erbrachten Leistung die Regeln der §§ 633 ff BGB. Das Nachbesserungsrecht des Auftragnehmers wird durch die Kündigung nicht berührt. Die Abnahme der bis zur Kündigung erbrachten Leistung (vgl. oben Rz. 222 ff) ist in diesem Zusammenhang nur für die Abnahmewirkungen von Bedeutung, sie hat keinen Einfluss auf das Nachbesserungsrecht des Unternehmers, weil die Gewährleistungsvorschriften des BGB vor und nach der Abnahme gelten (vgl. oben Rz. 263).

Im Unterschied zum BGB sieht die VOB/B unterschiedliche Gewährleis- **309** tungsregelungen für den Zeitraum vor und nach Abnahme vor (vgl. oben Rz. 10). Vor Abnahme hat der Auftraggeber den Mängelbeseitigungsanspruch als Erfüllungsanspruch gemäß § 4 Nr. 7 Satz 1 VOB/B und nach

Abnahme gemäß § 13 Nr. 5 Abs. 1 VOB/B. Die Kündigung hat auf den Mängelbeseitigungsanspruch hinsichtlich der Mängel, die an der bis zur Kündigung erbrachten Leistung bestehen, keinen Einfluss (vgl. Rz. 226 ff).

> BGH, Urt. v. 6. 5. 1968 – VII ZR 33/66,
> NJW 1968, 1524.

310 Ein Anspruch auf Ersatz der Nachbesserungskosten steht dem Auftraggeber nach einer Kündigung grundsätzlich nur zu, wenn er dem Auftragnehmer den Auftrag gemäß § 4 Nr. 7, § 8 Nr. 3 VOB/B entzogen hat (vgl. Rz. 286 ff).

> BGH, Urt. v. 15. 5. 1986 – VII ZR 176/85,
> BauR 1986, 573 = ZfBR 1986, 226;
> dazu EWiR 1986, 935 (*Hochstein*).

311 Wird die bis zur Kündigung erbrachte Leistung abgenommen, dann kann der Auftraggeber Kostenvorschuss oder Kostenerstattung grundsätzlich nur verlangen, wenn die dem Auftragnehmer gesetzte Frist fruchtlos abgelaufen ist. Eine erneute Aufforderung zur Mängelbeseitigung unter Fristsetzung ist nicht erforderlich, wenn der Kündigung eine Fristsetzung nach § 4 Nr. 7 Satz 3 VOB/B vorausgegangen ist (Rz. 306).

IV. Die Haftung des Unternehmers nach der Abnahme

1. Der Mängelbeseitigungsanspruch

312 Ist das Werk mangelhaft, hat der Auftraggeber einen Anspruch auf Beseitigung des Mangels (§ 633 Abs. 1 Satz 1 BGB, § 13 Nr. 5 Abs. 1 Satz 1 VOB/B). Die Schriftform des § 13 Nr. 5 Abs. 1 Satz 1 VOB/B ist nicht Voraussetzung des Mängelbeseitigungsanspruchs. Voraussetzungen, Inhalt und Umfang des Anspruchs sind im BGB und in der VOB/B unterschiedlich geregelt.

313 Der Auftraggeber kann nach § 320 Abs. 1 BGB die Zahlung des noch offenen Werklohns verweigern, solange der Auftragnehmer seiner Nachbesserungsverpflichtung nicht nachgekommen ist. Das Zurückbehaltungsrecht kann mit einem mehrfachen des für die Beseitigung des Mangels erforderlichen Aufwands geltend gemacht werden (sog. Druckzuschlag). Dadurch soll Druck auf den Unternehmer ausgeübt werden, die ihm obliegende Nachbesserung umgehend zu erbringen.

BGH, Urt. v. 9. 7. 1981 – VII ZR 40/80,
BauR 1981, 577 = ZfBR 1981, 265
= NJW 1981, 2801;
BGH, Urt. v. 8. 7. 1982 – VII ZR 96/81,
BauR 1982, 379 = ZfBR 1982, 253
= NJW 1982, 2494.

Nach der Neuregelung des § 641 Abs. 3 BGB, der für alle Verträge gilt, **314** die nach dem 1. Mai 2000 abgeschlossen worden sind, kann der Auftragnehmer mindestens das Dreifache der erforderlichen Nachbesserungskosten zurückhalten. Für Verträge, die vor diesem Datum abgeschlossen worden sind, gelten die vom Bundesgerichtshof entwickelten Grundsätze. Danach ist im Regelfall das Zwei- bis Dreifache des erforderlichen Nachbesserungsaufwandes angemessen. Die Angemessenheit der Höhe des Druckzuschlages hängt von der Höhe des Nachbesserungsaufwandes ab. Bei hohen Nachbesserungskosten kann ein geringerer und bei niedrigen Kosten ein höherer Druckzuschlag angemessen sein.

BGH, Urt. v. 16. 1. 1992 – VII ZR 85/90,
BauR 1992, 401 = ZfBR 1992, 129
= NJW 1992, 1632 m. w. N.

Da das Gesetz eine Beschränkung des Zurückbehaltungsrechts auf einen **315** dem noch ausstehenden Teil der geschuldeten Werkleistung entsprechenden Teil des Werklohns nicht vorsieht, muss der Auftragnehmer darlegen, dass der einbehaltene Teil unverhältnismäßig und deshalb unbillig hoch ist, er muss in diesem Fall die Höhe der erforderlichen Nachbesserung darlegen.

BGH, Urt. v. 4. 7. 1996 – VII ZR 125/95,
BauR 1997, 133 = ZfBR, 1997, 31
= NJW-RR 1997, 18.

Der Auftragnehmer kann, da er nach der Abnahme nicht mehr vorleis- **316** tungspflichtig ist, Vergütung Zug um Zug gegen Mängelbeseitigung verlangen.

BGH, Urt. v. 22. 3. 1984 – VII ZR 286/82,
BGHZ 90, 354 = ZIP 1984, 709
= BauR 1984, 839 = ZfBR 1984, 176
= NJW 1984, 1679.

Dem Auftraggeber steht das Zurückbehaltungsrecht auch dann zu, wenn **317** der Auftragnehmer eine Gewährleistungssicherheit geleistet hat. Die Gewährleistungssicherheit kann der Auftraggeber bis zum Ablauf der Gewährleistungsfrist oder der vertraglich vereinbarten Frist behalten. Er ist nicht verpflichtet, die Sicherheit zu verwerten, wenn der Sicherungsfall eingetreten ist.

> BGH, Urt. v. 13. 9. 2001 – VII ZR 467/00,
> BGHZ 148, 151 = BauR 2001, 1893
> = ZfBR 2002, 48 = NZBau 2001, 679
> = ZfIR 2001, 898 mit Anm. *Schmitz*;
> vgl. hierzu EWiR 2001, 1165 (*Siegburg*);
> *Thode*, ZfBR 2002, 4;
>
> BGH, Urt. v. 16. 1. 1991 – VII ZR 85/90,
> BauR 1992, 401 = ZfBR 1992, 129
> = NJW 1992, 1632.

318 Der Auftraggeber kann im Regelfall nicht verlangen, dass der Mangel in einer bestimmten Art und Weise beseitigt wird. Dem Auftragnehmer steht das Recht zu, zu entscheiden, wie er den Mangel beseitigen will, er trägt allerdings das Risiko der erfolglosen Nachbesserung.

> BGH, Urt. v. 8. 10. 1987 – VII ZR 45/87,
> BauR 1988, 97 = ZfBR 1988, 38
> = NJW-RR 1988, 208 m. w. N.

319 Der Unternehmer wird von seiner Nachbesserungsverpflichtung auch dann nicht frei, wenn sich eine vom Auftraggeber vorgeschlagene Nachbesserungsmaßnahme als ungeeignet erweist.

> BGH, Urt. v. 16. 10. 1997 – VII ZR 249/96,
> NJW-RR 1998, 233 = WM 1998, 353.

320 Der Auftraggeber ist nicht verpflichtet, Nachbesserungsmaßnahmen zu akzeptieren, die offensichtlich ungeeignet sind. Eine bestimmte Art der Nachbesserung kann der Auftraggeber im Ausnahmefall dann verlangen, wenn feststeht, dass nur diese Art geeignet ist.

> BGH, Urt. v. 4. 7. 1996 – VII ZR 24/95,
> ZIP 1996, 1905 = BauR 1996, 858
> = ZfBR 1996, 313
> vgl. dazu EWiR 1996, 1063 (*Siegburg*);
> *Littbarski*, LM BGB § 635 Nr. 96 (1/1997):
> Fahrstuhl für ein Hotel in Sonderanfertigung;

BGH, Urt. v. 24. 4. 1997 – VII ZR 110/96,
BauR 1997, 638 = ZfBR 1997, 249:
Schallschutzmangel einer Reihenhausanlage, Durchsägen
der Trennwände.

Die von dem Auftragnehmer gewählte Art der Nachbesserung muss dem **321**
geschuldeten Werkerfolg entsprechen. Unter Umständen muss der Auftragnehmer eine Mängelbeseitigung wählen, die nach dem werkvertraglichen Erfüllungsziel nicht vorgesehen war, die jedoch erforderlich ist, um
das Leistungsziel oder einen Zustand zu erreichen, der dem ursprünglichen
Leistungsziel annähernd entspricht.

St. Rspr. vgl.
BGH, Urt. v. 24. 4. 1997 – VII ZR 110/96,
BauR 1997, 638 = ZfBR 1997, 249:
Schallschutzmangel einer Reihenhausanlage, Durchsägen
der Trennwände;

BGH, Urt. v. 4. 7. 1996 – VII ZR 24/95,
ZIP 1996, 1905 = BauR 1996, 858
= ZfBR 1996, 313;
vgl. dazu EWiR 1996, 1063 (*Siegburg*):
Nachbesserung durch Installierung eines Fahrstuhles in
einem Hotel in Sonderanfertigung;

BGH, Urt. v. 20. 4. 1989 – VII ZR 80/88,
BauR 1989, 462 = ZfBR 1989, 213;
vgl. dazu EWiR 1989, 817 (*Siegburg*):
Einbau zusätzlicher, ursprünglich nicht vorgesehener
Heizungskörper.

Der Nachbesserungsanspruch kann auch nach der Abnahme des Werks auf **322**
Neuherstellung gerichtet sein, wenn nur auf diese Weise der Mangel nachhaltig beseitigt werden kann.

BGH, Urt. v. 10. 10. 1985 – VII ZR 303/84,
BGHZ 96, 111 = BauR 1986, 93
= ZfBR 1986, 23 = JZ 1986, 291 mit Anm. *Köhler*
= NJW 1986, 711;
vgl. dazu EWiR 1986, 357 (*Vygen*).

Hat der Auftraggeber oder dessen Architekt durch ein Planungsverschul- **323**
den die Entstehung des Mangels mitverursacht, haftet der Auftraggeber im
Verhältnis zum Auftragnehmer anteilmäßig für den Mangel. In derartigen
Fällen kann der Auftragnehmer einen Zuschuss zu den Mängelbeseitigungskosten verlangen (vgl. Rz. 325 ff).

BGH, Urt. v. 22. 3. 1984 – VII ZR 286/82,
BGHZ 90, 354 = ZIP 1984, 709
= BauR 1984, 401 = ZfBR 1984, 176
= NJW 1984, 1679.

324 Das Einverständnis des Auftraggebers mit einer bestimmten Art der Nachbesserung bedeutet in der Regel nicht, dass der Auftraggeber auf bestehende Gewährleistungsrechte verzichtet.

BGH, Urt. v. 26. 9. 1996 – VII ZR 63/95,
BauR 1997, 131 = ZfBR 1997, 32
= NJW-RR 1997, 198.

2. Vorteilsausgleich

325 In der Praxis der Abwicklung von Mängelbeseitigungsansprüchen versuchen die Auftragnehmer regelmäßig, die Auftraggeber mit dem Einwand des Vorteilsausgleichs wirtschaftlich an den Kosten der Mängelbeseitigung zu beteiligen. Die Erfolgsaussicht eines derartigen Einwandes wird häufig überschätzt. Der Vorteilsausgleich ist ein Instrument, mit dem unter dem Gesichtspunkt der Billigkeit ein Ausgleich der dem Auftraggeber durch die Mängelbeseitigung erwachsenen Vorteile zugunsten des Auftragnehmers erreicht wird. Nach der Rechtsprechung des Bundesgerichtshofs sind von dem Auftraggeber Vorteile auszugleichen, die der Auftraggeber infolge der Gewährleistung über den geschuldeten Vertragserfolg hinaus erlangt, wenn deren Ausgleich zumutbar ist, er dem Zweck des Gewährleistungsrechts entspricht und wenn er den Auftragnehmer nicht unbillig entlastet.

BGH, Urt. v. 17. 5. 1984 – VII ZR 169/82,
BGHZ 91, 206 = BauR 1984, 510
= ZfBR 1984, 222;

BGH, Urt. v. 19. 5. 1988 – VII ZR 111/87,
BauR 1988, 468 = ZfBR 1988, 223
= NJW-RR 1988, 1044;
vgl. dazu EWiR 1988, 1033 (*Siegburg*);

BGH, Urt. v. 12. 10. 1989 – VII ZR 140/88,
BauR 1990, 84 = ZfBR 1990, 16
= NJW-RR 1990, 89;

BGH, Urt. v. 13. 3. 1990 – X ZR 12/89,
BauR 1990, 468 = ZfBR 1990, 190
= NJW-RR 1990, 826.

Unter dem Gesichtspunkt des Vorteilsausgleichs sind zwei unterschied- **326** liche Fallgestaltungen zu unterscheiden. Die erste Fallgestaltung betrifft die Kosten, die das Werk bei ordnungsgemäßer Ausführung von vornherein teurer geworden wäre und die Vorteile einer verlängerten Lebensdauer aufgrund der verzögerten Nachbesserung. Die zweite Fallgestaltung betrifft Fälle, in denen der Auftraggeber entsprechend seiner Mitverursachensquote an den Kosten der Beseitigung von Mängeln beteiligt wird, die er selbst oder einer seiner Erfüllungsgehilfen mitverursacht hat.

Nach den Grundsätzen des Vorteilsausgleichs hat der Auftraggeber dem **327** Auftragnehmer die Kosten zu erstatten, um die das Werk bei ordnungsgemäßer Ausführung von vornherein teurer geworden wäre (sog. So-wie-so-Kosten). Der Auftragnehmer soll nicht mit den Kosten von Maßnahmen belastet werden, die er nach dem Vertrag nicht schuldete. Allerdings sind Kosten für Mängelbeseitigungsmaßnahmen, die erforderlich sind, um den vereinbarten Werkerfolg zu erreichen, grundsätzlich auch dann nicht auszugleichen, wenn die erforderlichen Mängelbeseitigungsmaßnahmen vertraglich nicht geschuldet waren.

BGH, Urt. v. 18. 1. 1990 – VII ZR 171/88,
BauR 1980, 360 = ZfBR 1990, 171
= NJW 1990, 728:
Sanierung eines Steilhangs zum Nachbargrundstück;

BGH, Urt. v. 30. 6. 1994 – VII ZR 116/93,
BGHZ 126, 326 = ZIP 1994, 1540
= BauR 1994, 776 = ZfBR 1994, 73
= WiB 1994, 915 mit Anm. *Meyer* = NJW 1994, 282;
vgl. dazu EWiR 1995, 239 (*Siegburg*);
von Heymann, WuB I G 5 Immobilienanlagen 1.95:
Planungsfehler eines Architekten;

BGH, Urt. v. 4. 7. 1996 – VII ZR 24/95,
ZIP 1996, 1905 = BauR 1996, 858
= ZfBR 1996, 313;
vgl. dazu EWiR 1996, 1063 (*Siegburg*);
Littbarski, LM BGB § 633 Nr. 96 (1/1997):
Nachbesserung durch Installierung eines Fahrstuhles in einem Hotel in Sonderanfertigung;

BGH, Urt. v. 13. 9. 2001 – VII ZR 392/00,
BauR 2002, 141 = ZfBR 2002, 57
= NZBau 2002, 31:
Nachbesserung eines fehlerhaft geplanten und ausgeführten Flachdaches.

328 Wenn der werkvertraglich geschuldete Erfolg nur durch die Vergabe von Zusatzaufträgen oder durch einen anderen teureren Auftrag erreicht werden kann, die der Auftragnehmer nach dem Vertrag nicht zu erbringen hatte, sind die entsprechenden Zusatzkosten auszugleichen oder anzurechnen.

> BGH, Urt. v. 22. 3. 1984 – VII ZR 50/82,
> BGHZ 90, 344, 349 = ZIP 1984, 713
> = BauR 1984, 395 = ZfBR 1984, 173
> = NJW 1984, 1676.

329 Ein Ausgleich der Kosten für erforderliche Zusatzarbeiten kommt in den Fällen in Betracht, in denen die Parteien eine Ausführungsart vereinbart haben, die nicht geeignet ist, den geschuldeten Werkerfolg herbeizuführen. Ist das Werk aufgrund der vereinbarten Ausführungsart mangelhaft, dann sind die für den vertragsgerechten Erfolg erforderlichen Zusatzarbeiten als Vorteilsausgleich zu berücksichtigen, wenn die Kalkulation des Werklohnes für die vereinbarte Ausführungsart nicht allein auf den Vorstellungen des Unternehmers beruht.

> BGH, Urt. v. 17. 5. 1984 – VII ZR 169/82,
> BGHZ 91, 206 = BauR 1984, 510
> = ZfBR 1984, 222:
> Errichtung einer Wärmeschutzfassade;
>
> BGH, Urt. v. 16. 7. 1998 – VII ZR 350/96,
> BGHZ 139, 244 = ZIP 1998, 1877
> ZfIR 1998, 642 = BauR 1999, 37
> = ZfBR 1999, 14;
> dazu EWiR 1999, 83 (*Siegburg*):
> Gebrauchstauglichkeit eines Sanierungsobjektes
> als Mietshaus.

330 Die anrechenbaren Vorteile (sog. So-wie-so-Kosten) sind in der Weise zu berechnen, dass die Mehraufwendungen ermittelt werden, die bei ordnungsgemäßer mangelfreier Ausführung durch die ursprünglich nicht geschuldeten Maßnahmen erst entstanden wären.

> BGH, Urt. v. 17. 5. 1984 – VII ZR 169/82,
> BGHZ 91, 206 = BauR 1984, 510
> = ZfBR 1984, 222:
> Errichtung einer Wärmeschutzfassade: Nachbesserung
> einer Wärmeschutzfassade;

BGH, Urt. v. 8. 7. 1993 – VII ZR 176/91,
BauR 1993, 722 = ZfBR 1994, 12
= NJW-RR 1994, 148:
Neuherstellung einer Hangbefestigung.

Hat der Auftragnehmer garantiert, dass die pauschalierten Herstellungskos- **331**
ten nicht überschritten werden, kann er keinen Ausgleich der Kosten verlangen, um die das Werk bei ordnungsgemäßer Ausführung von vornherein teurer geworden wäre, weil der Auftragnehmer durch die Herstellungs-
garantie dieses Risiko übernommen hat.

BGH, Urt. v. 30. 6. 1994 – VII ZR 116/93,
BGHZ 126, 326 = ZIP 1994, 1540
= BauR 1994, 776 = ZfBR 1994, 73;
vgl. dazu EWiR 1995, 239 (*Siegburg*);
von Heymann, WuB I G 5 Immobilienanlagen 1.95:
Planungsfehler eines Architekten.

Ersparnisse, die der Auftraggeber dadurch hat, dass die Nachbesserung zu **332**
einer höheren Lebensdauer des Werkes führt, können anrechenbare Kosten
sein.

BGH, Urt. v. 13. 3. 1990 – X ZR 12/89,
BauR 1990, 468 = ZfBR 1990, 190.

Derartige Vorteile sind allerdings nicht auszugleichen, wenn die Verlänge- **333**
rung der Lebensdauer auf der vertragswidrigen Verzögerung der Nachbesserung beruht und die Nutzung des Werkes durch die Mängel beeinträchtigt war.

BGH, Urt. v. 15. 6. 1989 – VII ZR 14/88,
BGHZ 108, 65 = BauR 1989, 606
= ZfBR 1989, 215 = NJW 1989, 2753;
vgl. dazu EWiR 1989, 1135 (*Siegburg*).

Der Auftraggeber muss sich an den Mängelbeseitigungskosten beteiligen, **334**
wenn er oder sein Erfüllungsgehilfe, beispielsweise sein Architekt, den
Mangel mitverursacht hat.

BGH, Urt. v. 22. 3. 1984 – VII ZR 50/82,
BGHZ 90, 344 = ZIP 1984, 713
= BauR 1984, 395 = ZfBR 1984, 173:
Planungsverschulden des Architekten des Auftraggebers;

BGH, Urt. v. 22. 3. 1984 – VII ZR 286/82,
BGHZ 90, 354 = ZIP 1984, 709
= BauR 1984, 839 = ZfBR 1984, 176:
Planungsverschulden des Architekten des Auftraggebers;

BGH, Urt. v. 5. 11. 1998 – VII ZR 236/97,
BauR 1999, 252 = ZfBR 1999, 99:
Planungsverschulden des Architekten des Auftraggebers.

335 Ist der Auftraggeber verpflichtet, sich durch Zahlung sog. So-wie-so-Kosten an den Mängelbeseitigungskosten zu beteiligen, dann kann der Auftragnehmer vor der Mangelbeseitigung weder Zahlung noch die Zusage eines Kostenvorschusses verlangen, sondern lediglich eine Sicherheitsleistung in angemessener Höhe. Es obliegt dem Auftragnehmer, den Instandsetzungsaufwand und den Anteil der anrechenbaren Kosten darzulegen. Verweigert der Auftraggeber den Ausgleich, ist der Auftragnehmer nicht zur Nachbesserung verpflichtet.

BGH, Urt. v. 22. 3. 1984 - VII ZR 50/82,
BGHZ 90, 344 = ZIP 1984, 713
= BauR 1984, 395 = ZfBR 1984, 173.

336 Verteidigt sich der Auftraggeber, der sich an den Mängelbeseitigungskosten beteiligen muss, im Werklohnprozess mit dem Einwand, er sei nur gegen Mangelbeseitigung zur Zahlung verpflichtet, dann ist im Urteil eine doppelte Zug-um-Zug-Verurteilung auszusprechen.

BGH, Urt. v. 22. 3. 1989 – VII ZR 286/82,
BGHZ 90, 354 = ZIP 1989, 709
= BauR 1989, 401 = ZfBR 1989, 176.

337 Vereinbaren die Parteien eines Bauvertrages, dass der Auftragnehmer Mängel der Werkleistung nachbessert und nachträglich geklärt wird, wer für die Kosten aufkommt, hat der Auftragnehmer aus dieser Abrede einen vertraglichen Kostenerstattungsanspruch gegen den Auftraggeber. Dieser ist auf Erstattung derjenigen Kosten gerichtet, die der Auftraggeber nach der materiellen Rechtslage zu übernehmen oder mit denen er sich zu beteiligen hatte.

BGH, Urt. v. 5. 11. 1989 – VII ZR 236/97,
BauR 1999, 252 = ZfBR 1999, 99:
Planungsfehler des Architekten des Auftraggebers
bzgl. einer Decke.

3. Selbstbeseitigungsrecht/Kostenerstattung/Vorschuss

a) Das Selbstbeseitigungsrecht

Das Recht auf Selbstbeseitigung und auf Ersatz der erforderlichen Auf- **338**
wendungen ist hinsichtlich seiner Voraussetzungen im BGB-Vertrag und
VOB/B-Vertrag unterschiedlich geregelt.

Im BGB-Vertrag entsteht das Recht auf Ersatzvornahme, wenn der Auf- **339**
tragnehmer mit der Beseitigung des Mangels in Verzug geraten ist (§ 633
Abs. 3 BGB a. F. = § 634 Nr. 2 BGB n. F.). Nach neuem Recht genügt der
fruchtlose Ablauf der zur Mängelbeseitigung gesetzten Frist (§ 637 Abs. 1
BGB n. F.). Der Verzug tritt nur ein, wenn der Auftragnehmer zur Mängelbeseitigung aufgefordert und anschließend gemahnt worden ist und
wenn der Auftragnehmer die Verzögerung zu vertreten hat (§§ 284 f
BGB).

Beim VOB/B-Vertrag ist es im Unterschied zum BGB-Vertrag nicht erfor- **340**
derlich, dass der Auftragnehmer mit der Nachbesserung in Verzug geraten
ist. Es genügt, dass der Auftragnehmer der Mängelbeseitigungsaufforde-
rung in einer vom Auftraggeber gesetzten angemessenen Frist nicht nachkommt (§ 13 Nr. 5 Abs. 2 VOB/B).

Nach fruchtlosem Ablauf der dem Auftragnehmer gemäß § 633 Abs. 3 **341**
BGB oder § 13 Nr. 5 Abs. 2 VOB/B gesetzten Frist ist der Auftragnehmer
nur berechtigt nachzubessern, wenn der Auftraggeber der Nachbesserung
zustimmt. Dieser Grundsatz gilt auch für das novellierte Werkvertragsrecht.

> BGH, Urt. v. 27. 2. 2003 – VII ZR 338/01,
> ZIP 2003, 630 = ZfIR 2003, 332 mit Anm. *Siegburg*
> = NZBau 2003, 267 = ZfBR 2003, 363;
> dazu EWiR 2003, 439 (*H.-C. Schwenker*).

Die Aufforderung zur Mängelbeseitigung muss aus der Sicht des Auftrag- **342**
nehmers unzweideutig sein. Nicht ausreichend ist beispielsweise die Aufforderung, der Auftragnehmer möge innerhalb der Frist mitteilen, ob er zur
Nachbesserung bereit ist. Empfehlenswert in der Praxis ist die Fristsetzung
mit der Aufforderung, die Mängel innerhalb der Frist zu beseitigen und
gegebenenfalls mitzuteilen, ob und aus welchen Gründen die gesetzte Frist
zu kurz sein soll und welche Frist ausreichend wäre.

343 Die im BGB-Vertrag grundsätzlich erforderliche Mahnung, die Aufforderung, innerhalb einer bestimmten Frist die Mängel zu beseitigen, ist ausnahmsweise entbehrlich, wenn der Auftragnehmer sich ernsthaft und endgültig weigert, seinen werkvertraglichen Verpflichtungen nachzukommen.
Diese Voraussetzungen sind beispielsweise gegeben, wenn der Auftragnehmer seine Pflicht zur Nachbesserung schlechthin bestreitet oder wenn
er die Mängelbeseitigung auf andere Weise ernsthaft verweigert. Das
schlichte Bestreiten der Mängel im Prozess genügt dafür nicht (vgl. hierzu
auch Rz. 274 ff).

> BGH, Urt. v. 15. 3. 1990 – VII ZR 311/88,
> BauR 1990, 466 = ZfBR 1990, 276;
> dazu EWiR 1990, 979 (*Doerry*);
>
> BGH, Urt. v. 8. 12. 1983 – VII ZR 139/82,
> ZIP 1984, 184 = BauR 1984, 181
> = ZfBR 1984, 73 = NJW 1984, 1460.

344 Eine Mahnung ist auch dann nicht erforderlich, wenn der Auftraggeber berechtigterweise das Vertrauen in den Auftragnehmer verloren hat. Das
kann beispielsweise der Fall sein, wenn mehrere Nachbesserungsversuche
erfolglos waren oder die Art der Mängel auf grobe Nachlässigkeit schlie-
ßen lässt und nicht zu erwarten ist, dass der Auftragnehmer eine ordnungsgemäße Nachbesserung durchführt.

> BGH, Urt. v. 8. 12. 1966 – VII ZR 144/84,
> BGHZ 46, 242.

345 Für die Praxis ist dem Auftraggeber zu empfehlen, im Zweifel den Auftragnehmer unter Fristsetzung zur Mängelbeseitigung aufzufordern, damit
keine Rechtsunsicherheit darüber entstehen kann, dass das Recht auf Ersatzvornahme entstanden ist. Führt der Auftraggeber eine Ersatzvornahme
durch, ohne dass die Voraussetzungen vorliegen, verliert der Auftraggeber
seinen Anspruch auf Kostenerstattung.

> BGH, Urt. v. 8. 10. 1987 – VII ZR 45/87,
> BauR 1988, 82 = ZfBR 1988, 38
> = NJW-RR 1988, 208.

346 Hat der Auftraggeber es versäumt, dem Auftragnehmer durch eine Män-
gelbeseitigungsaufforderung unter Fristsetzung die Gelegenheit zur Mängelbeseitigung einzuräumen, kann er Aufwendungen für die Mängelbeseitigung grundsätzlich nicht als Schadensersatz geltend machen.

BGH, Urt. v. 7. 11. 1985 – VII ZR 270/83,
BGHZ 96, 221 = BauR 1986, 211
= ZfBR 1985, 252 = JZ 1986, 397 mit Anm. *Holl*;
vgl. dazu EWiR 1986, 201 (*Hensen*).

In diesen Fällen kann der Auftraggeber nur die Kosten als Schadensersatz **347** geltend machen, die nicht durch eine Mängelbeseitigung des Auftragnehmers hätten vermieden werden können.

BGH, Urt. v. 7. 11. 1985 – VII ZR 270/83,
BGHZ 96, 221 = BauR 1986, 211
= ZfBR 1985, 252 = JZ 1986, 397 mit Anm. *Holl*;
vgl. dazu EWiR 1986, 201 (*Hensen*);

BGH, Urt. v. 16. 3. 1989 – VII ZR 23/88,
BauR 1989, 469 = ZfBR 1989, 161
= NJW 1989, 1922;
vgl. dazu EWiR 1989, 757 (*Seiler*);

BGH, Urt. v. 20. 12. 1990 – VII ZR 302/89,
BauR 1991, 212 = ZfBR 1991, 99
= NJW-RR 1991, 533.

Im BGB-Vertrag verliert der Auftraggeber sein Recht zur Selbstnachbesse- **348** rung und auf Kostenerstattung sowie Vorschuss, wenn er dem Auftragnehmer gemäß § 634 Abs. 1 Satz 1 BGB (= § 634 Nr. 3 BGB n. F.) eine Frist zur Mängelbeseitigung mit Ablehnungsandrohung gesetzt hat und der Auftragnehmer die Mängel innerhalb der Frist nicht beseitigt. In diesem Falle treten nach Ablauf der Frist an die Stelle des Mängelbeseitigungsanspruchs die sekundären Gewährleistungsansprüche der Minderung, Wandelung und des Schadensersatzes.

BGH, Urt. v. 10. 5. 1979 – VII ZR 30/78,
BGHZ 74, 258 = BauR 1979, 420
= ZfBR 1979, 163 = NJW 1979, 2207;

BGH, Urt. v. 16. 9. 1999 – VII ZR 456/98,
ZIP 1999, 1922 = BauR 2000, 98
= ZfBR 2000, 44;
dazu EWiR 2000, 423 (*Siegburg*).

Die Aufforderung des Auftraggebers, der Auftragnehmer möge die Mängel **349** beseitigen und innerhalb einer Frist erklären, ob und in welchem Umfang er zur Mängelbeseitigung bereit sei, genügt nicht den Voraussetzungen des § 634 Abs. 1 Satz 1 BGB (= § 634 Nr. 3 BGB n. F.). Ist eine Fristsetzung für die Mängelbeseitigung deshalb entbehrlich, weil der Unternehmer die Mängelbeseitigung nachhaltig und endgültig verweigert, treten die Rechtsfolgen des § 634 Abs. 1 Satz 1 BGB (= § 634 Nr. 3 BGB n. F.) erst dann ein, wenn der Auftraggeber sich für die sekundären Gewährleistungsansprüche entschieden und dem Unternehmer seine Entscheidung mitgeteilt hat. Erst mit dieser Entscheidung endet das Erfüllungsstadium des Vertrages und das Nachbesserungsrecht erlischt.

> BGH, Urt. v. 16. 9. 1999 – VII ZR 456/98,
> ZIP 1999, 1922 = BauR 2000, 98
> = ZfBR 2000, 44;
> dazu EWiR 2000, 423 (*Siegburg*).

350 In der Praxis kann sich eine Ablehnungsandrohung für den Auftraggeber als nachteilig erweisen, weil mit Ablauf der Frist der verschuldensunabhängige Nachbesserungsanspruch entfällt und die Ansprüche auf Ersatzvornahme, Kostenerstattung oder Kostenvorschuss nicht entstehen. Trifft den Auftragnehmer kein Verschulden, dann stehen dem Auftraggeber nur die Ansprüche auf Minderung und Wandelung zu. Die Kosten der Mängelbeseitigung kann er nicht als Schadensersatz nach § 635 BGB a. F. (= § 634 Nr. 4 BGB n. F.) geltend machen.

351 Die VOB/B enthält keine vergleichbare Regelung. Im Unterschied zum BGB bestehen die Ansprüche auf Schadensersatz und Minderung neben dem Recht auf Nachbesserung, Selbstbeseitigung und Kostenvorschuss (§ 13 Nr. 5, 6, 7 VOB/B). Setzt der Auftraggeber dem Auftragnehmer eine Frist mit Ablehnungsandrohung, verliert der Auftraggeber seine Ansprüche auf Selbstbeseitigung, Kostenerstattung oder Vorschuss nicht.

b) Der Anspruch auf Kostenerstattung

352 Dem Auftraggeber steht, wenn er berechtigterweise eine Ersatzvornahme durchgeführt hat, ein Anspruch auf Erstattung der Kosten zu, die für die Mängelbeseitigung erforderlich waren. Dieser Anspruch besteht im BGB- und im VOB/B-Vertrag. Die Fälligkeit des Anspruchs nach § 13 Nr. 5 Abs. 2 VOB/B hängt nicht davon ab, dass der Auftragnehmer eine prüffähige Rechnung nach § 14 VOB/B vorlegt.

> BGH, Urt. v. 16. 9. 1999 – VII ZR 419/98,
> ZfIR 1999, 435 = BauR 1999, 631
> = ZfBR 1999, 193;
> dazu EWiR 1999, 353 (*Wenner*).

353 Nach der ständigen Rechtsprechung des Bundesgerichtshofs ist für die Bewertung der Erforderlichkeit der Kosten auf den Aufwand und die damit verbundenen Kosten abzustellen, welche der Auftraggeber im Zeitpunkt der Mängelbeseitigung als vernünftiger, wirtschaftlich denkender Bauherr aufgrund sachkundiger Beratung oder Feststellung aufwenden konnte und musste, soweit es sich um eine vertretbare Maßnahme der Schadensbeseitigung handelt.

> BGH, Urt. v. 31. 1. 1991 – VII ZR 63/90,
> BauR 1991, 651 = ZfBR 1991, 104
> = NJW-RR 1991, 789.

Zu den erstattungsfähigen Kosten gehören die sachgerechten eigenen **354** Aufwendungen des Bauherrn einschließlich des eigenen Arbeitseinsatzes.

> BGH, Urt. v. 12. 10. 1972 – VII ZR 51/72,
> BGHZ 59, 328 = NJW 1973, 46;
>
> BGH, Urt. v. 29. 9. 1988 – VII ZR 182/87,
> BauR 1989, 87 = ZfBR 1989, 24.

Die Kosten der vom Bauherrn beauftragten Drittunternehmer sind im Re- **355** gelfall der wesentliche erstattungsfähige Posten. Der in der Praxis vom Auftragnehmer häufig erhobene Einwand, der Drittunternehmer habe zu teuer gearbeitet, führt nur in seltenen Fällen zum Erfolg. Der Auftraggeber ist nicht verpflichtet, im Interesse des vertragsuntreuen und säumigen Auftragnehmers besondere Anstrengungen zu unternehmen, um einen preisgünstigen Drittunternehmer zu finden.

Der Auftragnehmer muss auch die Kosten eines zunächst fehlgeschlagenen **356** Mängelbeseitigungsversuches tragen, wenn dieser Versuch als ausreichend erschien. Der Auftragnehmer trägt das Risiko einer schuldlosen Fehleinschätzung eines Nachbesserungsversuches durch den Auftraggeber.

> BGH, Urt. v. 29. 9. 1988 – VII ZR 182/87,
> BauR 1989, 87 = ZfBR 1989, 24.

Die erstattungsfähigen Nachbesserungskosten umfassen alle erforderlichen **357** Aufwendungen für die Nachbesserung, insbesondere Transport-, Wege-, Arbeits- und Materialkosten sowie die zur Vorbereitung der Nachbesserung erforderlichen Maßnahmen, wie beispielsweise ein Gutachten. Der Auftragnehmer hat auch die Kosten zu tragen, die zur Beseitigung von Schäden am Eigentum des Auftraggebers infolge der Nachbesserung entstehen oder die dazu erforderlich sind, den Zustand wiederherzustellen, der vor der Nachbesserung bestand.

BGH, Urt. v. 22. 3. 1979 – VII ZR 142/78,
BauR 1979, 333 = ZfBR 1979, 130
= NJW 1979, 2095;

BGH, Urt. v. 7. 11. 1985 – VII ZR 270/83,
BGHZ 96, 221 = BauR 1986, 211
= ZfBR 1985, 252 = JZ 1986, 397 mit Anm. *Holl*;
vgl. dazu EWiR 1986, 201 (*Hensen*);

BGH, Urt. v. 23. 1. 1991 – VIII ZR 122/90,
BGHZ 113, 251 = ZIP 1991, 802
= NJW 1991, 1694;
vgl. dazu EWiR 1991, 447 (*Tiedtke*).

358 Nicht erstattungsfähig sind im Regelfall Kosten, die durch qualitativ wert-
volleres Material oder weitergehende Leistung verursacht werden, die der
Auftragnehmer nach der werkvertraglichen Verpflichtung nicht schuldete.
Kosten für teureres Material sind ausnahmsweise erstattungsfähig, wenn
sich beispielsweise nach einer erfolglosen Nachbesserung herausstellt,
dass der geschuldete Erfolg nur durch die teureren Maßnahmen erzielt
werden kann.

BGH, Urt. v. 20. 11. 1986 – VII ZR 360/85,
BauR 1987, 207 = ZfBR 1987, 71.

c) Der Anspruch auf Vorschuss

359 Darf der Auftraggeber selbst nachbessern, muss er die Kosten nicht vorle-
gen. Er kann von dem Auftragnehmer die Zahlung eines Vorschusses für
die voraussichtlichen Kosten verlangen und er kann ihn auf Vorschusszah-
lung verklagen. Dieser Anspruch steht dem Auftraggeber eines BGB- und
eines VOB/B-Vertrags zu.

360 Der Anspruch auf Vorschuss ist durch den Bundesgerichtshof entwickelt
worden, er war bis zum Schuldrechtsmodernisierungsgesetz (§ 637 Abs. 3
BGB n. F.) gesetzlich nicht geregelt. Der Anspruch setzt im Regelfall voraus, dass der Auftragnehmer die ihm vom Auftraggeber zur Mängelbeseitigung gesetzte Frist fruchtlos hat verstreichen lassen.

St. Rspr. vgl.
BGH, Urt. v. 2. 3. 1967 – VII ZR 215/64,
BGHZ 47, 272;

BGH, Urt. v. 13. 7. 1970 – VII ZR 176/68,
BGHZ 54, 244;

BGH, Urt. v. 1. 2. 1990 – VII ZR 150/89,
BGHZ 110, 205 = BauR 1990, 358
= ZfBR 1990, 175 = NJW 1990, 1475;
vgl. dazu EWiR 1990, 561 (*Siegburg*);

BGH, Urt. v. 30. 9. 1992 – VIII ZR 193/91,
BGHZ110, 205 = ZIP 1992, 1559
= ZfBR 1993, 25 = NJW 1992, 3297
= JR 1993, 198 mit Anm. *Peters*;
vgl. dazu EWiR 1992, 1179 (*Schott*);
Koeble, LM BGB § 633 Nr. 84 (2/1993).

Im Unterschied zum BGB-Vertrag kann der Auftraggeber eines VOB/B- **361** Vertrags einen Vorschuss auf die voraussichtlichen Mängelbeseitigungskosten vor der Abnahme nur nach der Entziehung des Auftrages gemäß §§ 4 Nr. 7, 8 Nr. 3 VOB/B verlangen.

BGH, Urt. v. 20. 4. 1989 – VII ZR 80/88,
BauR 1989, 462 = ZfBR 1989, 213;
vgl. dazu EWiR 1989, 817 (*Siegburg*).

Der Kostenvorschussanspruch soll den Auftraggeber in die Lage versetzen, **362** die vom Auftragnehmer geschuldete Nachbesserung ohne den Einsatz eigener Mittel von dritter Seite durchführen zu lassen. Im Falle der Rechtshängigkeit oder des Verzuges ist der Kostenvorschuss zu verzinsen.

BGH, Urt. v. 14. 4. 1983 – VII ZR 258/82,
BauR 1983, 365 = ZfBR 1983, 185
= NJW 1983, 2191;
vgl. dazu *Kaiser*, BauR 1984, 177.

BGH, Urt. v. 20. 5. 1985 – VII ZR 266/84,
BGHZ 94, 330 = BauR 1985, 569
= ZfBR 1985, 217 = NJW 1985, 2325.

Der Anspruch auf Kostenvorschuss umfasst die mutmaßlichen Nachbesse- **363** rungskosten, nicht hingegen einen merkantilen Minderwert.

BGH, Urt. v. 24. 10. 1996 – VII ZR 98/94,
ZfIR 1997, 23 = BauR 1997, 129
= ZfBR 1997, 75;

BGH, Urt. v. 14. 1. 1999 – VII ZR 19/98,
ZfIR 1999, 435 = BauR 1999, 631
= ZfBR 1999, 193;
dazu EWiR 1999, 353 (*Wenner*)

364 Der Auftraggeber kann Vorschuss nachfordern, wenn der ausgeurteilte Betrag nicht ausreicht. Dem Auftraggeber steht ein Vorschussanspruch nicht zu, wenn der Auftragnehmer die Kosten aus dem noch nicht bezahlten Werklohn aufbringen kann. Auf einen einbehaltenen Sicherheitseinbehalt kann der Auftraggeber nicht verwiesen werden, wenn die Gewährleistungsfristen noch nicht abgelaufen sind. Einen Kostenvorschuss kann der Auftraggeber nicht verlangen, wenn er die Mängel nicht beseitigen lassen will,

> BGH, Urt. v. 5. 4. 1984 – VII ZR 167/83,
> BauR 1984, 406 = ZfBR 1984, 185
> = NJW 1984, 2456;

> BGH, Urt. v.14. 1. 1999 – VII ZR 19/98,
> ZfIR 1999, 435 = BauR 1999, 631
> = ZfBR 1999, 193;
> dazu EWiR 1999, 353 (*Wenner*),

oder nicht beseitigen lassen kann, beispielsweise weil er das Bauvorhaben veräußert hat oder wenn die Mängel beseitigt sind.

365 Nach einer durchgeführten Mängelbeseitigung steht dem Hauptunternehmer gegen den Nachunternehmer ein Kostenvorschuss auch dann zu, wenn der Hauptunternehmer dem Bauherren einen Vorschuss gezahlt hat und daran gehindert ist, diesen abzurechnen:

> BGH, Urt. v. 1. 2. 1990 – VII ZR 150/89,
> BGHZ 110, 205 = BauR 1990, 358
> = ZfBR 1990, 175 = NJW 1990, 1475;
> vgl. dazu EWiR 1990, 561 (*Siegburg*).

366 Der Auftraggeber muss den Vorschuss in angemessener Frist, die von den Umständen des Einzelfalles abhängt, abrechnen:

> BGH, Urt. v. 1. 2. 1990 – VII ZR 150/89,
> BGHZ 110, 205 = BauR 1990, 358
> = ZfBR 1990, 175 = NJW 1990, 1475;
> vgl. dazu EWiR 1990, 561 (*Siegburg*).

367 Der Auftraggeber muss seine Aufwendungen für die Mängelbeseitigung nachweisen, über den Kostenvorschuss eine Abrechnung erteilen. Bei der Abrechnung kann sich sowohl eine Nachzahlungspflicht des Unternehmers als auch eine Erstattungspflicht des Auftraggebers ergeben.

BGH, Urt. v. 20. 5. 1985 – VII ZR 266/84,
BGHZ 94, 330 = BauR 1985, 569
= ZfBR 1985, 217 = NJW 1985, 2325.

Die Durchsetzung des Vorschussanspruches hat nicht zur Folge, dass die **368**
Gewährleistungsansprüche des Auftraggebers auf den Vorschuss bzw.
den Mängelbeseitigungsanspruch beschränkt werden. Hat der Auftraggeber
den Vorschuss nicht zur Mängelbeseitigung verwandt, kann er gegenüber
dem Rückzahlungsanspruch des Auftragnehmers mit einem Schadensersatzanspruch, der durch die Mangelhaftigkeit des Werkes begründet ist,
aufrechnen.

BGH, Urt. v. 7. 7. 1988 – VII ZR 320/87,
BGHZ 105, 103 = ZIP 1988, 1196
= BauR 1988, 592 = ZfBR 1988, 264
= NJW 1988, 2728 = JZ 1988, 1017 mit Anm. *Köhler*;
vgl. dazu EWiR 1988, 1185 (*Seiler*);

BGH, Urt. v. 14. 11. 1988 – VII ZR 112/88,
BauR 1989, 201 = ZfBR 1989, 60
= NJW-RR 1989, 405.

Der Auftraggeber kann den Vorschussanspruch mit der Vorschussklage **369**
geltend machen oder sich gegenüber der Werklohnklage des Auftragnehmers mit der Aufrechnung des Vorschussanspruchs verteidigen. Der Umstand, dass der Auftraggeber prozessual vorrangig Minderung verlangt und
hilfsweise mit einem Kostenvorschuss aufrechnet, rechtfertigt nicht die
Annahme, der Auftraggeber wolle die Mängel nicht mehr beseitigen lassen.

BGH, Urt. v. 14. 1. 1999 – VII ZR 19/98,
ZfIR 1999, 435 = BauR 1999, 631
= ZfBR 1999, 193;
vgl. dazu EWiR 1999, 353 (*Wenner*).

d)   Die Besonderheiten der Vorschussklage

Zur Durchsetzung des Vorschussanspruchs hat der Bundesgerichtshof das **370**
Instrument der Vorschussklage entwickelt, eine Klageart, die von der Zi-
vilprozessordnung nicht vorgesehen ist.

BGH, Urt. v. 2. 3. 1967 – VII ZR 215/64,
BGHZ 47, 272;

BGH, Urt. v. 5. 5. 1977 – VII ZR 36/76,
BGHZ 68, 372 = BauR 1977, 271
= NJW 1977, 1336;

BGH, Urt. v. 20. 4. 1989 – VII ZR 80/88,
BauR 1989, 462 = ZfBR 1989, 213;
vgl. dazu EWiR 1989, 817 (*Siegburg*):
Unzureichende Dimensionierung einer Kombinationsheizung aus Flächenspeicherheizung und mit Tagstrom
betriebenen Direktheizgeräten;

BGH, Urt. v. 1. 2. 1990 – VII ZR 150/89,
BGHZ 110, 205 = BauR 1990, 358
= ZfBR 1990, 175 = NJW 1990, 1475;
vgl. dazu EWiR 1990, 561 (*Siegburg*);

BGH, Urt. v. 24. 10. 1996 – VII ZR 98/94,
ZfIR 1997, 23 = BauR 1997, 129
= ZfBR 1997, 75:
Risiko von Wassereinbrüchen in eine nicht vertrags-
gemäß abgedichtete Tiefgarage bei extremen Hoch-
wasserständen.

371 Die Klage auf Vorschuss unterbrach nach altem Recht die Verjährung wegen der gesamten, nicht nur wegen der als Vorschuss geltend gemachten,
möglicherweise zu geringen Nachbesserungskosten, wenn mit der Klage
der gesamte Vorschuss verfolgt wird. Das gilt auch dann, wenn sich im
Laufe des Prozesses herausstellt, dass Erscheinungsformen des behaupteten Mangels auf einem anderen Mangel beruhen (sog. Symptomtheorie).
Eine Klage auf Teilvorschuss hat diese Wirkungen nicht. Deshalb muss
durch die Fassung der Klage vermieden werden, dass sie als Klage auf
Teilvorschuss ausgelegt werden kann.

372 Der Auftraggeber ist nicht verpflichtet, die Mangelbeseitigungskosten vorprozessual durch ein Sachverständigengutachten zu ermitteln. Es genügt,
wenn er die Kosten schätzt und für den Fall, dass der Auftragnehmer die
Kosten bestreitet, ein Sachverständigengutachten als Beweis anbietet.

BGH, Urt. v. 14. 1. 1999 – VII ZR 19/98,
ZfIR 1999, 435 = BauR 1999, 631
= ZfBR 1999, 193;
dazu EWiR 1999, 353 (*Wenner*);

BGH, Urt. v. 22. 2. 2001 – VII ZR 115/99,
BauR 2001, 789 = NZBau 2001, 313
= ZfBR 2001, 219 = NJW-RR 2001, 739.

Geht der Kläger einer **Vorschussklage** vom Anspruch auf Kostenvor- **373** schuss auf einen Schadensersatzanspruch über, dann liegt eine **Klageänderung** i. S. d. § 263 ZPO vor.

> BGH, Urt. v. 13. 11. 1997 – VII ZR 100/97,
> BauR 1998, 369 = ZfBR 1998, 98.

Die Rechtskraft des Urteils über den Vorschuss präjudiziert nicht die tat- **374** sächlichen Kosten der Nachbesserung, so dass die den Vorschuss übersteigenden Nachbesserungskosten später noch geltend gemacht werden können. Aus diesem Grunde ist ein Feststellungsantrag hinsichtlich der weiteren Kosten nicht erforderlich. Aus Gründen der Sicherheit empfiehlt es sich, einen hilfsweisen Feststellungsantrag zu stellen. Eine derartige Feststellungsklage ist zulässig.

> BGH, Urt. v. 10. 11. 1988 – VII ZR 140/87,
> BauR 1989, 81 = NJW-RR 1989, 208;
> vgl. dazu EWiR 1989, 125 (*Siegburg*);
>
> BGH, Urt. v. 20. 2. 1986 – VII ZR 31/84,
> BauR 1986, 345 = ZfBR 1986, 120;
> vgl. dazu EWiR 1986, 551 (*Löwe*).

Die Klage auf einen Vorschuss sollte wie folgt formuliert werden (Beispiel **375** nach BGH, Urt. v. 20. 4. 1989 – VII ZR 80/88, BauR 1989, 462 = ZfBR 1989, 213: Unzureichende Dimensionierung einer Kombinationsheizung aus Flächenspeicherheizung und mit Tagstrom betriebenen Direktheizgeräten):

> Der Beklagte wird verurteilt,
> Vorschuss in Höhe von X DM zuzüglich Y % Zinsen für die Beseitigung
> des folgenden Mangels zu zahlen: Im Haus A können die Räume K bis L
> nicht ausreichend beheizt werden. Die Heizungsanlage ist nicht in der Lage,
> eine gleichmäßige Temperatur von 22° Celsius zu gewährleisten.

4. Minderung der Vergütung

Die Voraussetzungen des Minderungsanspruches sind im BGB und in der **376** VOB/B unterschiedlich geregelt. Die Berechnung der Minderung richtet sich im BGB- und im VOB/B-Vertrag nach denselben Grundsätzen. Der Anspruch auf Minderung besteht vor Abnahme nur im BGB-Vertrag und nicht im VOB/B-Vertrag.

a)   Die Voraussetzungen der Minderung im BGB-Vertrag

377   Der Minderungsanspruch des § 634 BGB a. F. (= § 638 BGB n. F.) ist ein verschuldensunabhängiger Gewährleistungsanspruch. Im neuen Recht ist das Minderungsrecht ein Gestaltungsrecht, der für die Bemessung der Minderung maßgebliche Zeitpunkt ist der Vertragsabschluss. Nach § 634 Abs. 1 BGB steht dem Auftraggeber ein Anspruch auf Minderung im Regelfall nur zu, wenn der Auftraggeber dem Auftragnehmer eine angemessene Frist zur Mängelbeseitigung mit der Ankündigung gesetzt hat, dass er die Beseitigung nach Ablauf der Frist ablehne. Eine Fristsetzung mit Ablehnungsandrohung ist in den Ausnahmesituationen entbehrlich, in denen sie nach der Rechtsprechung des Bundesgerichtshofs nicht erforderlich ist (vgl. oben Rz. 274 ff).

378   Ausnahmsweise kann der Auftraggeber ohne Fristsetzung mit Ablehnungsandrohung Minderung verlangen, wenn die sofortige Geltendmachung der Minderung durch ein besonderes Interesse des Auftraggebers gerechtfertigt ist (§ 634 Abs. 2 BGB a. F. = §§ 636, 637 Nr. 2 BGB n. F.).

b)   Die Voraussetzungen der Minderung im VOB/B-Vertrag

379   Nach § 13 Nr. 6 VOB/B kann der Auftraggeber nur Minderung verlangen, wenn die Beseitigung des Mangels unmöglich ist oder die Mängelbeseitigung von dem Auftragnehmer verweigert wird, weil die Beseitigung des Mangels einen unverhältnismäßig hohen Aufwand (vgl. im Einzelnen Rz. 87 ff) erfordern würde. Ausnahmsweise kann der Auftraggeber auch dann Minderung verlangen, wenn die Beseitigung des Mangels für ihn unzumutbar ist. Die Unzumutbarkeit der Mängelbeseitigung kann beispielsweise vorliegen, wenn die Beseitigung eines relativ geringfügigen Mangels einen erheblichen Eingriff in den Betrieb des Auftraggebers erfordert, der die Gefahr eines erheblichen Gewinnentgangs begründet.

BGH, Urt. v. 30. 4. 1992 – VII ZR 185/90,
BauR 1992, 627 = ZfBR 1992, 216:
Sanierung des Bodens eines Supermarktes.

5.   Die Berechnung der Minderung

380   Die Berechnung der Minderung erfolgt im BGB-Vertrag und im VOB/B-Vertrag nach denselben Grundsätzen. Die Minderung wird in der Weise berechnet, dass die Werkleistung gemäß den §§ 634 Abs. 4, 472 BGB a. F. (= § 638 Abs. 2 BGB n. F.) in dem Verhältnis herabgesetzt wird, in dem der Wert des Werks im mangelfreien Zustand im Verhältnis zum Werk im mangelhaften Zustand zur Zeit der Abnahme stehen würde.

> BGH, Urt. v. 24. 2. 1972 – VII ZR 177/70,
> BGHZ 58, 181 = NJW 1972, 821
> = JZ 1972, 319.

Ist das Werk im Zeitpunkt der Abnahme wertlos, kann der Auftraggeber **381** im Wege der Minderung den gesamten Werklohn herausverlangen.

> BGH, Urt. v. 29. 10. 1964 – VII ZR 52/63,
> BGHZ 42, 232 = NJW 1965, 152.

Im Regelfall bemisst sich die Minderung in den Fällen, in denen der Auf- **382** tragnehmer die Nachbesserung nicht wegen Unverhältnismäßigkeit ver- weigern darf, nach den Aufwendungen, die zur Beseitigung des Mangels im Zeitpunkt der Abnahme erforderlich sind.

> BGH, Urt. v. 24. 2. 1972 – VII ZR 177/70,
> BGHZ 58, 181;
>
> BGH, Urt. v. 17. 12. 1996 – X ZR 76/94,
> NJW-RR 1997, 688.

Wird der Bau bereits vor seiner Errichtung veräußert, so kommt es bei der **383** Beurteilung eines merkantilen Minderwerts allein darauf an, wie sich nach der Errichtung des Baus eine mängelbedingte Minderung des Verkaufwer- tes des Hauses für den Erwerber darstellt. Auf etwaige Ansprüche des Er- werbers gegen den Veräußerer kommt es nicht an.

> BGH, Urt. v. 19. 9. 1985 – VII ZR 158/84,
> BauR 1986, 103 = ZfBR 1986, 27;
> dazu EWiR 1986, 45 (*Hochstein*).

Die Minderung wird durch diese Aufwendungen begrenzt. Die einschlägi- **384** ge Rechtsprechung des Bundesgerichtshofs wird von Sachverständigen generell als falsch („nicht sachgerecht" oder ähnlich) bezeichnet. Daran ist nur richtig, dass sie nicht für den Fall passt (Ausnahme), dass der Auftrag- nehmer die Nachbesserung wegen Unverhältnismäßigkeit der Aufwendun- gen verweigern darf. Die Berechnung der Minderung nach den Mängelbe- seitigungskosten kommt nicht in Betracht, wenn die Nachbesserung un- möglich oder unverhältnismäßig ist. Verwendet der Auftragnehmer im Vergleich zur geschuldeten Ausführung minderwertiges Material, dann ist die Vergütung des Auftragnehmers um den Vergütungsanteil zu mindern, der der Differenz zwischen der erbrachten und der geschuldeten Ausführung entspricht.

BGH, Urt. v. 9. 1. 2003 – VII ZR 181/00,
ZIP 2003, 724 = ZflR 2003, 279 mit Anm. *Schwenker*
= BauR 2003, 533 = NZBau 2003, 214;
dazu EWiR 2003, 391 (*Siegburg*).

385 Der Auftraggeber kann Minderung für einen technischen Minderwert verlangen, der durch die vertragswidrige Ausführung im Vergleich zur geschuldeten verursacht worden ist.

BGH, Urt. v. 9. 1. 2003 – VII ZR 181/00,
ZIP 2003, 724 = ZflR 2003, 279 mit Anm. *Schwenker*
= BauR 2003, 533 = NZBau 2003, 214;
dazu EWiR 2003, 391 (*Siegburg*).

386 Maßstab für die Berechnung des technischen Minderwertes ist die Beeinträchtigung der Nutzbarkeit und damit des Ertrags- und Veräußerungswertes des Gebäudes. Bei einer Gewerbeimmobilie sind alle Nutzungsmöglichkeiten in Betracht zu ziehen, die bei einem vertragsgemäßen Zustand des Gebäudes in Frage kommen. Auf die konkrete Nutzung des Gebäudes kommt es nicht an.

BGH, Urt. v. 15. 12. 1994 – VII ZR 246/93,
BauR 1995, 591 = ZfBR 1995, 388;

BGH, Urt. v. 9. 1. 2003 – VII ZR 181/00,
ZIP 2003, 724 = ZflR 2003, 279 mit Anm. *Schwenker*
= BauR 2003, 533 = NZBau 2003, 214;
dazu EWiR 2003, 391 (*Siegburg*).

387 Neben einer Minderung für einen technischen Minderwert kann der Auftraggeber für einen merkantilen Minderwert Minderung verlangen, wenn die vertragswidrige Ausführung eine verringerte Verwertbarkeit zur Folge hat, weil die maßgeblichen Verkehrskreise ein im Vergleich zu einer vertragsgemäßen Ausführung geringeres Vertrauen in die Qualität des Gebäudes haben.

BGH, Urt. v. 9. 1. 2003 – VII ZR 181/00,
ZIP 2003, 724 = ZflR 2003, 279 mit Anm. *Schwenker*
= BauR 2003, 533 = NZBau 2003, 214;
dazu EWiR 2003, 391 (*Siegburg*).

V.   Schadensersatzanspruch

1.   Die Arten der Schäden

Die Rechtsprechung unterscheidet die folgenden drei Arten von Schäden, **388** die gleichermaßen für die Schadensersatzansprüche nach § 635 BGB und für die Schadensersatzansprüche nach § 13 Nr. 7 VOB/B von Bedeutung sind:

- Mangelschaden,

- engerer Mangelfolgeschaden und

- entfernterer Mangelfolgeschaden.

Nach der Rechtsprechung des Bundesgerichtshofs umfasst der Schadenser- **389** satzanspruch gemäß § 635 BGB a. F. den Mangelschaden und den engeren Mangelfolgeschaden, nicht hingegen den entfernteren Mangelfolgeschaden. Anspruchsgrundlage für den Ersatz des entfernteren Mangelfolgeschadens ist die positive Vertragsverletzung, für die nicht die Verjährung gemäß § 638 BGB a. F. galt, sondern die dreißigjährige Verjährung. Im VOB/B-Vertrag ist die Unterscheidung zwischen engeren und entfernteren Mangelfolgeschäden insofern von Bedeutung, als nach der Rechtsprechung des Bundesgerichtshofs die engeren Mangelfolgeschäden von § 13 Nr. 7 Abs. 2 VOB/B und die entfernteren von § 13 Nr. 7 Abs. 2 VOB/B erfasst werden (vgl. unten Rz. 409 ff). Die in der Begründung zum Schuldrechtsmodernisierungsgesetz vertretene These, die Unterscheidung zwischen den unterschiedlichen Schadensarten sei im neuen Werkvertrag hinfällig (BT-Drucks. 14/6040, S. 88), ist unzutreffend. Für das neue Werkvertragsrecht des BGB ist die Unterscheidung zwischen Beeinträchtigungen des Äquivalenzinteresses und des Integritätsinteresses nach wie vor von Bedeutung (vgl. *Wagner*, JZ 2002, 475). Die Unterscheidung zwischen engeren und entfernteren Mangelfolgeschäden ist nach wie vor maßgeblich für die Abgrenzung der beiden Schadensersatzansprüche des § 13 Nr. 7 VOB/B.

Die erforderliche Abgrenzung zwischen den engeren und entfernteren **390** Mangelfolgeschäden bereitet in der Praxis Schwierigkeiten, weil abstrakte Abgrenzungskriterien nicht vorhanden sind. Die Kasuistik der Rechtsprechung bietet nur wenige Anhaltspunkte. Zu den entfernteren Mangelfolgeschäden gehören vor allem die Schäden, die an anderen Rechtsgütern als dem Bauwerk selbst eintreten, an fremdem Eigentum, Leib und Leben von

Personen. Die Rechtsprechung orientiert sich im Einzelfall an dem Kriterium einer angemessenen Risikoverteilung.

> BGH, Urt. v. 25. 6. 1991 – X ZR 4/90,
> BGHZ 115, 32 = ZfBR 1991, 260
> = NJW 1991, 2418 = JZ 1992, 690 mit Anm. *Ackermann*;
> vgl. dazu *Doerry*, EWiR 1991, 969:
> Einbruchsschaden als Folgeschaden einer mangelhaft installierten Sicherungsanlage;
>
> BGH, Urt. v. 8. 12. 1992 – X ZR 85/91,
> ZIP 1993, 598 = NJW 1993, 923;
> vgl. dazu *Ackermann*, EWiR 1993, 363:
> Flugzeugschaden durch Notlandung wegen Unsicherheit über Anzeigemodus der Resttreibstoffmenge.

391 Zu den Mängelschäden bzw. engen Mangelfolgeschäden gehören neben den Mängelbeseitigungskosten Schäden, die durch den Mangel oder die Nachbesserung am Eigentum des Auftraggebers entstehen, beispielsweise:

> Gutachterkosten:
> BGH, Urt. v. 13. 9. 2001 – VII ZR 392/00,
> BauR 2002, 86 = NZBau 2002, 31
> = ZfBR 2002, 57 = NJW 2002, 141;
>
> Entgangene Nutzung einer Anlage und mängelbedingte Mehraufwendungen:
> BGH, Urt. v. 12. 3. 1992 – VII ZR 266/90,
> BauR 1992, 504 = ZfBR 1992, 167
> = NJW-RR 1992, 788;
>
> Schäden am Wandanstrich, an Tapeten und an verlegten Teppichfußböden infolge einer fehlerhaften Feuchtigkeitsisolierung:
> BGH, Urt. v. 15. 3. 1990 – VII ZR 311/88,
> BauR 1990, 466 = ZfBR 1990, 276;
> vgl. dazu *Doerry*, EWiR 1990, 979;
>
> Entgangener Gewinn während der Mangelhaftigkeit oder Mängelbeseitigung:
> BGH, Urt. v. 10. 6. 1976 – VII ZR 129/74,
> BGHZ 76, 1 = BauR 1976, 354
> = JZ 1977, 44;
>
> Entgangener Gewinn während der Mangelhaftigkeit oder Mängelbeseitigung:
> BGH, Urt. v. 8. 6. 1978 – VII ZR 161/77,
> BGHZ 72, 31 = BauR 1978, 402
> = NJW 1978, 1626;

Gutachterkosten:
BGH, Urt. v. 20. 10. 1970 – VII ZR 71/69,
BGHZ 54, 352 = BauR 1971, 51
= NJW 1971, 99;

Kosten für die Anmietung einer Ersatzwohnung:
BGH, Urt. v. 28. 11. 1966 – VII ZR 79/65,
BGHZ 46, 238 = NJW 1967, 340.

2. Der Schadensersatzanspruch im BGB-Vertrag

a) Die Anspruchsvoraussetzungen

Der Auftraggeber kann im Regelfall Schadensersatz erst nach Fristsetzung **392** für die Mangelbeseitigung mit Ablehnungsandrohung verlangen (Rz. 271 ff). Eine Abnahme ist nicht erforderlich (vgl. oben Rz. 270). Eine Fristsetzung mit Ablehnungsandrohung ist ausnahmsweise entbehrlich, wenn sie aufgrund der Umstände, vor allem aufgrund des Verhaltens des Auftragnehmers, überflüssig ist (vgl. oben Rz. 274 ff m. w. N.).

> BGH, Urt. v. 5. 7. 1990 – VII ZR 352/89,
> ZIP 1990, 1265 = BauR 1990, 725
> = ZfBR 1990, 275 = NJW-RR 1990, 1300;
> vgl. dazu *Medicus*, EWiR 1990, 1075.

Nicht erforderlich ist die Fristsetzung mit Ablehnungsandrohung, wenn der **393** Auftraggeber Schäden geltend macht, die durch die Nachbesserung nicht verhindert und nicht beseitigt werden können.

> BGH, Urt. v. 16. 10. 1984 – X ZR 86/83,
> BGHZ 92, 308 = BauR 1985, 83
> = ZfBR 1985, 33 = NJW 1985, 381;
> vgl. dazu *Joswig*, NJW 1985, 1323;
> *Hesse*, LM Nr. 21 zu § 634 BGB:
> Elektroinstallationsleistungen für einen Operationsraum;

> BGH, Urt. v. 19. 9. 1985 – VII ZR 158/84,
> BauR 1986, 103 = ZfBR 1986, 27
> = NJW 1986, 428:
> Merkantiler Minderwert als Schaden trotz ordnungs-
> gemäßer Nachbesserung;
> vgl. dazu *Hochstein*, EWiR 1986, 45;

> BGH, Urt. v. 7. 11. 1985 – VII ZR 270/83,
> BGHZ 96, 221 = BauR 1986, 211
> = ZfBR 1985, 252 = JZ 1986, 397 mit Anm. *Holl*;
> vgl. dazu EWiR 1986, 201 (*Hensen*):
> Fehlerhafte Befestigung einer Spundwand;

BGH, Urt. v. 16. 3. 1989 – VII ZR 23/88,
BauR 1989, 469 = ZfBR 1989, 161
= NJW 1989, 1922;
vgl. dazu *Seiler*, EWiR 1989, 757:
Aufwuchsentschädigung für eine vertragswidrige Rodung;

BGH, Urt. v. 20. 12. 1990 – VII ZR 302/89,
BauR 1991, 212 = ZfBR 1991, 49
= NJW-RR 1991, 533:
Entgangener Gewinn während der Mangelhaftigkeit und
der Nachbesserung des Werkes;

BGH, Urt. v. 16. 3. 2000 – VII ZR 461/98,
BauR 2000, 1190 = ZfBR 2000,403:
Mietausfälle, die im Zusammenhang mit der Nach-
besserung entstehen;

BGH, Urt. v. 13. 9. 2001 – VII ZR 392/00,
BauR 2002, 86 = NZBau 2002, 31
= ZfBR 2002, 57:
Gutachterkosten für die Feststellung der Mängel.

394 Der Schadensersatzanspruch setzt anders als die anderen Gewährleistungsansprüche voraus, dass der Auftragnehmer den Schaden zu vertreten hat.
Trifft den Auftraggeber ein Mitverschulden an dem Schaden, dann trägt er
im Rahmen der Abwägung nach § 254 BGB unter Umständen einen Teil
des Schadens.

395 Der Auftraggeber hat die Darlegungs- und Beweislast, dass der Schaden
durch einen Baumangel des Auftragnehmers verursacht worden ist. Der
Auftragnehmer muss darlegen und beweisen, dass ihn kein Verschulden
trifft.

BGH, Urt. v. 12. 10. 1967 – VII ZR 8/65,
BGHZ 48, 310 = NJW 1968, 340;

BGH, Urt. v. 16. 5. 1974 – VII ZR 214/72,
BGHZ 62, 323 = BauR 1974, 276;

BGH, Urt. v. 28. 4. 1983 – VII ZR 267/82,
BB 1983, 2015 = WM 1983, 916;

BGH, Urt. v. 17. 5. 1984 – VII ZR 169/82,
BGHZ 91, 206 = BauR 1984, 510
= ZfBR 1984, 222;

BGH, Urt. v. 27. 9. 1994 – VI ZR 150/93,
ZIP 1994, 1960 = NJW 1994, 3349;
vgl. dazu EWiR 1995, 43 (*von Westphalen*).

Der Auftraggeber ist nicht verpflichtet, die Kosten für die Sanierung eines **396** Bauwerks vorprozessual durch ein Privatgutachten zu ermitteln. Es genügt für die Substantiierung im Prozess, wenn er die Kosten schätzt und für den Fall, dass der Auftragnehmer die Kosten bestreitet, ein Sachverständigengutachten als Beweismittel anbietet.

> BGH, Urt. v. 14. 1. 1999 – VII ZR 19/98,
> ZfIR 1999, 435 = BauR 1999, 631
> = ZfBR 1999, 193;
> dazu EWiR 1999, 353 (*Wenner*);
>
> BGH, Urt. v. 28. 11. 2002 – VII ZR 136/00,
> ZfIR 2003, 171 = BauR 2003, 385
> = NZBau 2003, 152 = ZfBR 2003, 249.

b) Die Schadensberechnung

Der Auftraggeber hat zwei Möglichkeiten, seinen Schaden zu berechnen. **397** Er kann das Werk behalten und den Schaden geltend machen, der ihm infolge der vertragswidrigen Erfüllung (sog. Schlechterfüllung) des Auftragnehmers entstanden ist. Er kann statt dessen das Werk insgesamt zurückweisen und den Schaden verlangen, der ihm durch die Nichterfüllung des ganzen Vertrages entstanden ist.

> BGH, Urt. v. 5. 5. 1958 – VII ZR 130/57,
> BGHZ 27, 214;
>
> BGH, Urt. v. 7. 3. 2002 – VII ZR 1/00,
> ZfIR 2002, 802 mit Anm. *Schwenker*
> = NZBau 2002, 571.

Diese Möglichkeit des so genannten großen Schadensersatzes ist in der **398** Praxis der Vertragsabwicklung von untergeordneter Bedeutung. Sie ist nur sinnvoll, wenn das Werk insgesamt unbrauchbar ist und ein anderer Unternehmer das Werk vollständig neu herstellen soll. Die Kosten für den Drittunternehmer sind in diesem Fall der Schaden. Von diesen Kosten ist der an den Altunternehmer nicht bezahlte Werklohn abzuziehen. Eine bereits bezahlte Vergütung kann der Auftraggeber zurückfordern.

> BGH, Urt. v. 8. 11. 1973 – VII ZR 86/73,
> BGHZ 61, 369 = NJW 1974, 143.

Behält der Auftraggeber das mangelhafte Werk, kann er den durch die **399** mangelhafte Ausführung verursachten Mangelschäden und engeren Mangelfolgeschäden nach § 635 BGB a. F. (= § 634 Nr. 4 BGB n. F.) verlangen (zu den unterschiedlichen Schadensarten vgl. oben Rz. 386 ff). Der Auftraggeber kann verlangen, so gestellt zu werden, als wäre der Vertrag ordnungsgemäß erfüllt worden (sog. positiver Schaden). Er kann als Schaden den Betrag geltend machen, der für die Beseitigung des Mangels erforderlich ist.

> BGH, Urt. v. 10. 4. 2003 – VII ZR 251/02,
> zur Veröffentlichung bestimmt;
>
> BGH, Urt. v. 27. 6. 2002 – VII ZR 238/01,
> BauR 2003, 123 = NZBau 2002, 573;
>
> BGH, Urt. v. 11. 7. 1991 – VII ZR 301/90,
> BauR 1991, 744 = ZfBR 1991, 265
> = NJW-RR 1991, 1429;
>
> BGH, Urt. v. 8. 11. 1973 – VII ZR 86/73,
> BGHZ 61, 369 = NJW 1974, 143;
>
> BGH, Urt. v. 24. 5. 1973 – VII ZR 92/71,
> BGHZ 61, 28 = NJW 1973, 145.

400 Neben den Kosten der Nachbesserung kann der Auftraggeber den Schaden nach § 635 BGB a. F. (= § 634 Nr. 4 BGB n. F.) ersetzt verlangen, der durch die Mängelbeseitigung nicht behoben werden kann oder der während oder durch die Mängelbeseitigung entsteht.

> BGH, Urt. v. 10. 4. 2003 – VII ZR 251/02,
> zur Veröffentlichung bestimmt:
> Kosten einer während des Nachbesserung erforder-
> lichen Hotelunterbringung;
>
> BGH, Urt. v. 15. 3. 1990 – VII ZR 311/88,
> BauR 1990, 466 = ZfBR 1990, 276;
> dazu EWiR 1990, 979 (*Doerry*);
>
> BGH, Urt. v. 7. 11. 1985 – VII ZR 270/83,
> BGHZ 96, 221 = BauR 1986, 124
> = ZfBR 1986, 67;
>
> BGH, Urt. v. 22. 3. 1979 – VII ZR 142/78,
> BauR 1979, 553 = ZfBR 1979, 150.

401 Darf der Unternehmer die Nachbesserung verweigern, weil der Nachbesserungsaufwand unverhältnismäßig ist, kann der Auftraggeber seinen Schadensersatzanspruch grundsätzlich nach den von ihm für die Mängelbeseitigung gemachten Aufwendungen berechnen, er ist nicht auf den merkantilen Minderwert beschränkt. Dem Unternehmer steht gegenüber diesem Anspruch ausnahmsweise der schadensrechtliche Einwand der unverhältnismäßigen Aufwendungen in entsprechender Anwendung des § 251 Abs. 2 BGB zu. Der schadensrechtliche Einwand unterliegt sehr viel strengeren Anforderungen als die Einrede gemäß § 633 Abs. 2 Satz 3 BGB a. F. (= § 635 Abs. 3 BGB n. F.).

> BGH, Urt. v. 26. 10. 1972 – VII ZR 181/71,
> BGHZ 59, 365 = BauR 1973, 112:
> Unverhältnismäßigkeit der Nachbesserung; Nach-
> besserungskosten als Schaden.

Neben den Mängelbeseitigungskosten kann der Auftraggeber alle Schäden **402** ersetzt verlangen, die ihm aufgrund des Mangels bis und während der Nachbesserung entstanden sind (vgl. oben Rz. 399 f). Zu diesen Schäden zählen auch ein mangelbedingter Verdienstausfall sowie Kosten für Gutachten über die Ursachen und das Ausmaß eingetretener und noch zu erwartender Schäden.

> BGH, Urt. v. 22. 10. 1970 – VII ZR 71/69,
> BGHZ 54, 352 = BauR 1971, 51;
>
> BGH, Urt. v. 8. 6. 1978 – VII ZR 161/77,
> BGHZ 72, 31 = BauR 1978, 402;
>
> BGH, Urt. v. 28. 9. 1978 – VII ZR 254/77,
> BauR 1979, 159;
>
> BGH, Urt. v. 13. 9. 2001 – VII ZR 392/00,
> BauR 2002, 86 = NZBau 2002, 31
> = ZfBR 2002, 57.

Schäden, die dem Auftraggeber durch die verzögerte oder eine unbrauch- **403** bare Nachbesserung entstehen, kann er neben den Verzugschäden (§ 286 BGB a. F. = §§ 280, 281, 286 BGB n. F.) aus positiver Vertragsverletzung (§ 280 i. V. m. §§ 281, 282 oder § 324 BGB n. F.) geltend machen. Der Anspruch erfasst alle Schäden, die durch die Verletzung der Nachbesserungsverpflichtung entstehen.

> BGH, Urt. v. 18. 6. 1959 – VII ZR 181/58,
> MDR 1959, 750 = BB 1959, 759;
>
> BGH, Urt. v. 10. 1. 1974 – VII ZR 28/72,
> BGHZ 62, 83 = NJW 1974, 551;
>
> BGH, Urt. v. 29. 10. 1975 – VIII ZR 103/74,
> NJW 1976, 234;
>
> BGH, Urt. v. 19. 1. 1978 – VII ZR 175/75,
> BGHZ 70, 240 = BauR 1978, 224
> = NJW 1978, 814;

BGH, Urt. v. 12. 12. 2001 – X ZR 192/00,
= BauR 2002, 945 = NJW 2002, 1565.

404 Statt der Mängelbeseitigungskosten kann der Auftraggeber den durch den Mangel bedingten technischen Minderwert als Schaden geltend machen.

BGH, Urt. v. 26. 10. 1972 – VII ZR 181/71,
BGHZ 59, 365 = BauR 1973, 112;

BGH, Urt. v. 11. 12. 1994 – VII ZR 246/93,
BauR 1995, 591 = ZfBR 1995, 129
= IBR 1995, 303 mit Anm. *Kothe.*

405 Maßstab für die Berechnung des technischen Minderwerts ist die Beeinträchtigung der Nutzbarkeit und damit des Ertrags- oder Veräußerungswertes des Gebäudes, die durch die vertragsgemäße Ausführung erreicht worden wäre. Bei einer Gewerbeimmobilie sind alle Nutzungsmöglichkeiten in Betracht zu ziehen, die bei einem vertragsgemäßen Zustand des Gebäudes infrage gekommen wären. Auf die konkrete Nutzung des Gebäudes kommt es hingegen nicht an.

BGH, Urt. v. 11. 12. 1994 – VII ZR 246/93,
BauR 1995, 591 = ZfBR 1995, 129
= IBR 1995, 303 mit Anm. *Kothe*:
Tragfähigkeitsreserve einer Geschossdecke eines
Lebensmittelmarktes;

BGH, Urt. v. 9. 1. 2003 – VII ZR 181/00,
ZIP 2003, 724 = ZfIR 2003, 279 mit Anm. *Schwenker*
= BauR 2003, 533 = NZBau 2003, 214;
dazu EWiR 2003, 391 (*Siegburg*):
Nutzlastreserve einer Decke eines Parkhauses.

406 In den Fällen, in denen trotz ordnungsgemäßer Instandsetzung eine Minderung des Verkaufswertes verbleibt, kann der Auftraggeber neben den Nachbesserungskosten einen merkantilen Minderwert als Schadensposition verlangen, wenn trotz der ordnungsgemäßen Nachbesserung bei einem großen Teil des Publikums eine Abneigung gegen den Erwerb des Bauwerks besteht, weil es verborgene Mängel befürchtet.

BGH, Urt. v. 19. 9. 1985 – VII ZR 158/84,
BauR 1986, 103 = ZfBR 1986, 27
= NJW 1986, 428:
Setzrisiko aufgrund einer in ihrer Tragfähigkeit beeinträchtigten Bodenplatte;
vgl. dazu EWiR 1986, 45 (*Hochstein*);

BGH, Urt. v. 11. 7. 1991 – VII ZR 301/90,
BauR 1991, 744 = ZfBR 1991, 265
= NJW-RR 1991, 1429:
Mangelhaft geplante Heizungsanlage;

BGH, Urt. v. 9. 1. 2003 – VII ZR 181/00,
ZIP 2003, 724 = ZflR 2003, 279 mit Anm. *Schwenker*
= BauR 2003, 533 = NZBau 2003, 214;
dazu EWiR 2003, 391 (*Siegburg*):
Nutzlastreserve einer Decke eines Parkhauses.

Ein merkantiler Minderwert kommt als Schadensposition auch dann in **407**
Betracht, wenn der technische Minderwert zu einem verringerten Vertrauen in die Qualität des Gebäudes und damit zu einer verringerten Verwertbarkeit des Gebäudes führen sollte, obwohl die vertragswidrige Ausführung im Vergleich zur vertragsgemäßen Beschaffenheit keine Beeinträchtigung der Nutzbarkeit zur Folge hat.

BGH, Urt. v. 15. 12. 1994 – VII ZR 246/93,
BauR 1995, 591 = ZfBR 1995, 129
= IBR 1995, 303 mit Anm. *Kothe*:
Tragfähigkeitsreserve einer Geschossdecke eines
Lebensmittelmarktes;

BGH, Urt. v. 9. 1. 2003 – VII ZR 181/00,
ZIP 2003, 724 = ZflR 2003, 279 mit Anm. *Schwenker*
= BauR 2003, 533 = NZBau 2003, 214;
dazu EWiR 2003, 391 (*Siegburg*):
Nutzlastreserve einer Decke eines Parkhauses.

Der Auftraggeber kann den Mangelschaden, den er anhand der erforder- **408**
lichen Beseitigungskosten berechnet, auch dann verlangen, wenn er nicht
beabsichtigt, die Mängel zu beseitigen.

BGH, Urt. v. 24. 5.1973 – VII ZR 92/71,
BGHZ 61, 28 = NJW 1973, 1457;

BGH, Urt. v. 6. 11. 1986 – VII ZR 97/85,
BGHZ 99, 81 = BauR 1987, 89
= NJW 1987, 645 = JZ 1987, 247 mit Anm. *Köhler*;
vgl. dazu *Schlechtriem*, EWiR 1987, 137;
Schulze, NJW 1987, 3097;

BGH, Urt. v. 20. 4. 1989 – VII ZR 80/88,
BauR 1989, 462 = ZfBR 1989, 213;
vgl. dazu EWiR 1989, 817 (*Siegburg*);

BGH, Urt. v. 10. 4. 2003 – VII ZR 251/02,
zur Veröffentlichung bestimmt.

3. Der Schadensersatzanspruch im VOB/B-Vertrag

409 Die in § 13 Nr. 7 VOB/B geregelten beiden Schadensersatzansprüche, die sich hinsichtlich ihrer Voraussetzungen und ihrem Regelungsgegenstand von dem Anspruch gemäß § 635 BGB a. F. (= § 634 Nr. 4 BGB n. F.) in mehrfacher Hinsicht unterscheiden (vgl. etwa *Heiermann/Riedl/Rusam*, VOB, 9. Aufl., § 13 Rz. 173 ff), spielen in der Praxis eine untergeordnete Rolle, weil die engen Voraussetzungen der Ansprüche nur selten gegeben sind. Dieser geringen Bedeutung in der Praxis entspricht die relativ geringe Zahl der durchweg älteren Entscheidungen des Bundesgerichtshofs.

410 Während der Schadensersatzanspruch nach § 635 BGB a. F. (= § 634 Nr. 4 BGB n. F.) vom Auftraggeber anstelle der Nachbesserung und Minderung geltend gemacht werden kann, sind die Ansprüche gemäß § 13 Nr. 7 VOB/B zusätzliche Ansprüche, die dem Auftraggeber neben den Ansprüchen auf Mängelbeseitigung (§ 13 Nr. 5 VOB/B) oder auf Minderung (§ 13 Nr. 6 VOB/B) zustehen. Der Auftraggeber kann grundsätzlich nur insoweit Schadensersatz fordern, als nach einer durchgeführten Nachbesserung oder Minderung ihm ein darüber hinausgehender Schaden verbleibt.

411 Der Schadensersatzanspruch gemäß § 13 Nr. 7 VOB/B setzt in beiden Varianten, dem kleinen Schadensersatz gemäß § 13 Nr. 7 Satz 2 und dem großen Schadensersatz gemäß § 13 Nr. 7 Satz 2 VOB/B, voraus, dass der Auftraggeber den Auftragnehmer fruchtlos unter Fristsetzung zur Mängelbeseitigung aufgefordert hat. Eine Fristsetzung ist nur entbehrlich, wenn sie im konkreten Fall aufgrund besonderer Umstände nicht erforderlich ist (vgl. dazu im Einzelnen oben Rz. 274 ff), oder wenn der Auftraggeber den Ersatz eines Schadens verlangt, der neben dem Mangel besteht und durch die Nachbesserung nicht behoben werden kann.

> BGH, Urt. v. 22. 11. 1970 – VII ZR 71/69,
> BGHZ 54, 352 = NJW 1971, 99:
> Kosten für ein Privatgutachten;
>
> BGH, Urt. v. 16. 11. 1984 – X ZR 86/83,
> BGHZ 92, 308 = BauR 1985, 83
> = ZfBR 1985, 33:
> Mangelbedingter Verdienstausfall und Gutachterkosten;
>
> BGH, Urt. v. 7. 11. 1985 – VII ZR 270/83,
> BGHZ 96, 221 = BauR 1986, 211
> = ZfBR 1985, 67 = JZ 1986, 397 mit Anm. *Holl*:
> Mangelbedingter Schaden an dem Gewerk eines anderen
> Auftragnehmers;
> vgl. dazu EWiR 1986, 201 (*Hensen*);

BGH, Urt. v. 15. 3. 1990 – VII ZR 311/88,
BauR 1990, 466 = ZfBR 1990, 276:
Mangelbedingte Nässeschäden an eingelagertem
Material;
dazu EWiR 1990, 979 (*Doerry*);

BGH, Urt. v. 20. 12. 1990 – VII ZR 302/89,
BauR 1991, 212 = ZfBR 1991, 99:
Mangelbedingter entgangener Gewinn;

BGH, Urt. v. 13. 9. 2001 – VII ZR 392/00,
BauR 2002, 86 = NZBau 2002, 31
= ZfBR 2002, 57:
Mangelbedingte Gutachterkosten;

BGH, Urt. v. 12. 12. 2001 – X ZR 192/00,
BauR 2002, 945 = NJW 2002, 1565:
Schäden an elektrischen Einrichtungen aufgrund ver-
zögerter und fehlerhafter Nachbesserung;

BGH, Urt. v. 27. 2. 2003 – VII ZR 338/01,
ZIP 2003, 630 = ZfIR 2003, 332 mit Anm. *Siegburg*
= NZBau 2003, 267 = ZfBR 2003, 363;
dazu EWiR 2003, 439 (*H.-C. Schwenker*):
Mangelbedingte Gutachterkosten.

Nach Ablauf der dem Auftraggeber gemäß § 13 Nr. 5 Abs. 2 VOB/B ge- **412**
setzten Frist ist der Auftragnehmer gehindert, ohne Zustimmung des Auftraggebers nachzubessern. Der Auftraggeber ist berechtigt zu entscheiden,
welche der ihm zustehenden Gewährleistungsrechte er geltend machen
will.

BGH, Urt. v. 27. 2. 2003 – VII ZR 338/01,
ZIP 2003, 630 = ZfIR 2003, 332 mit Anm. *Siegburg*
= NZBau 2003, 267 = ZfBR 2003, 363;
dazu EWiR 2003, 439 (*H.-C. Schwenker*).

Der Schadensersatzanspruch gemäß § 13 Nr. 7 Abs. 1 VOB/B umfasst, **413**
wenn die Mängel nachgebessert werden, nur den Mangelschaden und den
engeren Mangelfolgeschaden, nicht hingegen den weiteren Mangelfolgeschaden. Es gelten insoweit die Grundsätze, die der Bundesgerichtshof zu
§ 635 BGB a. F. entwickelt hat (vgl. dazu oben Rz. 388 ff). Die entfernteren Mangelfolgeschäden, die im gesetzlichen Werkvertragsrecht der posi-
tiven Vertragsverletzung zugeordnet werden, fallen unter den großen
Schadensersatzanspruch nach § 13 Nr. 7 Abs. 2 VOB/B.

BGH, Urt. v. 24. 11. 1969 – VII ZR 177/67,
NJW 1970, 421;

BGH, Urt. v. 12. 7. 1973 – VII ZR 177/72,
BauR 1973, 381 = NJW 1973, 1752.

414   Dem Anspruch gemäß § 13 Nr. 7 Abs. 1 VOB/B hat der Bundesgerichtshof beispielsweise folgende Schadenspositionen zugeordnet:

BGH, Urt. v. 28. 11. 1966 – VII ZR 79/65,
BGHZ 46, 238:
Nach der Nachbesserung verbleibender Minderwert,
Mietausfall und entgangener Gewinn;

BGH, Urt. v. 24. 11. 1969 – VII ZR 177/67,
NJW 1970, 421:
Entgangener Gewinn;

BGH, Urt. v. 13. 9. 2001 – VII ZR 392/00,
BauR 2002, 86 = NZBau 2002, 31
= ZfBR 2002, 57:
Mangelbedingte Gutachterkosten;

BGH, Urt. v. 12. 12. 2001 – X ZR 192/00,
BauR 2002, 945 = NJW 2002, 1565:
Schäden an elektrischen Einrichtungen aufgrund ver-
zögerter und fehlerhafter Nachbesserung;

BGH, Urt. v. 27. 3. 2003 – VII ZR 338/01,
ZIP 2003, 630 = ZflR 2003, 332 mit Anm. *Siegburg*
= NZBau 2003, 267 = ZfBR 2003, 363;
dazu EWiR 2003, 439 (*H.-C. Schwenker*):
Mangelbedingte Gutachterkosten.

415   Der Auftraggeber kann nach § 13 Nr. 7 Abs. 1 VOB/B die Mängelbeseiti-gungskosten verlangen, wenn der Auftragnehmer die Mängel nicht nach-gebessert hat.

BGH, Urt. v. 24. 11. 1969 – VII ZR 177/67,
NJW 1970, 421;

BGH, Urt. v. 12. 5. 1980 – VII ZR 228/79,
BGHZ 77, 134 = BauR 1980, 460;

BGH, Urt. v. 6. 11. 1986 – VII ZR 97/85,
BGHZ 99, 81 = BauR 1987, 89;
vgl. dazu EWiR 1987, 137 (*Schlechtriem*).

416   Die Mängelbeseitigungskosten kann der Auftraggeber nur verlangen, wenn die Voraussetzungen der Minderung nach § 13 Nr. 6 VOB/B nicht vorlie-gen, und grundsätzlich nur dann, wenn er den Auftragnehmer gemäß § 13 Nr. 5 Abs. 2 VOB/B unter Fristsetzung fruchtlos zur Mängelbeseitigung aufgefordert hat.

BGH, Urt. v. 25. 2. 1982 – VII ZR 161/80,
BauR 1982, 277 = ZfBR 1982, 122.

VI. Die gesamtschuldnerische Haftung der Beteiligten

1. Die Bedeutung in der Praxis

In der Praxis am Bau sind häufig mehrere Beteiligte für einen Mangel oder **417** Schaden verantwortlich. Die gesamtschuldnerische Haftung, die durch allgemeine Geschäftsbedingungen nicht ausgeschlossen oder eingeschränkt werden kann, eröffnet dem Gläubiger in derartigen Fällen die Möglichkeit, den Anspruch uneingeschränkt gegen einen der Verantwortlichen nach seiner Wahl geltend zu machen und durchzusetzen. Er kann sich beispielsweise den solventesten Schuldner aussuchen oder den Anspruch wählen, der sich in tatsächlicher oder rechtlicher Hinsicht am einfachsten durchsetzen lässt. Der in Anspruch genommene Schuldner muss den Anteil, den ihm ein Mitverantwortlicher ausgleichen muss, gegen diesen in einem gesonderten Verfahren durchsetzen. Der Gläubiger kann einen Anspruch gegen einen Gesamtschuldner auch dann durchsetzen, wenn sein Anspruch gegen einen anderen Gesamtschuldner bereits verjährt ist.

2. Die Erscheinungsformen der Gesamtschuld am Bau

Ein Gesamtschuldverhältnis liegt vor, wenn mehrere eine Leistung in der **418** Weise schulden, dass jeder die ganze Leistung zu erbringen hat, der Gläubiger die Leistung nur einmal fordern darf. In der Baupraxis sind zwei unterschiedliche Gestaltungen der Gesamtschuld von Bedeutung, die gemeinschaftliche Verpflichtung zur Errichtung eines Baus und die gemeinschaftliche Verantwortlichkeit für Mängel oder Schäden.

Verpflichten sich mehrere Auftragnehmer, beispielsweise als Mitglieder **419** einer Arbeitsgemeinschaft, ein Bauwerk zu errichten, liegt im Zweifel eine Gesamtschuld vor, wenn die Parteien keine abweichende Vereinbarung getroffen haben. In diesem Falle haftet ein Mitglied der AG auch für Mängel, die der andere verursacht hat.

In Fällen arbeitsteiliger Errichtung eines Bauwerkes durch mehrere Auf- **420** tragnehmer, Bauunternehmer, Architekten sowie Sonderfachleute, können die Beteiligten dem Auftraggeber als Gesamtschuldner haften, wenn sie für denselben Mangel oder Schaden verantwortlich sind und das Ziel des Anspruchs des Auftraggebers gegen die Verantwortlichen wirtschaftlich identisch ist. Ein Gesamtschuldverhältnis liegt nach der Rechtsprechung vor, wenn die Verpflichtungen der jeweiligen Schuldner nach der maßgeblichen Interessenlage des Gläubigers im Grundsatz inhaltsgleich sind.

> BGH, Urt. v. 11. 5. 1989 – VII ZR 12/88,
> BauR 1989, 623 = ZfBR 1989, 207
> = NJW-RR 1989, 1102;
> vgl. dazu *Schulze-Hagen*, EWiR 1989, 873.

421 Zwischen dem bauleitenden Architekten und dem Bauunternehmer besteht dann ein Gesamtschuldverhältnis, wenn der Bauunternehmer seine Herstellungspflicht und der Architekt seine Aufsichtspflicht verletzt und beide Pflichtverletzungen zu einem Baumangel führen (vgl. oben Rz. 250 ff).

> BGH, Urt. v. 1. 12. 1965 – GSZ 1/64,
> BGHZ 43, 227 = NJW 1965, 1175;
>
> BGH, Urt. v. 19. 12. 1968 – VII ZR 23/66,
> BGHZ 51, 275.

422 Der Bundesgerichtshof hat ein Gesamtschuldverhältnis auch in dem Fall bejaht, in dem ein planender und ein bauleitender Architekt (vgl. oben Rz. 145 ff) für den Mangel verantwortlich sind.

> BGH, Urt. v. 29. 9. 1988 – VII ZR 182/87,
> BauR 1989, 87 = ZfBR 1989, 24.

423 Zwischen dem Bauunternehmer und dem planenden Architekten oder anderen Sonderfachleuten besteht im Regelfall ebenfalls ein Gesamtschuldverhältnis, wenn sie gemeinsam für den eingetretenen Mangel verantwortlich sind. Der Auftraggeber kann in diesem Fall die Planer uneingeschränkt in Anspruch nehmen. Nimmt der Auftraggeber in einem derartigen Fall den Bauunternehmer in Anspruch, ist zu berücksichtigen, dass der Planer des Auftraggebers im Verhältnis zum Bauunternehmer Erfüllungsgehilfe ist. Der Bauunternehmer haftet in derartigen Fällen nur für seinen Verursachungsbeitrag (vgl. im Einzelnen oben Rz. 145).

> BGH, Urt. v. 11. 10. 1990 – VII ZR 228/89,
> BauR 1991, 79 = ZfBR 1991, 61;
> vgl. dazu *Tomic*, BauR 1992, 34;
> *Soergel*, ZfBR 1995, 165.

F. Symptomtheorie

I. Problemstellung

Bei der Geltendmachung von Gewährleistungsansprüchen gibt es für den **424** Auftraggeber ein typisches Problem. Er glaubt Grund zur Unzufriedenheit zu haben, etwa Risse, Flecken, Wassereinbrüche, Undichtigkeiten, Lärm oder Kälte. Er weiß aber nicht zuverlässig, woran das alles liegt.

Natürlich kann er Fachleute befragen, doch kostet das Geld, und es ist auch **425** nicht zuverlässig, denn auch Fachleute können irren. Anschaulich für den Problembereich ist der Fall:

> BGH, Urt. v. 6. 10. 1988 – VII ZR 227/87,
> BauR 1989, 79 = ZfBR 1989, 27
> = NJW RR 1989, 148.

In diesem Fall wurden über Jahre hinweg „sachverständig" Ausführungs- **426** fehler angenommen und „nachgebessert", bis sich schließlich herausstellte, dass die Undichtigkeiten, die Gegenstand der Beschwerden waren, auf einem Planungsmangel beruhten, den alle Balkone aufwiesen, auch die, die bisher noch nicht als „mangelhaft" in Erscheinung getreten waren. Aber natürlich waren auch diese Balkone ohne Mangelerscheinungen mangelhaft, weil sie nämlich eine ungünstige Abweichung von der vertraglich geschuldeten Beschaffenheit aufwiesen.

Nach Auffassung des Bundesgerichtshofs ist es nicht Sache des Auftrag- **427** gebers, die Ursache von Mangelerscheinungen zu erforschen oder gar Beweise hierüber zu beschaffen. Er braucht auch nicht das Risiko zu tragen, dass er sich bei der Ermittlung der Ursachen irrt. Vielmehr kann der Auftraggeber mit der hinreichend genauen Bezeichnung der Mangelerscheinungen, der „Symptome", den Mangel selbst, also die konkrete Ursache oder alle konkreten Ursachen der Mangelerscheinungen zum Gegenstand gerichtlicher oder vertraglicher Verfahren und zum Inhalt seiner Erklärungen machen. Er ist nicht verpflichtet, die Mangelursachen und die Verantwortlichkeit der am Bau beteiligten Unternehmer für Mängel vorprozessual zu klären.

> BGH, Urt. v. 21. 12. 2000 – VII ZR 192/98,
> ZIP 2001, 202 = BauR 2001, 630
> = ZfBR 2001, 175;
> dazu EWiR 2001, 357 (*Wenner*);

BGH, Urt. v. 7. 6. 2001 – VII ZR 471/99,
BauR 2001, 1414 = ZfBR 2001, 457
= NZBau 2001, 495;

BGH, Urt. v. 21. 3. 2002 – VII ZR 493/00,
BGHZ 150, 226 = ZIP 2002, 1356
= ZfIR 2002, 631 mit Anm. *Blank*
= BauR 2002, 1385 = ZfBR 2002, 661
= NZBau 2002, 495;
dazu EWiR 2002, 977 (*v. Hoyningen*);

BGH, Urt. v. 27. 2. 2003 – VII ZR 338/01,
ZIP 2003, 630 = ZfIR 2003, 332 mit Anm. *Siegburg*
= NZBau 2003, 267 = ZfBR 2003, 363;
dazu EWiR 2003, 439 (*H.-C. Schwenker*).

428 Der Sache nach geht es dabei also um ein Verständigungsproblem. Mit der Bezeichnung des Symptoms kann sich der Auftraggeber mit dem Auftragnehmer konstitutiv über den Gegenstand seiner Ansprüche bzw. des Streits verständigen. Damit ist natürlich noch nichts darüber gesagt, ob der Mangel besteht. Das muss nicht sein, selbst wenn das Symptom zweifelsfrei vorhanden ist.

II. Grundsätze

429 Zu unterscheiden ist somit

– die relevant ungünstige Abweichung von der vertraglich geschuldeten Beschaffenheit, das ist der Mangel,

von

– den Mangelerscheinungen, den Symptomen des Mangels.

430 Symptome und Mangel können übereinstimmen, etwa bei Rissen oder Schönheitsfehlern. Sie müssen das aber nicht. Wasserflecke beispielsweise sind so gut wie nie etwas anderes als Symptome, etwa einer mangelhaften Dachdeckung oder einer mangelhaften Kellerabdichtung. Natürlich gibt es auch Wasserflecke, die gar kein Mangel sind, etwa die geflissentlich verschwiegenen Folgen eines geplatzten Waschmaschinenschlauchs.

431 Schwarze Flecken in Neubauten können auf unzureichendem Lüften beruhen, dann sind sie zwar mietrechtlich u. U. ein Mangel, aber jedenfalls nicht baurechtlich. Solche Flecken treten aber auch auf, wenn Wasser vom Dach oder von der Dachentwässerung in die Mauern läuft, dann sind sie Symptome eines Baumangels.

Soweit nicht das Symptom selbst der Mangel ist, ist selbstverständlich mit **432** der Feststellung des Symptoms, etwa als unstreitig oder bewiesen, nichts über das Vorhandensein eines Mangels ausgemacht. Ist etwa in einer Wohnung Zimmertemperatur nicht erreichbar, so kann das z. B. auf zu klein dimensionierten Heizkörpern, nicht gängigen Leitungen, unzureichender Leistung des Kessels, schlechter Dämmung und auch auf einer Kombination von alledem und noch anderem beruhen.

> (Fall nach) BGH, Urt. v. 7. 3. 1985 – VII ZR 60/63,
> BauR 1985, 355;
> bestätigt durch
> BGH, Urt. v. 21. 4. 1988 – VII ZR 65/87,
> BauR 1988, 474 = ZfBR 1988, 215 und
> BGH, Urt. v. 3. 7. 1997 – VII ZR 210/96,
> BauR 1997, 1029 = ZfBR 1997, 297.

Dies alles und gegebenenfalls auch noch mehr wird ein Sachverständiger **433** zu untersuchen haben. Und mangelhaft muss die Wohnung auch nicht sein, wenn etwa die Temperaturen auf exzessiven Lüftungsgewohnheiten des Nachbarn beruhen. Mit anderen Worten: auf die Rüge des Symptoms hat der Unternehmer die Beschaffenheit der Sache auf alle möglichen vertragswidrigen Eigenschaften zu untersuchen. Es sind die Ursachen zu klären, soweit sie im Bereich des jeweiligen Vertrages liegen können.

Das Ganze sieht etwas nach Ausforschungsbeweis aus, ist es wohl auch. Es **434** rechtfertigt sich daraus, dass der Besteller regelmäßig nicht in der Lage ist, die Ursachen der Symptome zu klären.

> BGH, Urt. v. 26. 2. 1987 – VII ZR 64/86,
> BauR 1987, 443 = ZfBR 1987, 188;
>
> BGH, Urt. v. 6. 10. 1988 – VII ZR 227/87,
> BauR 1989, 79 = ZfBR 1989, 27.

Die schier uferlose einschlägige Rechtsprechung ist zunächst einmal ein **435** Beleg dafür, dass sich die Rechtsprechung des Bundesgerichtshofs im Grunde – also wohl emotional - nicht so recht durchgesetzt hat. Immerhin sind die ältesten einschlägigen Entscheidungen rund 25 Jahre alt, die neuesten entstammen aus jüngster Zeit.

III. Einzelheiten

1. Systematische Übersicht über die Rechtsprechung

a) Allgemeines

436 Zu Unterscheiden sind prozessuale und materiellrechtliche Anwendungsfälle, wobei noch nicht alle konkret entschieden worden sind. Zu den pro-
zessualen Anwendungsfällen gehören:

- Beweisantritt und Beweisverfahren

- Gegenstand selbständiger Beweisverfahren

- Gegenstand des Vorschussprozesses

- Gegenstand des Mängelprozesses

- Darlegungslast im Mängelprozess

- Gegenstand und Darlegungslast des Vorschussprozesses

- Rechtskraftfragen

437 Materielle Anwendungsfälle sind etwa:

- Verjährungshemmung

- Verjährungsunterbrechung

- Mängelrügen

- Anerkenntnisse

- u. a.

b) Rechtsprechung

438 Damit werden Rechtswirkungen oder das weitere Vorgehen nicht auf die
bezeichneten oder angenommenen Ursachen beschränkt, vielmehr sind
auch dann immer alle Ursachen für die bezeichneten Symptome erfasst.

> BGH, Urt. v. 14. 1. 1999 – VII ZR 185/97,
> BauR 1999, 899 = ZfBR 1999, 155.

439 Schließlich bewirkt die Vorschussklage, die auf das Symptom gestützt
wird, die Unterbrechung und gegebenenfalls auch die Rechtskraft wegen
des Mangels selbst, und zwar auch dann, wenn von ihm im ganzen Prozess
nicht die Rede war:

BGH, Urt. v. 18. 1. 1990 – VII ZR 260/88,
BGHZ 110, 99 = ZIP 1990, 457
= BauR 1990, 356 = ZfBR 1990, 172
= NJW 1990, 14721
(zusammenfassende Darstellung der Rechtsprechung des
BGH mit Nachweis der bisherigen Entscheidungen);
dazu auch EWiR 1990, 443 (*Lenzen*);

BGH, Urt. v. 3. 7. 1997 – VII ZR 210/96,
BauR 1997, 1029 = ZfBR 1997, 297;

BGH, Urt. v. 3. 12. 1998 – VII ZR 405/97,
BauR 1999, 391 = NJW 1999, 1330;

BGH, Urt. v. 14. 1. 1999 – VII ZR 19/98,
ZfIR 1999, 435 = BauR 1999, 631
= ZfBR 1999, 193;
dazu EWiR 1999, 353 (*Wenner*);

BGH, Urt. v. 14. 1. 1999 – VII ZR 185/97,
BauR 1999, 899 = ZfBR 1999, 155
m. Nachweis der grundlegenden Entscheidungen zur
Symptomtheorie.

2. Anforderungen an die Bezeichnung des Symptoms

Praktische Schwierigkeiten macht vor allem die Verwechslung zwischen **440**
Anforderungen an die Bezeichnung des Symptoms mit denen an die Bezeichnung „des Mangels selbst". Der Letztere muss überhaupt nicht bezeichnet werden, das Symptom hingegen mit hinreichender Deutlichkeit.
Die in diesem Zusammenhang immer wieder einmal zitierte Entscheidung
befasst sich mit der Bezeichnung des Symptoms, nicht mit der des Mangels.

BGH, Urt. v. 3. 7. 1997 – VII ZR 210/96,
BauR 1997, 1029 = ZfBR 1997, 297.

In der Tat muss das Symptom nach Art und Lage so genau präzisiert wer- **441**
den, dass das Gemeinte vom Nichtgemeinten zweifelsfrei unterschieden
werden kann. Deshalb ist die Bezeichnung „Risse an der Fassade" allen-
falls dann ausreichend, wenn alle gemeint sind. Selbst dann genügt die Bezeichnung wohl nicht, weil eine Unterscheidung zwischen den bezeichneten und etwa später auftretenden Rissen nicht möglich ist.

3. Bedeutung der Angaben über vermutete Ursachen

442 Während somit die Bezeichnung der Symptome präzise sein muss, ist die Bezeichnung von vermuteten Ursachen nicht notwendig. Andererseits ist sie auch nicht schädlich. Sie begrenzt vor allem den als Symptom korrekt gerügten Mangel nicht auf die bezeichneten Ursachen.

> BGH, Urt. v. 3. 12. 1998 – VII ZR 405/97,
> BauR 1999, 391 = ZfBR 1999, 135
> = NJW 1999, 1330.

443 Das gilt vor allem auch für den Architekten- und Ingenieurvertrag, für den eine Zuordnung zur Planung bzw. Ausführung nicht erforderlich ist.

444 Entgegen einer bei den Instanzgerichten verbreiteten Auffassung ist es auch nicht erforderlich, dass die Möglichkeit von nicht vertragswidrigen Ursachen des Symptoms „ausgeschlossen" werden muss.

> BGH, Urt. v. 14. 1. 1999 – VII ZR 185/97,
> BauR 1999, 899 = ZfBR 1999, 255.

445 Das gilt selbstverständlich auch in der Weise, dass auch die Zuordnung zu einem anderen Gewerk als dem des belangten Auftragnehmers nicht „ausgeschlossen" werden muss. Solche Zuordnungsfragen sind nicht Erfordernisse der Darlegung, sondern Fragen der Erbringung des Beweises.

G.   Die Verjährung der Gewährleistungsansprüche

I.   Begriffe

Über die Bedeutung der Gewährleistungsverjährung sind in der Baupraxis **446** Fehlvorstellungen weit verbreitet. Das geht bis in Einzelheiten der einschlägigen Regelungen und Unterscheidungen der VOB/B, deren sachliche Berechtigung sich nur mit Fehlvorstellungen erklären lässt.

Die Gewährleistungsverjährung bezieht sich auf Ansprüche wegen Män- **447** geln, die der Werkleistung bei Abnahme anhaften. Auch einem schlichten Gemüt müsste einleuchten, dass solche Mängel durch Wartungsarbeiten nach Abnahme nicht beeinflusst werden können. Folglich kann die Differenzierung in § 13 Nr. 4 VOB/B nur auf der Fehlvorstellung beruhen, dass die Gewährleistungsverjährung eine Art Haltbarkeitsgarantie ist. Dieselbe Fehlvorstellung liegt selbstverständlich auch der Differenzierung für vom Feuer berührte Teile zugrunde oder den Regelungen für elektronische Teile.

Richtigerweise hat die Frage, wie lange eine Werkleistung bei vertragsge- **448** mäßer Beschaffenheit gebrauchstüchtig bleiben muss, mit der Frage der Möglichkeit, entsprechend Ansprüche prozessual effektiv durchzusetzen (Verjährung), nichts zu tun. Für einen nicht baurechtlich verbildeten Juristen ist das ohne weiteres einzusehen. Vor allem bei Baupraktikern gibt es da aber Defizite, die bis in den DVA wirksam werden.

II.   Grundsätzliches

1.   Begriffe

Die Diskussion auf diesem Gebiet wird durch zahlreiche unklare Begriffs- **449** verwendungen gekennzeichnet. Fehlerhaft ist die Gleichsetzung von Bauwerk und Gebäude. Die Frage der Bauwerksarbeit hat nichts zu tun mit der Regelung des § 94 Abs. 2 BGB über wesentliche Bestandteile von Gebäuden oder mit den wesentlichen Bestandteilen des Grundstücks i. S. v. § 94 Abs. 1 BGB. Die in älteren Entscheidungen formulierte, an sachenrechtlichen Kriterien orientierte Voraussetzung, dass die eingebauten Teile mit dem Gebäude fest verbunden sein müssen, hat der Bundesgerichtshof in der neueren Rechtsprechung aufgegeben.

Grundlegend zur neueren Rspr.:
Blumenladencontainer:
BGH, Urt. v. 30. 1. 1992 – VII ZR 86/90,
BGHZ 117, 121 = BauR 1992, 369
= ZfBR 1992, 159;
vgl. hierzu im Einzelnen
Thode, ZfBR 2000, 363, 367
sowie *Thode*, NZBau 2002, 360 im Hinblick auf die
Neuregelung des § 651 BGB.

2. Systematik

450 Am meisten Schwierigkeiten macht die Abgrenzung der Bauwerksarbeiten von anderen, also von Arbeiten am Grundstück und sonstigen Werkleistungen. Insoweit sind die folgende Unterscheidungen von Bedeutung:

Frage 1: Was ist ein Bauwerk?

Frage 2: Wann gilt die Leistung dem Bauwerk?

Frage 3: Wenn ein Bauwerk gegeben ist und wenn die Arbeiten dem Bauwerk gelten, welche Arbeiten im einzelnen sind als Arbeiten bei Bauwerken dem so bestimmten Bauwerk zuzurechnen?

451 Ein bestehendes Gebäude ist zweifelsfrei ein Bauwerk (= Frage 1). Eine Einbauküche, eine Wohnungstüre oder ein Fensterflügel sind keine Bauwerke (= Frage 1).

452 Kleinere Unterhaltungsarbeiten sind mitnichten dem Bauwerk zuzurechnen (= Frage 2), und zwar völlig unabhängig von der Frage, ob da etwa eine Verbindung i. S. v. § 946 BGB hergestellt wird, wie das etwa bei Malerarbeiten durchaus der Fall ist, oder nicht. Dem Bauwerk gilt nämlich nur die Errichtung und die grundlegende Erneuerung. Ob diese Grundsätze nach dem neuen Schuldrecht ebenfalls gelten, ist ungeklärt.

453 Geht es um ein Gebäude und dessen Errichtung, dann ist auch die Einbauküche dem Bauwerk zuzurechnen, also eine Arbeit bei Bauwerken, mit der fünfjährigen Gewährleistungsfrist des § 638 BGB (= § 634a Abs. 1 Nr. 2 BGB n. F.), nicht weil die Küche ein Bauwerk ist, nicht weil sie dessen wesentlicher Bestandteil ist, sondern allein deshalb, weil sie im Zuge der Errichtung (Frage 2) eines Bauwerks (Frage 1) eingebaut worden (Frage 3) ist.

3. Bauwerk (Frage 1)

Bei diesem Begriff wird allerlei Begriffsjuristisches aus dem Beginn des **454** vorigen Jahrhunderts zitiert, „aus Baustoffen errichtet und mit dem Boden fest verbunden" und dergleichen mehr. Festzuhalten ist, dass der Bundesgerichtshof sich von derlei Definitionen und vor allem auch von sachenrechtlichen Abgrenzungen völlig gelöst hat. Vgl. etwa:

> Blumenladencontainer:
> BGH, Urt. v. 30. 1. 1992 – VII ZR 86/90,
> BGHZ 117, 121 = BauR 1992, 369
> = ZfBR 1992, 159;
>
> Hängebahn:
> BGH, Urt. v. 20. 2. 1997 – VII ZR 288/94,
> ZIP 1997, 1034 = BauR 1997, 640
> = ZfBR 1997, 198;
> vgl. dazu EWiR 1997, 489 (*Rieble*);
> *Peters*, LM BGB § 341 Nr. 11 (8/1997):
> Steuerungsanlage einer Hängebahn für eine Werkhalle;
>
> Transportanlage:
> BGH, Urt. v. 3. 12. 1998 – VII ZR 109/97,
> BauR 1999, 670 = ZfBR 1999, 187:
> Förderanlage für die Automobilproduktion;
> vgl. dazu EWiR 1999, 495 (*Medicus*).

Festzuhalten ist zunächst einmal, dass der Begriff Bauwerk bedeutend **455** weiter ist als der des Gebäudes. Eine Gleisanlage etwa ist gewiss kein Gebäude, ebenso wenig ist ein Flutlichtmast ein Gebäude, aber beide sind sie Bauwerke.

> Gleisanlage der DB:
> BGH, Urt. v. 13. 1. 1972 – VII ZR 46/70,
> MDR 1972, 410;
>
> Flutlichtmast:
> BGH, Urt. 16. 12. 1971 – VII ZR 78/70,
> BB 1972, 146 = MDR 1972, 410.

Untrennbarkeit bzw. Verankerung im Boden i. S. d. § 946 BGB ist für das **456** Vorliegen eines Bauwerks nicht erforderlich.

> Blumenladencontainer:
> BGH, Urt. v. 30. 1. 1992 – VII ZR 86/90,
> BGHZ 117, 121 = BauR 1992, 369
> = ZfBR 1992, 159;

Transportanlage:
BGH, Urt. v. 3. 12. 1998 – VII ZR 109/97,
BauR 1999, 670 = ZfBR 1999, 187:
Förderanlage für die Automobilproduktion;
vgl. dazu EWiR 1999, 495 (*Medicus*).

4. Was gilt dem Bauwerk (Frage 2)

457 Dem Bauwerk gilt die Errichtung (Neuerrichtung) und die grundlegende Erneuerung. Schwierigkeiten macht insoweit nur die grundlegende Erneuerung. In diesem Zusammenhang sind eine Reihe von Entscheidungen ergangen:

> BGH, Urt. v. 6. 11. 1969 – VII ZR 159/67,
> BGHZ 53, 43:
> Fußbodenbelag für eine Industriehalle;
>
> BGH, Urt. v. 22. 9. 1983 – VII ZR 360/82,
> BauR 1984, 64 = ZfBR 1984, 38:
> Isolierung der Außenwände des Kellers eines Hauses
> gegen Kellernässe;
>
> BGH, Urt. v. 15. 2. 1990 – VII ZR 175/89,
> BauR 1990, 351 = ZfBR 1990, 182
> = NJW-RR 1990, 787:
> Einbauküche;
>
> BGH, Urt. v. 16. 9. 1993 – VII ZR 180/92,
> BauR 1994, 101 = ZfBR 1994, 14
> = NJW 1993, 3195:
> Umfangreiche Malerarbeiten im Rahmen eines umfang-
> reichen Umbauvorhabens;
>
> BGH, Urt. v. 3. 12. 1998 – VII ZR 109/97,
> BauR 1999, 670 = ZfBR 1999, 187:
> Industrielle Förderanlage für die Automobilproduktion;
>
> BGH, Urt. v. 23. 1. 2002 – X ZR 184/99,
> NZBau 2002, 664 = NJW-RR 2002, 664:
> Einbau einer Müllpresse.

5. Einzelzuordnungen (Frage 3)

458 Errichtungs- und Erneuerungsarbeiten am Bauwerk selbst machen insoweit keine Schwierigkeiten.

Zuzurechnen sind auch sonstige körperliche Leistungen, die für die Errich- **459** tung und Erneuerung eines Bauwerks bestimmt sind, jedenfalls dann, wenn der Leistungserbringer ihren Verwendungszweck kennt.

Nach diesen Grundsätzen hat der Bundesgerichtshof die folgenden Arbei- **460** ten mit einer Ausnahme als Arbeiten „bei Bauwerken" qualifiziert:

> BGH, Urt. v. 16. 9. 1971 – VII ZR 5/70,
> BGHZ 57, 60 = NJW 1971, 2219:
> Rohrbrunnen;
>
> BGH, Urt. v. 12. 10. 1978 – VII ZR 220/77,
> BGHZ 72, 206 = BauR 1979, 54
> = ZfBR 1979, 28 = NJW 1979, 158:
> Eloxierungsarbeiten an Türen und Fenstern aus Aluminium;
>
> BGH, Urt. v. 27. 3. 1980 – VII ZR 44/79,
> BauR 1980, 355 = ZfBR 1980, 190
> = NJW 1980, 2081:
> Fußbodenplatten für ein Flughafengebäude;
>
> BGH, Urt. v. 15. 2. 1990 – VII ZR 175/89,
> BauR 1990, 351 = ZfBR 1990, 182
> = NJW-RR 1990, 787:
> Einbauküche;
>
> BGH, Urt. v. 26. 4. 1990 – VII ZR 345/88,
> BauR 1990, 603 = ZfBR 1990, 222
> = NJW-RR 1990, 1108:
> Filterbeschichtung für eine Filteranlage eines Schwimmbades;
>
> BGH, Urt. v. 16. 5. 1991 – VII ZR 296/90,
> BauR 1991, 603 = ZfBR 1991, 200
> = NJW 1991, 2486 = JR 1992, 64 mit Anm. *Haase*;
> vgl. dazu *Koeble*, LM Nr. 72 zu § 319 BGB:
> Einpassen und Aufkleben von Teppichböden;
>
> BGH, Urt. v. 20. 6. 1991 – VII ZR 305/90,
> BauR 1991, 741 = ZfBR 1991, 259
> = NJW-RR 1991, 1367:
> Alarmanlage für ein Privathaus;
>
> BGH, Urt. v. 16. 9. 1993 – VII ZR 180/92,
> BauR 1994, 101 = ZfBR 1994, 14
> = NJW 1993, 3195:
> Umfangreiche Malerarbeiten im Rahmen eines umfang-
> reichen Umbauvorhabens;

BGH, Urt. v. 20. 2. 1997 – VII ZR 288/94,
ZIP 1997, 1034 = BauR 1997, 640
= ZfBR 1997, 198;
vgl. dazu EWiR 1997, 489 (*Rieble*);
Peters, LM BGB § 341 Nr. 11 (8/1997):
Steuerungsanlage einer Hängebahn für eine Werkhalle.

461 Zuzurechnen sind ferner geistige Leistungen, die für das Bauwerk und den ihm geltenden Arbeiten erbracht werden: Zu den Arbeiten bei Bauwerken gehören auch die geistigen Leistungen der Architekten, Ingenieure, Statiker, Vermessungsingenieure, Sonderfachleute und Bodensachverständigen, die für die Errichtung des Bauwerkes erforderlich sind.

BGH, Urt. v. 26. 10. 1978 – VII ZR 249/77,
BGHZ 72, 257 = BauR 1979, 76
= ZfBR 1979, 29 = NJW 1979, 214:
Baugrundgutachten eines Geologen;

BGH, Urt. v. 12. 3. 1987 – VII ZR 80/86,
BauR 1978, 456 = ZfBR 1987, 189
= NJW 1987, 2431 = JR 1988, 197 mit Anm. *Schubert;*
dazu EWiR 1987, 669 (*Siegburg*):
Sanierungsgutachten.

III. Die Verjährung nach BGB und nach der VOB/B

462 Die gesetzlichen Regelungen zur Verjährung von Gewährleistungsansprüchen im Werkvertrag weichen in mehrfacher Hinsicht von den entsprechenden Regelungen der VOB/B ab.

1. Die gesetzliche Verjährungsfrist nach BGB

463 Die Gewährungsleistungsansprüche für Arbeiten bei einem Bauwerk verjähren beim BGB-Vertrag, soweit nichts anderes vereinbart ist, in fünf Jahren. Arbeiten an einem Grundstück verjährten in einem Jahr. Die Verjährungsfristen beginnen mit der Abnahme. Zu den Arbeiten am Bauwerk zählen alle Arbeiten zur Herstellung eines neuen Gebäudes sowie Arbeiten, die für die Erneuerung und den Bestand eines bestehenden Gebäudes von wesentlicher Bedeutung sind (vgl. die Rechtsprechungsnachweise oben Rz. 457 ff).

464 Arbeiten bei einem Bauwerk liegen auch dann vor, wenn der Unternehmer Gegenstände, die für ein bestimmtes Bauwerk verwendet werden sollen, in Kenntnis dieses Verwendungszwecks herstellt oder bearbeitet. Zu den Arbeiten am Bauwerk zählen auch geistige Leistungen, die der Errichtung oder Erneuerung eines Bauwerkes dienen, vor allem die Leistungen der Architekten und Sonderfachleute.

Bei Arglist beträgt die Verjährungsfrist 30 Jahre, das gilt auch für den VOB/B-Vertrag. Die Verjährungsfrist von fünf Jahren kann durch Individualvereinbarung verkürzt und verlängert werden, eine Verkürzung in AGB auch durch die isolierte Vereinbarung des § 13 Nr. 4 VOB/B ist unwirksam, weil ein Verstoß gegen § 11 Nr. 10 f AGBG (§ 309 Nr. 8 b BGB n. F.) vorliegt. **465**

> BGH, Urt. v. 7. 5. 1987 – VII ZR 129/86,
> BauR 1987, 438 = ZfBR 1987, 199;
>
> BGH, Urt. v. 7. 5. 1987 – VII ZR 366/85,
> BGHZ 100, 391 = ZIP 1987, 1055
> = BauR 1987, 349 = ZfBR 1987, 197;
> dazu EWiR 1987, 641 (*Brambring*);
>
> BGH, Urt. v. 29. 8. 1988 – VII ZR 186/87,
> ZfBR 1989, 28 = BauR 1989, 77.

Auch gegenüber Kaufleuten ist eine Verkürzung der Verjährungsfrist in den allgemeinen Geschäftsbedingungen unwirksam. **466**

> BGH, Urt. v. 8. 3. 1984 – VII ZR 349/82,
> BGHZ 90, 273 = ZIP 1984, 968
> = BauR 1984, 390 = ZfBR 1994, 186
> = NJW 1984, 1750.

Die zweijährige Verjährungsfrist des § 13 Nr. 4 VOB/B kann gegenüber Kaufleuten nur wirksam vereinbart werden, wenn die VOB/B wirksam in den Vertrag insgesamt einbezogen worden ist. Ob unter den Voraussetzungen einer wirksamen Einbeziehung der VOB/B die zweijährige Verjährungsfrist in sog. Verbraucherverträgen wirksam vereinbart werden kann, ist im Hinblick auf die in das nationale Recht umgesetzte EG-Richtlinie über missbräuchliche Klauseln in Verbraucherverträgen (§ 24a AGBG = § 310 Abs. 3 BGB n. F.) zweifelhaft. **467**

Nach einer neueren Entscheidung des Bundesgerichtshofs ist eine AGB-Klausel, mit der die Verjährungsfrist für Flachdächer auf zehn Jahre verlängert worden ist, wirksam, weil die typischen Mängel der Flachdächer häufig erst nach Ablauf der fünfjährigen Verjährungsfrist auftreten. **468**

BGH, Urt. v. 9. 5. 1996 – VII ZR 259/94,
BGHZ 132, 383 = BauR 1996, 707
= ZfBR 1986, 265.

469 Die Grundsätze dieser Entscheidung sind auf andere Bauteile, wie beispielsweise Beton, übertragbar, bei denen erfahrungsgemäß typische Mängel erst nach Ablauf der gesetzlichen Verjährungsfrist sichtbar werden.

470 Die Frage, wann Gewährleistungsansprüche nach den §§ 633 ff BGB verjähren, die vor der Abnahme entstanden sind, ist durch die Rechtsprechung bisher nur teilweise geklärt. Für den Architektenvertrag hat der Bundesgerichtshof entschieden, dass ein vor Abnahme entstandener Schadensersatzanspruch nach § 635 BGB a. F. (= § 634 Nr. 4 BGB n. F.) in dreißig Jahren verjährt.

BGH, Urt. v. 30. 9. 1999 – VII ZR 162/97,
BauR 2000, 128 = ZfBR 2000, 97;
dazu EWiR 2000, 1143 (*Portz*).

471 Die Grundsätze dieser Entscheidung sind auf den Bauvertrag übertragbar. Wann die anderen sekundären und die primären Gewährleistungsansprüche verjähren, die vor der Abnahme entstanden sind, ist ungeklärt. Das gilt gleichermaßen für das Schuldrechtsmodernisierungsgesetz.

2. Die Verjährungsregelung nach der VOB/B

472 Wenn für die Gewährleistung keine Verjährungsfrist im Vertrag vereinbart ist, beträgt sie für Bauwerke und für Holzerkrankungen zwei Jahre, für Arbeiten an einem Grundstück und für die vom Feuer berührten Teile von Feuerungsanlagen ein Jahr (§ 13 Nr. 4 Abs. 1). Für maschinelle und elektrotechnische sowie elektronische Anlagen, bei denen die Wartung Einfluss auf die Sicherheit und Funktionsfähigkeit hat, beträgt die Verjährung ein Jahr, wenn der Auftraggeber dem Auftragnehmer nicht die Wartung der Anlage übertragen hat (§ 13 Nr. 4 Abs. 2). Diese Verjährungsfristen gelten auch für die Schadensersatzansprüche gemäß § 13 Nr. 7 VOB/B.

473 Die kurze Verjährung des § 13 Nr. 4 Abs. 1 VOB/B kann in AGB nur wirksam vereinbart werden, wenn die VOB/B als ganzes vereinbart wird. Ob die Verjährungsfrist des § 13 Nr. 4 Abs. 2 VOB/B unter diesen Voraussetzungen wirksam vereinbart werden kann, ist zweifelhaft. Die Vereinbarung der gesetzlichen fünfjährigen Verjährungsfrist in einem VOB/B-Vertrag durch AGB ist wirksam, weil die fünf Jahre der gesetzlichen Regelung entsprechen.

BGH, Urt. v. 9. 10. 1986 – VII ZR 184/85,
BauR 1987, 84 = ZfBR 1987, 37;
vgl. dazu EWiR 1986, 1249 (*Hochstein*).

Der Maßstab für die Inhaltskontrolle der Vereinbarung über die Verjäh- **474** rungsfrist gemäß § 9 Abs. 2 Nr. 1 AGBG (= § 307 Abs. 1 BGB n. F.) ist die gesetzliche Regelung und nicht die Regelung der VOB/B. Die Regelungen der VOB/B sind keine gesetzlichen Vorschriften i. S. d. § 6 Abs. 2 AGBG (= § 306 Abs. 2 BGB n. F.). Das gilt uneingeschränkt für alle Regelungen der VOB/B.

BGH, Urt. v. 8. 7. 1993 – VII ZR 79/92,
BauR 1993, 773 = ZfBR 1993, 277;

BGH, Urt. v. 10. 6. 1999 – VII ZR 365/98,
BGHZ 142, 46 = ZIP 1999, 1712
= ZfIR 2000, 25 = BauR 1999, 1290
= ZfBR 2000, 27;
dazu EWiR 2000, 203 (*Lindacher*).

Für Architektenverträge gilt die gesetzliche Verjährungsfrist der fünf **475** Jahre, sie kann auch durch AGB nicht auf zwei Jahre verkürzt werden.

BGH, Urt. v. 25. 6. 1992 – VII ZR 128/91,
BauR 1992, 794 = ZfBR 1992, 411.

Im Unterschied zum BGB enthält die VOB/B (§ 13 Nr. 5 Abs. 1 Satz 3) **476** eine Sonderregelung für die Verjährung von Mängelbeseitigungsarbeiten. Dadurch wird die Mängelbeseitigungsleistung hinsichtlich der Verjährung ebenso behandelt wie die ursprüngliche Leistungsverpflichtung. Der Lauf der Verjährungsfrist beginnt mit der Abnahme der Mängelbeseitigungsleistung, sofern die Parteien nichts anderes vereinbart haben. Hat der Auftragnehmer mit der Nachbesserungsleistung lediglich eine Mangelerscheinung und nicht den Mangel selbst beseitigt, kann der Auftraggeber die mit der Mangelerscheinung (Symptomtheorie) hinreichend bezeichneten Mängel der Werkleistung noch innerhalb der Verjährungsfrist geltend machen.

BGH, Urt. v. 15. 6. 1989 – VII ZR 14/88,
BGHZ 108, 65 = BauR 1989, 606
= ZfBR 1989, 215;
dazu EWiR 1989, 1135 (*Siegburg*).

477 Bessert der Auftragnehmer nach, obwohl die Gewährleistungsansprüche des Auftraggebers bereits verjährt sind, beginnt die Verjährungsfrist für die Nachbesserungsleistungen gemäß § 13 Nr. 5 Abs. 1 Satz 3 zu laufen.

> BGH, Urt. v. 15. 6. 1989 – VII ZR 14/88,
> BGHZ 108, 65 = BauR 1989, 606
> = ZfBR 1989, 215.

IV. Die Unterbrechung und Hemmung der Verjährung

1. Die Unterbrechung

478 Die Verjährung wurde nach altem Recht dadurch unterbrochen, dass der Auftragnehmer die Gewährleistungsansprüche anerkennt (§ 208 BGB). Ein Anerkenntnis im Sinne dieser Vorschrift liegt dann vor, wenn sich aus dem tatsächlichen Verhalten des Schuldners gegenüber dem Gläubiger klar und unzweideutig ergibt, dass dem Schuldner das Bestehen der Schuld bewusst ist und angesichts dessen der Berechtigte darauf vertrauen darf, dass sich der Schuldner nicht nach Ablauf der Verjährungsfrist alsbald auf die Verjährung berufen wird.

> BGH, Urt. v. 13. 12. 1987 – VII ZR 363/86,
> BauR 1988, 465 = ZfBR 1988, 212.

479 Ein Gesuch zur Sicherung des Beweises im selbständigen Beweisverfahren unterbricht die Verjährung gemäß den §§ 639 Abs. 1, 477 Abs. 2 BGB bis zur Beendigung des Verfahrens wegen der Ansprüche aus den geltend gemachten Mängeln.

> BGH, Urt. v. 3. 12. 1992 – VII ZR 86/92,
> BGHZ 120, 329 = BauR 1993, 221
> = ZfBR 1993, 114.

480 Gemäß § 209 Abs. 1 BGB a. F. (= § 204 Abs. 1 Nr. 1 BGB n. F.) unterbricht die Klage die Verjährung für Ansprüche dergestalt und in dem Umfang, wie sie geltend gemacht werden. Nach einer Klageänderung tritt die Unterbrechung deshalb in der Regel erst mit Zeitpunkt der Klageänderung ein. Eine Teilklage, z. B. auf Schadens- oder Aufwendungsersatz, unterbricht nur in Höhe des eingeklagten Betrages.

> BGH, Urt. v. 18. 3. 1976 – VII ZR 35/75,
> BGHZ 66, 142 = BauR 1976, 202
> = NJW 1976, 960.

Eine Teilklage liegt nicht vor, wenn der gesamte zur Zeit der Klage be- **481** kannte Schaden geltend gemacht wird und später die Klage wegen nachträglicher Baukostenerhöhung erweitert wird.

> BGH, Urt. v. 19. 2. 1992 – V ZR 251/80,
> BauR 1982, 398 = ZfBR 1982, 128.

Die Vorschussklage unterbricht die Verjährung auch hinsichtlich der nicht **482** eingeklagten Beträge.

> BGH, Urt. v. 10. 11. 1988 – VII ZR 140/87,
> BauR 1989, 81 = ZfBR 1989, 54;
> dazu EWiR 1989, 1135 (*Siegburg*).

Die Prozessaufrechnung unterbricht ebenfalls die Verjährung gemäß § 209 **483** Abs. 2 Nr. 3 BGB a. F. (= § 204 Abs. 1 Nr. 5 BGB n. F.). Die Unterbrechungswirkung ist der Höhe nach beschränkt auf den Betrag der Hauptforderung.

> BGH, Urt. v. 24. 4. 1986 – VII ZR 262/85,
> BauR 1986, 576 = ZfBR 1986, 219;
> dazu EWiR 1986, 649 (*v. Feldmann*);
>
> BGH, Urt. v. 11. 7. 1980 – VIII ZR 219/89,
> BauR 1990, 747 = NJW 1990, 2680.

Die Streitverkündung unterbricht gemäß § 209 Abs. 2 Nr. 4 BGB a. F. (= **484** § 204 Abs. 1 Nr. 6 BGB n. F.) die Verjährung hinsichtlich des gesamten, später geltend gemachten Anspruchs. Die Unterbrechungswirkungen entfallen, wenn der Streitverkünder nicht sechs Monate nach Beendigung des Prozesses Klage gegen den Streitverkündeten erhebt.

Eine Streitverkündung ist auch im selbständigen Beweisverfahren zulässig. **485** Sie entfaltet in diesem Verfahren dieselben Unterbrechungswirkungen, wie im Hauptverfahren.

> BGH, Urt. v. 5. 12. 1996 – VII ZR 108/95,
> BGHZ 134, 190 = ZIP 1997, 296
> = BauR 1997, 148 = ZfBR 1997, 347;
> dazu EWiR 1997, 335 (*Schuschke*).

2. Die Quasi-Unterbrechung nach der VOB/B

In § 13 Nr. 5 Abs. 1 Satz 2 VOB/B ist als Ausgleich für die kurzen Verjäh- **486** rungsfristen eine einfache Möglichkeit geregelt, die Regelfrist des § 13

Nr. 4 VOB/B erneut in Lauf zu setzen. Mit Zugang einer schriftlichen Mängelaufforderung beginnt die Zweijahresfrist erneut zu laufen. Die Zweijahresfrist gilt für diese so genannte Quasi-Unterbrechung auch dann, wenn die Parteien eine andere Verjährungsfrist vereinbart haben.

> BGH, Urt. v. 9. 10. 1986 – VII ZR 184/85,
> BauR 1987, 84 = ZfBR 1987, 37;
> vgl. dazu EWiR 1986, 1249 (*Hochstein*).

487 Eine Quasi-Unterbrechung durch die schriftliche Mängelanzeige ist nur einmal möglich.

> BGH, Urt. v. 5. 7. 1990 – VII ZR 164/89,
> BauR 1990, 723 = ZfBR 1990, 274.

488 Durch die gesetzlichen Möglichkeiten der Unterbrechung oder Hemmung nach altem Recht kann die Verjährung mehrmals unterbrochen oder gehemmt werden.

> BGH, Urt. v. 23. 11. 1989 – VII ZR 313/88,
> BGHZ 109, 220 = BauR 1990, 202
> = ZfBR 1990, 71.

489 Wird die aufgrund der Mängelanzeige verlängerte Frist durch eine der gesetzlich eingeräumten Möglichkeiten unterbrochen, läuft nach der Beendigung der Unterbrechung die vereinbarte Verjährungsfrist neu.

> BGH, Urt. v. 23. 11. 1989 – VII ZR 313/88,
> BauR 1990, 202 = ZfBR 1990, 71.

490 Die schriftliche Mängelanzeige des Auftraggebers unterbricht nicht nur die Verjährung des Anspruchs des § 13 Nr. 5, sondern auch die übrigen Mängelansprüche des § 13 VOB/B.

> BGH, Urt. v. 19. 9. 1985 – IX ZR 16/85,
> BGHZ 95, 375 = ZIP 1985, 1380
> = ZfBR 1986, 28 = NJW 1986, 310.

491 Ob die Frist, die nach Abnahme der Mängelbeseitigungsleistungen erneut zu laufen beginnt (§ 13 Nr. 5 Abs. 1 Satz 3 VOB/B), erneut durch eine schriftliche Mängelanzeige quasi unterbrochen werden kann, ist bisher durch den Bundesgerichtshof nicht entschieden.

3. Die Hemmung

Die Verjährung wird nach § 639 Abs. 2 BGB a. F. (= § 634a Abs. **492**
4 BGB) gehemmt, wenn sich der Auftragnehmer im Einverständnis mit dem Auftraggeber der Prüfung oder Beseitigung des Mangels unterzieht. Das Einverständnis des Auftraggebers kann auch stillschweigend erklärt werden.

> BGH, Urt. v. 20. 4. 1989 – VII ZR 334/87,
> BauR 1989, 603 = ZfBR 1989, 202.

Erklärt sich der Auftragnehmer damit einverstanden, einen Mangel anhand **493**
eines vom Auftraggeber in Auftrag gegebenen Gutachtens zu prüfen, dann wird die Verjährung des Gewährleistungsanspruchs bereits mit dieser Erklärung und nicht mit dem Zugang des Gutachtens beim Auftragnehmer unterbrochen.

> BGH, Urt. v. 15. 4. 1999 – VII ZR 415/97,
> ZIP 1999, 1132 = ZfBR 1999, 269;
> dazu EWiR 2000, 223 (*Siegburg*).

In der Praxis ist häufig unklar, ob und wann der Auftragnehmer Prüfungen **494**
oder Nachbesserungsversuche unternommen hat. Da der Auftraggeber im Streitfall darlegen muss, ob und wann der Auftragnehmer etwaige Prüfungen oder Nachbesserungsversuche unternommen hat, ist dem Auftraggeber zu empfehlen, die genannten Hemmungstatbestände zu dokumentieren. Die Hemmung der Verjährung endet zu dem Zeitpunkt, zu dem der Auftragnehmer dem Auftraggeber das Ergebnis seiner Prüfung mitteilt oder ihm gegenüber den Mangel für beseitigt erklärt oder die Mängelbeseitigung verweigert (§ 639 Abs. 2 BGB a. F. = § 634a Abs. 4 BGB n. F.). Die Tatsachen, die die Beendigung der Hemmung begründen, muss der Auftragnehmer darlegen und beweisen.

> BGH, Urt. v. 30. 9 1993 – VII ZR 136/92,
> BauR 1994, 103 = ZfBR 1994, 17
> = NJW-RR 1994, 373;
> vgl. dazu EWiR 1994, 441 (*Thamm*).

Unternimmt der Auftragnehmer im Einverständnis mit dem Auftraggeber **495**
Prüfungen oder Nachbesserungsversuche nur aus Gefälligkeit oder Kulanz ohne Anerkenntnis einer Rechtspflicht, tritt ebenfalls die Hemmung der Verjährung ein.

> BGH, Urt. v. 21. 4. 1977 – VII ZR 135/76,
> BauR 1977, 348 = WM 1977, 823.

4. Erhaltung der Mängeleinrede

496 Im BGB-Vertrag konnte der Auftraggeber sich die Mängeleinrede über den Zeitpunkt der Verjährung der Gewährleistungsansprüche dadurch erhalten, dass er dem Auftragnehmer die Mängel in nicht verjährter Zeit anzeigt (§ 639 Abs. 1 BGB a. F. = § 634a BGB n. F., § 478 BGB a. F. = § 438 Abs. 4 Satz 2 BGB n. F.). Für die Anzeige ist keine Form vorgeschrieben, Schriftform ist zu empfehlen.

497 Der Auftraggeber kann, wenn er sich die Mängeleinrede wirksam erhalten hat, die Zahlung des Werklohnes unter Berufung auf die Gewährleistungsansprüche verweigern. Mit einem verjährten Schadensersatzanspruch kann der Auftraggeber gegenüber der Werklohnforderung des Auftragnehmers aufrechnen, wenn er die Mängel rechtzeitig angezeigt hat. Die Vorschrift des § 479 BGB a. F. (entfallen) ist eine Sonderregelung gegenüber § 390 Satz 2 BGB. Die Aufrechnung gegenüber dem Werklohnanspruch des Auftragnehmers ist nur zulässig mit Ansprüchen aus demselben Vertrag.

> BGH, Urt. v. 16. 6. 1987 – X ZR 61/86,
> ZIP 1987, 1324 = BauR 1987, 565
> = ZfBR 1987, 270= NJW 1987, 3254;
> dazu EWiR 1987, 865 (*Siegburg*).

498 Mit den verjährten Ansprüchen kann nicht gegenüber anderen Forderungen des Unternehmers aus anderen Verträgen aufgerechnet werden. Diese Grundsätze gelten auch für den Vorschussanspruch.

> BGH, Urt. v. 16. 6. 1987 – X ZR 61/86,
> ZIP 1987, 1324 = BauR 1987, 565
> = ZfBR 1987, 270.

H. Gewährleistungsansprüche von Erwerbern

I. Problemübersicht

1. Die Gemeinschaftsbezogenheit

Die Selbständigkeit der einzelnen Erwerberverträge wird beim Erwerb von **499**
Wohnungseigentum durch den Grundsatz der Gemeinschaftsbezogenheit
des Gemeinschaftseigentums modifiziert. Für Gewährleistungsansprüche,
die auf Mängel am Gemeinschaftseigentum oder auf Mängel am Sondereigentum
gestützt werden, die zugleich Mängel des Gemeinschaftseigentums
sind, ergeben sich aus der Gemeinschaftsbezogenheit Beschränkungen
hinsichtlich der Anspruchsberechtigung der betroffenen Erwerber; die Erwerber
können unter bestimmten Voraussetzungen die Erfüllung der primären
Gewährleistungsansprüche nur an die Gemeinschaft der Erwerber
verlangen. Wenn der Bauträger sein Nachbesserungsrecht verloren hat und
den Erwerbern nur noch die sekundären Gewährleistungsrechte zustehen,
können die Gewährleistungsansprüche im Regelfall nur aufgrund eines
Beschlusses der Erwerbergemeinschaft geltend gemacht werden. Um das
Prozessrisiko der fehlenden Sachbefugnis des einzelnen Erwerbers möglichst
zu vermeiden, ist in der anwaltlichen Beratungspraxis bei der vorgerichtlichen
Klärung der Mängel, ihrer Ursachen und ihrer möglichen
Auswirkungen auf das Gemeinschaftseigentum besondere Sorgfalt geboten.
Die Verfolgung von Gewährleistungsansprüchen aus Erwerberverträgen
ist kein Gegenstand des Wohnungseigentumsgesetzes. In älteren Entscheidungen
hat der VII. Zivilsenat des Bundesgerichtshofs den für die
Durchsetzung der sekundären Gewährleistungsansprüche hinsichtlich des
Gemeinschaftseigentums erforderlichen Beschluss dem Wohnungseigentumsgesetz
zugeordnet. In jüngeren Entscheidungen hat er den Begriff der
Erwerbergemeinschaft vermieden und stattdessen den Begriff der Eigentümergemeinschaft
verwendet. Eine Entscheidung, mit der sich der Bundesgerichtshof
von seiner älteren Rechtsprechung distanziert, fehlt bisher.

Die Beschlüsse der Erwerbergemeinschaft, die zur gemeinsamen Verfol- **500**
gung von Gewährleistungsansprüchen gegen den Bauträger erforderlich
sind, begründen die Sachbefugnis der gemeinsam klagenden Erwerber,
wenn die Ersterwerbergemeinschaft mit der beschließenden Erwerbergemeinschaft
identisch ist. Gehören der Erwerbergemeinschaft Zweiterwerber
an, ergeben sich spezielle rechtliche Probleme bei der Durchsetzung
von Gewährleistungsansprüchen (vgl. unten Rz. 536).

2. Das Gewährleistungsrecht des BGB und der VOB/B

501 Der Bundesgerichtshof hat bisher nicht entschieden, ob im Bauträgervertrag für die Bauerrichtungsverpflichtung die VOB/B vereinbart werden kann. Falls die VOB/B vereinbart wird, erstreckt sie sich auf die typische Bauleistung und grundsätzlich nicht auf die Planungsleistung. In älteren Entscheidungen, die Generalübernehmerverträge zum Gegenstand haben, hat der Bundesgerichtshof die Erstreckung der Regelungen der VOB/B auf die Planungsleistungen generell verneint. In einer neueren Entscheidung hat der Bundesgerichtshof die Anwendbarkeit des § 5 Nr. 4 VOB/B auf die Planungsleistung eines Auftragnehmers, der sich sowohl zu den Planungs als auch zu den Bauleistungen verpflichtet hatte, mit der differenzierenden Begründung verneint, die VOB/B-Regelung sei im Unterschied zu § 326 BGB für den Verzug mit einer Leistung dieser Art nicht geeignet.

> BGH, Urt. v. 28. 3. 1996 – VII ZR 228/94,
> BauR 1996, 544 = ZfBR 1996, 256;
> vgl. dazu
> *Schmidt-Lademann*, LM BGB § 326 (A) Nr. 32 (10/1996).

502 Die Vereinbarung der VOB/B führt nicht dazu, dass für die Bauleistung die zweijährige Verjährungsfrist des § 13 Nr. 4 gilt. Die Verjährungsregelung der VOB/B ist als AGB im Bauträgervertrag nicht anwendbar, weil sie die gesetzliche Verjährungsfrist verkürzt.

> BGH, Urt. v. 10. 10. 1985 – VII ZR 325/84,
> BGHZ 96, 129 = ZIP 1985, 1493
> = BauR 1986, 89 = ZfBR 1986, 33
> = NJW 1986, 315 mit Anm. *Brych*
> = JZ 1986, 148 mit Anm. *Locher*
> = JZ 1988, 148 mit Anm. *Peters*
> = JR 1986, 200 mit Anm. *Schubert*;
> vgl. dazu EWiR 1986, 927 (*Löwe*).

503 Die pauschale Vereinbarung der VOB/B im Bauträgervertrag ist unzweckmäßig, sie führt zu Unklarheiten, Abgrenzungsschwierigkeiten und damit zu Auslegungsrisiken hinsichtlich des Gewährleistungsrechts. Auf die einheitliche Bauerrichtungsverpflichtung sind mit unterschiedlichem sachlichen Geltungsanspruch sowohl die Regelungen des BGB als auch die Regelungen der VOB/B anwendbar. Einige der für den Kooperationscharakter des VOB/B-Vertrages maßgeblichen Vorschriften der VOB/B sind für den Bauträgervertrag nicht geeignet, vor allem nicht folgende Regelungen: § 1 Nr. 3 und 4, § 2 Nr. 5 und 5, § 4 Nr. 1 Abs. 2 und 3; § 8;

§ 16 Nr. 6. Wenn diese Regelungen mit vereinbart worden sind, muss im Wege der Auslegung geklärt werden, ob deren Geltung dem Willen der Parteien entspricht.

Die Regelung der VOB/B über die fiktive Abnahme (§ 12 Nr. 5) ist im **504** Bauträgervertrag unwirksam, weil sie dem gesetzlichen Leitbild (§ 640 BGB) widerspricht.

> Zur AGB-Widrigkeit des § 12 Nr. 5 VOB/B vgl.
> BGH, Urt. v. 10. 10. 1996 – VII ZR 224/95,
> ZfIR 1997, 24 = BauR 1997, 302
> = ZfBR 1997, 73.

II. Mängel am Sondereigentum

Für das Sondereigentum und Mängel am Sondereigentum, die keine Aus- **505** wirkungen auf das Gemeinschaftseigentum haben, gilt uneingeschränkt der Grundsatz der Selbständigkeit der Verträge. Die Voraussetzungen und das rechtliche Schicksal der primären und sekundären Ansprüche des einzelnen Erwerbers richten sich nach dem jeweiligen Vertragsverhältnis.

1. Primäre und sekundäre Gewährleistungsansprüche

Hinsichtlich von Mängeln, die nur am Sondereigentum bestehen, kann der **506** betroffene Erwerber die entsprechenden Gewährleistungsansprüche selbständig geltend machen. Der Umstand, dass möglicherweise mehrere Erwerber in ihrem Sondereigentum durch identische Mängel betroffen sind, beispielsweise durch identische Mängel an Innentüren, Bodenbelägen, Armaturen oder der Elektroinstallation, ist unerheblich. Die jeweils betroffenen Erwerber können nicht durch Beschlüsse der Erwerbergemeinschaft in ihren Rechten beschränkt und an der Durchsetzung ihrer Ansprüche gehindert werden. Ob der Wohnungsverwalter Ansprüche dieser Art, wenn mehrere Erwerber durch identische Mängel betroffen sind, in gewillkürter Prozessstandschaft für alle Betroffenen geltend machen kann, ist höchstrichterlich noch nicht entschieden. Rechtliche Einwände gegen die Rechtsverfolgung durch den Verwalter dürften nicht bestehen.

2. Die Abnahme des Sondereigentums

Die Abnahme des Sondereigentums durch den Erwerber unterliegt auf- **507** grund des werkvertraglichen Charakters der Bauerrichtungsverpflichtung des Unternehmers bzw. des Bauträgers dem Werkvertragsrecht. Da der Herstellungsanspruch des Erwerbers hinsichtlich des Sondereigentums nicht gemeinschaftsbezogen ist, unterliegt das Recht des Erwerbers zur Abnahme des Sondereigentums keinen Beschränkungen. Die Abnahme hat keine Folgen für oder gegen die anderen Eigentümer.

508 Falls in dem Erwerbervertrag das Werkvertragsrecht des BGB vereinbart worden ist, kann die Abnahme nur rechtsgeschäftlich ausdrücklich oder auch konkludent erfolgen. In den Fällen, in denen die VOB/B für die Herstellungsverpflichtung des Bauträgers vereinbart worden ist, gilt nichts anderes.

III. Mängel am Gemeinschaftseigentum

509 Bei Mängeln am Gemeinschaftseigentum unterscheidet sich die Rechtslage hinsichtlich der primären Gewährleistungspflichten (Erfüllungsansprüche) grundlegend von der Rechtslage hinsichtlich der sekundären Gewährleistungsansprüche.

1. Primäre Gewährleistungsansprüche

510 Nach der ständigen Rechtsprechung des Bundesgerichtshofs kann der einzelne Erwerber alle Ansprüche gegen den Auftragnehmer (Bauträger) selbständig geltend machen, die auf die Erfüllung der Bauerrichtungsverpflichtung gerichtet sind. Zu diesen Ansprüchen gehören die Ansprüche auf Nachbesserung, Vorschuss für die Fremdnachbesserung und die Erstattung von Fremdnachbesserungskosten. Der einzelne Erwerber kann die vollen Mängelbeseitigungskosten auch dann geltend machen, wenn die Gewährleistungsansprüche der übrigen Erwerber verjährt sind.

> BGH, Urt. v. 21. 2. 1985 – VII ZR 72/84,
> BauR 1985, 314 = ZfBR 1985, 132
> = NJW 1985, 1551;
> vgl. dazu *Reithmann*, WuB IV A § 638 BGB 1.85;
> *Reithmann*, DNotZ 1991, 133;
> *Schilling*, BauR 1986, 449.

511 Dazu ist kein Beschluss der Erwerbergemeinschaft erforderlich, die Gemeinschaft kann den Erwerber insoweit nicht durch einen Beschluss binden.

Ohne eine entsprechende abweichende Ermächtigung durch die Gemein- **512**
schaft kann der einzelne Erwerber die Erfüllung der Gewährleistungsansprüche, soweit sie auf Zahlung gerichtet sind, nur an die Gemeinschaft
und nicht an sich verlangen, weil nur auf diese Weise eine dem Gemein-
schaftszweck entsprechende Verwendung gewährleistet ist.

> BGH, Urt. v. 10. 5. 1979 – VII ZR 30/78,
> BGHZ 74, 258, 259 = BauR 1979, 420
> = ZfBR 1979, 163 = WM 1979, 839
> = NJW 1979, 2207;
>
> BGH, Urt. v. 4. 6. 1981 – VII ZR 9/80,
> BGHZ 81, 35 = BauR 1981, 467
> = ZfBR 1981, 230 = NJW 1981,1841;
>
> BGH, Urt. v. 10. 3. 1988 – VII ZR 171/87,
> BauR 1988, 336 = ZfBR 1988, 181
> = NJW 1988, 1718 = WM 1988, 948.

Entsprechendes gilt für den Anspruch aus § 326 BGB (= §§ 281, 323 BGB **513**
n. F.), der an die Stelle des primären Erfüllungsanspruchs tritt.

> BGH, Urt. v. 10. 3. 1988 – VII ZR 171/87,
> BauR 1988, 336 = ZfBR 1988, 181
> = NJW 1988, 1718 = WM 1988, 948.

Die Erfüllung des Schadensersatzanspruchs nach § 635 BGB (= § 634 **514**
Nr. 4 BGB n. F.) kann ebenfalls nur an die Mitglieder gemeinschaftlich
verlangt werden.

> BGH, Urt. v. 6. 6. 1991 – VII ZR 372/89,
> BGHZ 114, 383 = BauR 1991, 606
> = ZfBR 1991, 212 = JZ 1992, 316 mit Anm. *Ehmann*;
> vgl. dazu *Kniffka*, EWiR 1991, 773;
>
> BGH, Urt. v. 26. 10. 1999 – VII ZR 284/98,
> ZfIR 2000, 44 = BauR 2000, 285
> = ZfBR 2000, 117.

Der Erwerber kann bei Mängeln am Gemeinschaftseigentum den Ersatz in **515**
Höhe der vollen Mängelbeseitigungskosten verlangen, unabhängig davon,
ob der Mangel sich am Sondereigentum des Erwerbers auswirkt.

> BGH, Urt. v. 6. 6. 1991 – VII ZR 372/89,
> BGHZ 114, 383, 390 = BauR 1991, 606
> ZfBR 1991, 212;

vgl. dazu *Kniffka*, EWiR 1991, 773:
Mängel am Gemeinschaftseigentum mit Auswirkungen
auf das Sondereigentum;

BGH, Urt. v. 25. 2. 1999 – VII ZR 208/97,
BGHZ 141, 63 = ZIP 1999, 754
= BauR 1999, 657 = ZfBR 1999, 207;
dazu EWiR 2000, 279 (*Wenner*):
Mängel am Gemeinschaftseigentum ohne Auswirkungen
auf das Sondereigentum.

516 Die Gemeinschaft kann auf der Grundlage eines entsprechenden Beschlusses die primären Ansprüche als Gemeinschaft gegen den Auftragnehmer geltend machen.

BGH, Urt. v. 19. 12. 1996 – VII ZR 233/95,
ZfIR 1997, 288 = BauR 1997, 488
= ZfBR 1997, 185 = NJW 1997, 2173;
vgl. dazu *Niedenführ*, LM BGB § 633 Nr. 97 (7/1997);

BGH, Urt. v. 4. 6. 1981 – VII ZR 9/80,
BGHZ 81, 35 = BauR 1981, 46
= ZfBR 191, 230.

517 Ob dem einzelnen Erwerber durch einen derartigen Beschluss die Befugnis entzogen wird, die Ansprüche selbständig neben der Gemeinschaft geltend zu machen, ist bisher nicht geklärt.

518 Die Frage, ob und unter welchen Voraussetzungen nur die Gemeinschaft befugt ist, bei behebbaren Mängeln am Gemeinschaftseigentum dem Bauträger eine Frist mit Ablehnungsandrohung mit dem Ziel zu setzen, alsdann Minderung oder den kleinen Schadensersatz zu verlangen, ist durch die Rechtsprechung des Bundesgerichtshofs nur teilweise geklärt. Die Fristsetzung eines Erwerbers von noch nicht fertig gestelltem Wohnungseigentum gegenüber dem Veräußerer zur Nachbesserung eines behebbaren Mangels am Gemeinschaftseigentum mit Ablehnungsandrohung ist jedenfalls dann wirkungslos, wenn er die Fristsetzung mit der Erklärung verbindet, er werde nach Ablauf der Frist Minderung verlangen. Dazu ist ausschließlich die Gemeinschaft befugt.

BGH, Urt. v. 30. 4. 1998 – VII ZR 47/97,
ZfIR 1998, 402 = BauR 1998, 783
= ZfBR 1998, 295.

2. Sekundäre Gewährleistungsansprüche

Haben die Erwerber ihre primären Ansprüche verloren (§§ 633 Abs. 2, **519**
Abs. 3, 634 Abs. 1 Satz 3 BGB a. F. = § 634 BGB n. F.), dann können sie
grundsätzlich nur gemeinsam bestimmen, ob sie wegen der Mängel Minderung oder Schadensersatz verlangen wollen (sekundäre Gewährleistungsansprüche).

> St. Rspr.
> BGH, Urt. v. 7. 6. 2001 – VII ZR 420/00,
> BGHZ 148, 85 = ZIP 2001, 2140
> = ZfIR 2001, 981 = BauR 2002, 81
> = NZBau 2002, 26 = ZfBR 2002, 146;
> dazu EWiR 2001, 1075 (*Vogel*);
>
> BGH, Urt. v. 20. 3. 1986 – VII ZR 81/85,
> BauR 1986, 447 = ZfBR 1986, 171
> = NJW-RR 1986, 755;
>
> BGH, Urt. v. 4. 11. 1982 – VII ZR 53/82,
> BauR 1983, 84 = ZfBR 1983, 17
> = WM 1983, 68 = DB 1983, 444
> = NJW 1983, 453 mit Anm. *Weitnauer*;
>
> BGH, Urt. v. 29. 6. 1981 – VII ZR 259/80,
> BauR 1981, 571 = NJW 1981, 2344
> = WM 1981, 944;
>
> BGH, Urt. v. 10. 5. 1979 – VII ZR 30/78,
> BGHZ 74, 259 = BauR 1979, 420
> ZfBR 1979, 163.

Diese Grundsätze gelten auch für Mängel am Sondereigentum, die sich auf **520**
das Gemeinschaftseigentum auswirken.

> BGH, Urt. v. 10. 5. 1979 – VII ZR 30/78,
> BGHZ 74, 259 = BauR 1979, 420
> ZfBR 1979, 163.

Entsprechend ist die Rechtslage bei Mängeln am Gemeinschaftseigentum, **521**
die sich auf das Sondereigentum auswirken.

> BGH, Urt. v. 20. 3. 1986 – VII ZR 81/85,
> BauR 1986, 447 = ZfBR 1986, 171
> = NJW-RR 1986, 755;
> vgl. dazu *Deuchler*, WuB VII A § 51 Abs. 1 ZPO 2.86;
>
> BGH, Urt. v. 4. 11. 1982 – VII ZR 53/82,
> BauR 1983, 84 = ZfBR 1983, 17;

BGH, Urt. v. 4. 6. 1981 – VII ZR 9/80,
BGHZ 81, 35 = BauR 1981, 467
= ZfBR 1981, 230.

522 Die jeweils betroffenen Erwerber sind unter diesen Voraussetzungen nicht berechtigt, Gewährleistungsansprüche selbständig geltend zu machen, weil die Ansprüche gemeinschaftsbezogen sind. Die Gemeinschaftsbezogenheit ergibt sich vor allem aus dem bestehenden Wahlrecht zwischen Minderung und Schadensersatz und der notwendigen Entscheidung über die zweckentsprechende Verwendung von Mitteln zur Beseitigung von Mängeln.

BGH, Urt. v. 10. 3. 1988 – VII ZR 171/87,
BauR 1988, 336 = ZfBR 1988, 181
= NJW 1988, 1718 = WM 1988, 948;

BGH, Urt. v. 20. 3. 1986 – VII ZR 81/85,
BauR 1986, 447 = ZfBR 1986, 171
= NJW-RR 1986, 755;
vgl. dazu *Deuchler*, WuB VII A § 51 Abs. 1 ZPO 2.86;

BGH, Urt. v. 10. 5. 1979 – VII ZR 30/78,
BGHZ 74, 259 = BauR 1979, 420
ZfBR 1979, 163;
vgl. dazu *Weitenauer*, NJW 1980, 400;
Kellermann, NJW 1980, 401.

523 Wird ein Erwerber im Laufe des Prozesses von der Gemeinschaft ermächtigt, wegen Mängeln am Gemeinschaftseigentum Minderung oder Schadensersatz geltend zu machen, sind alle Erwerber an die Wahl des ermächtigten Erwerbers gebunden.

BGH, Urt. v. 28. 10. 1999 – VII ZR 284/98,
ZflR 2000, 44 = BauR 2000, 285
= ZfBR 2000, 117.

524 Im Unterschied zur Minderung und zum Schadensersatz kann der Erwerber die Wandelung auch dann ohne einen Beschluss der Gemeinschaft geltend machen, wenn der Anspruch auf Mängeln am Gemeinschaftseigentum beruht.

BGH, Urt. v. 2. 6. 1971 – V ZR 50/69,
WM 1971, 1251;

BGH, Urt. v. 10. 5. 1979 – VII ZR 30/78,
BGHZ 74, 259 = BauR 1979, 420
ZfBR 1979, 163;
vgl. dazu *Weitenauer*, NJW 1980, 400;
Kellermann, NJW 1980, 401.

In den Fällen, in denen die Gemeinschaft der Erwerber Gewährleistungs-   **525**
ansprüche gemeinschaftlich verfolgt, ist zwischen der Sachbefugnis der
Erwerber und der Prozessführungsbefugnis zu unterscheiden. Beschließt
die Erwerbergemeinschaft die gemeinsame Durchsetzung von primären
oder sekundären Gewährleistungsansprüchen, dann kann sie ein Mitglied
oder den Verwalter ermächtigen, die Ansprüche im Wege der gewillkürten
Prozessstandschaft entweder im Namen der Mitglieder oder im eigenen
Namen geltend zu machen.

> BGH, Urt. v. 26. 9. 1991 – VII ZR 291/90,
> BauR 1992, 88 = ZfBR 1992, 30
> = NJW 1992, 435.

IV. Mängel am Gemeinschaftseigentum mit Auswirkungen nur auf das Sondereigentum

Wirken sich Mängel am Gemeinschaftseigentum, die nicht behebbar sind,   **526**
nur am Sondereigentum aus, dann fehlt einem Minderungsanspruch des
Erwerbers unter den Voraussetzungen die Gemeinschaftsbezogenheit, dass
der Gemeinschaft kein Schaden entstanden ist und eine gemeinschaftsbezogene Mittelverwendung nicht in Betracht kommt. Unter diesen Voraussetzungen ist der einzelne Erwerber berechtigt, selbständig Minderung zu
verlangen.

> BGH, Urt. v. 15. 2. 1990 – VII ZR 269/88,
> BGHZ 110, 258 = ZIP 1990, 455
> = BauR 1990, 353 = ZfBR 1990, 180
> = WM 1990, 1039 = NJW 1990,1663;
> vgl. dazu *Doerry,* EWiR 1990, 489:
> Geruchsbelästigung in der obersten Wohnung aus einem
> Lüftungsschacht des Gemeinschaftseigentums.

Liegen behebbare Mängel am Gemeinschaftseigentum vor, die sich auf das   **527**
Sondereigentum auswirken, gelten die Grundsätze zur Verfolgung von
Mängeln am Gemeinschaftseigentum.

Unter besonderen Voraussetzungen kann der durch einen Mangel am Ge-   **528**
meinschaftseigentum allein in seinem Sondereigentum betroffene Erwerber eigenständig einen Schadensersatzanspruch jedenfalls in der Weise
geltend machen, dass er Zahlung an die Gemeinschaft verlangt. Der Bundesgerichtshof hat in einem Fall, in dem der Erwerber durch unzureichen-
den Trittschallschutz des Gemeinschaftseigentums betroffen war, wie folgt
entschieden: der Betroffene kann Zahlung des gesamten Schadens und

nicht nur den auf sein Sondereigentum entfallenen Anteil des Schadens nur an die Gemeinschaft verlangen, auch wenn die Ansprüche der übrigen Eigentümer verjährt sind. Er kann das selbständige Beweissicherungsverfahren allein betreiben und damit den vollen Schadensersatzanspruch der Gemeinschaft erhalten.

> BGH, Urt. v. 6. 6. 1991 – VII ZR 372/89,
> BGHZ 114, 383 = BauR 1991, 606
> = ZfBR 1991, 212;
> vgl. dazu *Kniffka*, EWiR 1991, 773.

V. Die Abnahme des Gemeinschaftseigentums

529 Jeder Erwerber hat aufgrund seines Erwerbervertrages einen selbständigen Anspruch auf Übergabe eines mangelfreien Werkes und auf Abnahme. Die Gemeinschaftsbezogenheit der Herstellung des Gemeinschaftseigentums rechtfertigt es nicht, das Recht des Erwerbers, das Gemeinschaftseigentum als vertragsgemäß zu billigen oder als vertragswidrig zurückzuweisen, einzuschränken. Die Abnahme des Gemeinschaftseigentums durch die Mehrheit der Erwerber bindet den späteren Erwerber nicht.

> BGH, Urt. v. 21. 2. 1985 – VII ZR 72/84,
> BauR 1985, 314 = ZfBR 1985, 132
> = NJW 1985, 1551;
> vgl. dazu *Kniffka*, EWiR 1991, 773.

530 Der Bauträger hat die Möglichkeit, durch eine entsprechende Vertragsgestaltung der Erwerberverträge eine gemeinschaftliche förmliche Abnahme, etwa durch den Verwalter der Erwerbergemeinschaft, zu vereinbaren. In diesem Fall ist der einzelne Erwerber nicht befugt, das Gemeinschaftseigentum selbst abzunehmen, eine Abnahme durch ihn wäre wirkungslos. Eine Vereinbarung über die Abnahme durch den Verwalter, der zugleich der veräußernde Bauträger ist, dürfte aufgrund der bestehenden Interessenkollision unwirksam sein.

531 In der Praxis ist es teilweise üblich, dass Erwerber, die eine Eigentumswohnung nach der vereinbarten förmlichen Abnahme erwerben, durch eine Vereinbarung in dem Erwerbervertrag an die Wirkungen der durchgeführten Abnahme gebunden werden. Ob derartige Vertragsgestaltungen einer gerichtlichen Überprüfung standhalten, ist nicht zweifelsfrei. Der Bauträger, der auf die Wirksamkeit einer derartigen Vereinbarung vertraut und auf eine Abnahme des Gemeinschaftseigentums durch den späteren Erwerber verzichtet, läuft Gefahr, dass ihm später ein Gericht attestiert, dass das Gemeinschaftseigentum noch nicht abgenommen ist.

Die Vereinbarung der fiktiven Abnahme des Gemeinschaftseigentums **532** nach § 12 Nr. 5 VOB/B in AGB ist unwirksam.

VI. Die Aufrechnungsbefugnis des Bauträgers

Die Gemeinschaftsbezogenheit der primären Gewährleistungsansprüche **533** hat zur Folge, dass der Bauträger gegenüber einer Vorschussklage der Gemeinschaft nicht mit einer Restwerklohnforderung aufrechnen kann.

> BGH, Urt. v. 26. 9. 1991 – VII ZR 291/90,
> BauR 1992, 88 = ZfBR 1992, 30.

Ob der Bauträger gegen einen Gewährleistungsanspruch, der auf einem **534** Mangel des Gemeinschaftseigentums beruht, dann aufrechnen kann, wenn ein Erwerber den Anspruch berechtigterweise eigenständig geltend macht, ist bisher nicht entschieden. Nach der vorstehend genannten Entscheidung dürfte die Aufrechnungslage in den Fällen nicht gegeben sein, in denen der Erwerber Kostenvorschuss oder die Erstattung von Fremdnachbesserungskosten verlangt, weil diese Ansprüche dazu dienen, gemeinschaftsbezogene Mängel zu beseitigen.

VII. Die rechtliche Stellung der Erwerbergemeinschaft und der Erwerber

1.   Die Erwerbergemeinschaft

Die Erwerbergemeinschaft kann nicht selbst Inhaber der Gewährleistungs- **535** ansprüche sein und sie einklagen. Sie kann beschließen, die Gewährleistungsansprüche zu verfolgen. Nach einem derartigen Beschluss bleiben die Erwerber oder deren Rechtsnachfolger Inhaber der Gewährleistungsansprüche aus den Erwerberverträgen. Aufgrund eines derartigen Beschlusses sind die Mitglieder der Gemeinschaft befugt, die Gewährleistungsansprüche gemeinschaftlich zu verfolgen. Soweit die Erwerber die Gewährleistungsansprüche nur aufgrund eines Beschlusses der Gemeinschaft (sekundäre Ansprüche) geltend machen können, fehlt ihnen die Sachbefugnis, die Ansprüche selbständig zu verfolgen. Ob die Erwerber oder deren Rechtsnachfolger neben den Mitgliedern der Gemeinschaft primäre Gewährleistungsansprüche selbständig geltend machen können, wenn die

Gemeinschaft die gemeinsame Durchsetzung wirksam beschlossen hat, ist ungeklärt.

2. Erst- und Zweiterwerber

536 Besteht die Erwerbergemeinschaft aus Erst- und Zweiterwerbern, ist die Gemeinschaft für Beschlüsse über die gemeinschaftliche Durchsetzung der Gewährleistungsansprüche und für die Entscheidung, welche der sekundären Gewährleistungsansprüche geltend gemacht werden sollen, zuständig, unabhängig davon, ob die Zweiterwerber Inhaber der Gewährleistungsansprüche geworden sind. Durch einen entsprechenden Beschluss kann allerdings die Sachbefugnis der Zweiterwerber nicht begründet werden. Mitglieder der Erwerbergemeinschaft, die nicht zu den Ersterwerbern gehören, sind nur befugt, Zahlung an die Mitglieder der Erwerbergemeinschaft zu verlangen, wenn sie Inhaber der geltend gemachten Gewährleistungsansprüche sind, oder wenn die Inhaber der Ansprüche sie dazu ermächtigt haben, die Ansprüche geltend zu machen. Im Regelfall ist zu vermuten, dass Zweiterwerber von den Ersterwerbern dazu stillschweigend ermächtigt worden sind, Zahlung an die Mitglieder der Erwerbergemeinschaft zu verlangen.

> BGH, Urt. v. 19. 12. 1996 – VII ZR 233/95,
> ZfIR 1997, 288 = BauR 1997, 488
> = ZfBR 1997, 185;
> vgl. dazu *Niedenführ*, LM BGB § 633 Nr. 97 (7/1997).

VIII. Kaufrechtliche Ansprüche

537 Erwirbt der Erwerber eine gebrauchte Eigentumswohnung, unterliegt der Erwerbervertrag nicht dem Werkvertragsrecht, sondern dem Kaufrecht. Nach der Rechtsprechung des für das Grundstücksrecht zuständigen V. Zivilsenates des Bundesgerichtshofs ist der Erwerber hinsichtlich etwaiger Mängel am Gemeinschaftseigentum deutlich ungünstiger gestellt als der Erwerber einer neuen Immobilie. Der V. Senat hat den Schadensersatzanspruch auf den Anteil beschränkt, der seinem Sondereigentum entspricht. Der Ausgang des Rechtsstreits war für den Kläger des Verfahrens deshalb misslich, weil die Gewährleistungsansprüche der übrigen Erwerber bereits verjährt waren.

BGH, Urt. v. 23. 6. 1989 – V ZR 40/88,
BGHZ 108, 156–164 = BauR 1990, 221
= NJW 1989, 2534 = JZ 1990, 145 mit Anm. *Weitnauer*;
vgl. dazu *Kniffka*, EWiR 1991, 773;
Schlemminger, BauR 1990, 225;
Reithmann, DNotZ 1991, 133;
Ehmann, JZ 1992, 318–320.

Der Entscheidung lag ein Fall der arglistigen Täuschung der Erwerber **538** durch den Veräußerer zugrunde. Der Grundsatz der Entscheidung ergibt sich unmittelbar aus deren Leitsatz:

> „Verschweigt der Verkäufer einer Eigentumswohnung arglistig einen Fehler des gemeinschaftlichen Eigentums (hier: Mängel der Heizungsanlage), so kann der Käufer nach BGB § 463 Satz 2 im Rahmen des 'kleinen' Schadensersatzes nicht den gesamten Minderwert des Gemeinschaftseigentums ersetzt verlangen, sondern grundsätzlich nur den Bruchteil, der dem gekauften Sondereigentum an dem gemeinschaftlichen Eigentum zugeordnet ist. Dies gilt auch dann, wenn der Minderwert anhand der erforderlichen Reparaturkosten berechnet wird."

Der VII. Zivilsenat hat eine Quotelung des Schadens für den werkvertrag- **539** lichen Schadensersatzanspruch des Erwerbers abgelehnt und jedem Erwerber den Schadensersatzanspruch in voller Höhe zuerkannt.

BGH, Urt. v. 25. 2. 1999 – VII ZR 208/97,
BGHZ 141, 63 = ZIP 1999, 754
= BauR 199, 657 = ZfBR 1999, 207;
dazu EWiR 2000, 279 (*Wenner*).

Entscheidungsregister

Bundesgerichtshof

Datum	Aktenzeichen	Fundstelle(n)	Randzahl(en)
05.05.1958	VII ZR 130/57	BGHZ 27, 214	397
18.06.1959	VII ZR 181/58	BB 1959, 759 MDR 1959, 750	403
11.07.1963	VII ZR 43/62	BGHZ 40, 71	171
29.10.1964	VII ZR 52/63	BGHZ 42, 232 NJW 1965, 152	381
01.12.1965	GSZ 1/64	BGHZ 43, 227 NJW 1965, 1175	421
28.11.1966	VII ZR 79/65	BGHZ 46, 238 NJW 1967, 340	391, 414
08.12.1966	VII ZR 144/84	BGHZ 46, 242	344
02.03.1967	VII ZR 215/64	BGHZ 47, 272	360, 370
12.10.1967	VII ZR 8/65	BGHZ 48, 310 NJW 1968, 340	395
06.05.1968	VII ZR 33/66	BGHZ 50, 160	17, 227, 286, 290, 300, 309
19.12.1968	VII ZR 23/66	BGHZ 51, 275 NJW 1969, 653	146, 421
06.11.1969	VII ZR 159/67	BGHZ 53, 43	457
24.11.1969	VII ZR 177/67	NJW 1970, 421	413 ff
13.07.1970	VII ZR 176/68	BGHZ 54, 244	360
20.10.1970	VII ZR 71/69	BGHZ 54, 352 BauR 1971, 51 NJW 1971, 99	391, 402, 411
22.02.1971	VII ZR 243/69	BGHZ 55, 354	223
16.09.1971	VII ZR 5/70	BGHZ 57, 60 NJW 1971, 2219	460
09.12.1971	VII ZR 211/69	BauR 1972, 185	286
16.12.1971	VII ZR 78/70	BB 1972, 146 MDR 1972, 410	455
13.01.1972	VII ZR 46/70	MDR 1972, 410	455
24.02.1972	VII ZR 177/70	BGHZ 58, 181 NJW 1972, 821 JZ 1972, 319	380, 382
02.06.1971	V ZR 50/69	WM 1971, 1251	524
12.10.1972	VII ZR 51/72	BGHZ 59, 328 NJW 1973, 46	354
26.10.1972	VII ZR 181/71	BGHZ 59, 365 BauR 1973, 112 NJW 1973, 138	96 f, 401, 404

Datum	Aktenzeichen	Fundstelle(n)	Randzahl(en)
24.05.1973	VII ZR 92/71	BGHZ 61, 28 NJW 1973, 1457	399, 408
04.06.1973	VII ZR 112/71	BGHZ 61, 42	267
12.07.1973	VII ZR 177/72	BauR 1973, 381 NJW 1973, 1752	413
08.11.1973	VII ZR 86/73	BGHZ 61, 369 NJW 1974, 143	242, 398 f
15.11.1973	VII ZR 110/71	BauR 1974, 67 NJW 1974, 95	165
10.01.1974	VII ZR 28/72	BGHZ 62, 83 NJW 1974, 551	403
16.04.1974	VII ZR 155/72	BGHZ 60, 362	21
16.05.1974	VII ZR 35/72	BauR 1975, 130	105
16.05.1974	VII ZR 214/72	BGHZ 62, 323 BauR 1974, 276	395
11.07.1974	VII ZR 293/82	ZIP 1983, 1082 BauR 1983, 459 ZfBR 1983, 230	223
10.10.1974	VII ZR 28/73	BGHZ 63, 96	21
10.04.1975	VII ZR 183/74	NJW 1975, 1217	106, 115, 123, 125, 129
12.06.1975	VII ZR 55/73	BauR 1975, 344 NJW 1975, 1701	183, 190
10.07.1975	VII ZR 243/73	BauR 1975, 420	117
29.10.1975	VIII ZR 103/74	NJW 1976, 234	403
18.03.1976	VII ZR 35/75	BGHZ 66, 142 BauR 1976, 202 NJW 1976, 960	480
10.06.1976	VII ZR 129/74	BGHZ 76, 1 BauR 1976, 354 JZ 1977, 44	391
23.09.1976	II ZR 119/74	BauR 1977, 131 MDR 1977, 206	140
21.04.1977	VII ZR 108/76	BauR 1977, 344 WM 1977, 825	186, 188
21.04.1977	VII ZR 135/76	BauR 1977, 348 WM 1977, 823	495
05.05.1977	VII ZR 36/76	BGHZ 68, 372 BauR 1977, 271 NJW 1977, 1336	22, 370
30.07.1977	VII ZR 325/74	BauR 1977, 420 NJW 1977, 1966	116
29.09.1977	VII ZR 134/75	BauR 1978, 54	123

Datum	Aktenzeichen	Fundstelle(n)	Randzahl(en)
10.11.1977	VII ZR 252/75	BauR 1978, 139 NJW 1978, 995	123, 126
22.12.1977	VII ZR 94/76	BGHZ 70, 187 BauR 1978, 149 NJW 1978, 643	149 f, 152
19.01.1978	VII ZR 175/75	BGHZ 70, 240 BauR 1978, 224 NJW 1978, 814	403
09.02.1978	VII ZR 84/77	BauR 1978, 304 NJW 1978, 1157	110
11.05.1978	VII ZR 313/75	BauR 1978, 405 NJW 1978, 2393	144 ff
08.06.1978	VII ZR 161/77	BGHZ 72, 31 BauR 1978, 402 NJW 1978, 1626	287, 391, 402
28.09.1978	VII ZR 254/77	BauR 1979, 159	402
12.10.1978	VII ZR 139/75	BGHZ 72, 222 BauR 1979, 56 NJW 1979, 212	246
12.10.1978	VII ZR 220/77	BGHZ 72, 206 BauR 1979, 54 ZfBR 1979, 28 NJW 1979, 158	460
26.10.1978	VII ZR 249/77	BGHZ 72, 257 BauR 1979, 76 ZfBR 1979, 29 NJW 1979, 214	461
23.11.1978	VII ZR 29/78	BauR 1979, 152 ZfBR 1979, 65	286
21.12.1978	VII ZR 269/77	BGHZ 73, 140 BauR 1979, 159 ZfBR 1979, 24 NJW 1979, 650	191
22.03.1979	VII ZR 142/78	BauR 1979, 333 ZfBR 1979, 130 NJW 1979, 2095	357, 400
05.04.1979	VII ZR 308/77	BGHZ 74, 204 BauR 1979, 337	22 f
10.05.1979	VII ZR 30/78	BGHZ 74, 258 BauR 1979, 420 ZfBR 1979, 163 NJW 1979, 2207	348, 512, 519 f, 522, 524
23.11.1979	I ZR 161/77	DB 1980, 679 WM 1980, 284	119

Datum	Aktenzeichen	Fundstelle(n)	Randzahl(en)
06.12.1979	VII ZR 313/78	BGHZ 76, 43 BauR 1980, 167 NJW 1980, 829	35
11.12.1979	VI ZR 141/78	NJW 1980, 1219 WM 1980, 336	67
27.03.1980	VII ZR 44/79	BauR 1980, 355 ZfBR 1980, 190 NJW 1980, 2081	460
28.04.1980	VII ZR 109/79	BauR 1980, 357 ZfBR 1980, 192	192
12.05.1980	VII ZR 228/79	BGHZ 77, 134 BauR 1980, 460	415
11.07.1980	VIII ZR 219/89	BauR 1990, 747 NJW 1990, 2680	483
12.11.1980	VIII ZR 338/79	BGHZ 78, 375 BauR 1981, 190 NJW 1981, 453	34
26.02.1981	VII ZR 287/79	BauR 1991, 284 ZfBR 1981, 139 NJW 1981, 1448	167, 198, 234
09.04.1981	VII ZR 192/80	BGHZ 80, 252 BauR 1981, 373 ZfBR 1981, 180 NJW 1981, 1839	249
04.06.1981	VII ZR 9/80	BGHZ 81, 35 BauR 1981, 467 ZfBR 1981, 230 NJW 1981,1841	512, 516, 521
29.06.1981	VII ZR 259/80	BauR 1981, 571 NJW 1981, 2344 WM 1981, 944	23, 26 f, 519
29.06.1981	VII ZR 299/80	BauR 1981, 575 ZfBR 1981, 218 NJW 1981, 2403	58
09.07.1981	VII ZR 40/80	BauR 1981, 577 ZfBR 1981, 265 NJW 1981, 2801	65, 265, 268, 313
25.02.1982	VII ZR 161/80	BauR 1982, 277 ZfBR 1982, 122 NJW 1982, 1524	18, 285, 416
11.03.1982	VII ZR 357/80	BGHZ 83, 197 ZIP 1982, 704 BauR 1982, 273 ZfBR 1982, 114 NJW 1982, 1458	171

Datum	Aktenzeichen	Fundstelle(n)	Randzahl(en)
06.05.1982	VII ZR 74/81	BauR 1982, 493 ZfBR 1982, 152 NJW 1982, 2243	23
06.05.1982	VII ZR 172/81	BauR 1982, 514	144 f, 149 f, 152
08.07.1982	VII ZR 96/81	BauR 1982, 379 ZfBR 1982, 253	265, 313
08.07.1982	VII ZR 314/81	BauR 1983, 70 ZfBR 1983, 562 NJW 1983, 875	105, 134, 138 f
21.10.1982	VII ZR 189/81		83
04.11.1982	VII ZR 53/82	BauR 1983, 84 ZfBR 1983, 17 DB 1983, 444 NJW 1983, 453 WM 1983, 68	519, 521
18.11.1982	VII ZR 305/81	BGHZ 85, 305 ZIP 1983, 76 BauR 1983, 80 NJW 1983, 385	245 f
10.03.1983	VII ZR 302/82	BGHZ 87, 112 BauR 1983, 266 NJW 1983, 1489	34, 35
14.04.1983	VII ZR 258/82	BauR 1983, 365 ZfBR 1983, 185 NJW 1983, 2191	362
28.04.1983	VII ZR 267/82	BB 1983, 2015 WM 1983, 916	395
30.06.1983	VII ZR 185/81	BauR 1983, 573 ZfBR 1983, 260	165
30.06.1983	VII ZR 293/82	ZIP 1983, 1082 BauR 1983, 459 NJW 1983, 2439	307
22.09.1983	VII ZR 360/82	BauR 1984, 64 ZfBR 1984, 38	457
08.12.1983	VII ZR 139/82	ZIP 1984, 184 BauR 1984, 181 ZfBR 1984, 73 NJW 1984, 1460	275, 343
08.03.1984	VII ZR 349/82	BGHZ 90, 273 ZIP 1984, 968 BauR 1984, 390 ZfBR 1994, 186 NJW 1984, 1750	466

Datum	Aktenzeichen	Fundstelle(n)	Randzahl(en)
22.03.1984	VII ZR 50/82	BGHZ 90, 344 ZIP 1984, 713 BauR 1984, 395 ZfBR 1984, 173 NJW 1984, 1676	328, 334 f
22.03.1984	VII ZR 286/82	BGHZ 90, 354 ZIP 1984, 709 BauR 1984, 839 ZfBR 1984, 176 NJW 1984, 1679	316, 323, 334, 337
05.04.1984	VII ZR 167/83	BauR 1984, 406 ZfBR 1984, 185 NJW 1984, 2456	364
17.05.1984	VII ZR 169/82	BGHZ 91, 206 BauR 1984, 510 ZfBR 1984, 222	42, 325, 329 f, 395
20.09.1984	VII ZR 377/83	BauR 1985, 200 ZfBR 1985, 71 NJW 1985, 731	180
16.10.1984	X ZR 86/83	BGHZ 92, 308 BauR 1985, 83 ZfBR 1985, 33 NJW 1985, 381	393, 411
08.11.1984	VII ZR 256/83	ZIP 1985, 291 BauR 1985, 79 ZfBR 1984, 259	35
22.11.1984	VII ZR 287/82	BauR 1985, 198 ZfBR 1985, 79	274
21.02.1985	VII ZR 160/83	BauR 1985, 456 ZfBR 1985, 174 NJW 1985, 1840 EWiR 1985, 715 (*Locher*)	224, 307
21.02.1985	VII ZR 72/84	BauR 1985, 314 ZfBR 1985, 132 NJW 1985, 1551	23, 257, 510, 529
07.03.1985	VII ZR 60/83	BauR 1985, 355	432
06.05.1985	VII ZR 304/83	BauR 1985, 567 ZfBR 1985, 276	83
20.05.1985	VII ZR 266/84	BGHZ 94, 330 BauR 1985, 569 ZfBR 1985, 217 NJW 1985, 2325	364, 367
27.06.1985	VII ZR 23/84	BGHZ 95, 128 BauR 1985, 561 ZfBR 1985, 282 NJW 1985, 2475	144, 146, 153 f

180

Datum	Aktenzeichen	Fundstelle(n)	Randzahl(en)
19.09.1985	VII ZR 158/84	BauR 1986, 103 ZfBR 1986, 27 EWiR 1986, 45 (*Hochstein*)	383, 393, 406
19.09.1985	IX ZR 16/85	BGHZ 95, 375 ZIP 1985, 1380 ZfBR 1986, 28 NJW 1986, 310	490
10.10.1985	VII ZR 303/84	BGHZ 96, 111 BauR 1986, 93 ZfBR 1986, 23 JZ 1986, 291 NJW 1986, 711 EWiR 1986, 357 (*Vygen*)	47, 58, 264, 322
10.10.1985	VII ZR 325/84	BGHZ 96, 129 ZIP 1985, 1493 BauR 1986, 89 ZfBR 1986, 33 NJW 1986, 315 JZ 1986, 148 JZ 1988, 148 JR 1986, 200 EWiR 1986, 927 (*Löwe*)	502
07.11.1985	VII ZR 270/83	BGHZ 96, 221 BauR 1986, 211 ZfBR 1985, 252 JZ 1986, 397 EWiR 1986, 201 (*Hensen*)	346 f, 357, 393, 400, 411
20.02.1986	VII ZR 31/84	BauR 1986, 345 ZfBR 1986, 120 EWiR 1986, 551 (*Löwe*)	374
20.03.1986	VII ZR 81/85	BauR 1986, 447 ZfBR 1986, 171 NJW-RR 1986, 755 WM 1986, 837	519, 521 f
24.04.1986	VII ZR 262/85	BauR 1986, 576 ZfBR 1986, 219 EWiR 1986, 649 (*v. Feldmann*)	483
15.05.1986	VII ZR 176/85	BauR 1986, 573 ZfBR 1986, 226 EWiR 1986, 935 (*Hochstein*)	18, 285, 292, 299, 302, 310
06.06.1986	V ZR 67/85	BGHZ 98, 100 ZIP 1986, 1199 NJW 1986, 2824 EWiR 1986, 871 (*Bunte*)	24
24.07.1986	X ZR 16/85	WM 1986, 1255	273

Datum	Aktenzeichen	Fundstelle(n)	Randzahl(en)
25.09.1986	VII ZR 276/84	BauR 1987, 92 ZIP 1986, 1570 ZfBR 1987, 35 NJW 1987, 340 EWiR 1986, 1247 (*Vygen*)	246, 248
09.10.1986	VII ZR 184/85	BauR 1987, 84 ZfBR 1987, 37 EWiR 1986, 1249 (*Hochstein*)	473, 486
09.10.1986	VII ZR 249/85	BauR 1987, 95 ZfBR 1987, 38 EWiR 1986, 1251 (*Lenzen*)	223
23.10.1986	VII ZR 48/85	BauR 1987, 79 ZfBR 1987, 32 NJW 1987, 643	104 f, 107, 134
23.10.1986	VII ZR 267/85	BauR 1987, 243 ZfBR 1987, 34	134, 148
06.11.1986	VII ZR 97/85	BGHZ 99, 81 BauR 1987, 89 NJW 1987, 645 JZ 1987, 247 EWiR 1987, 137 (*Schlechtriem*)	408, 415
20.11.1986	VII ZR 360/85	BauR 1987, 207 ZfBR 1987, 71	358
18.12.1986	VII ZR 22/86	BGHZ 61, 28 BauR 1987, 209 ZfBR 1987, 72 NJW 1987, 89	271
26.01.1987	VII ZR 217/85	BauR 1987, 453 ZfBR 1987, 200	224
26.02.1987	VII ZR 64/86	BauR 1987, 443 ZfBR 1987, 188	434
12.03.1987	VII ZR 80/86	BauR 1978, 456 ZfBR 1987, 189 NJW 1987, 2431 JR 1988, 197 EWiR 1987, 669 (*Siegburg*)	461
07.05.1987	VII ZR 366/85	BGHZ 100, 391 ZIP 1987, 1055 BauR 1987, 439 ZfBR 1987, 197 NJW 1988, 490 EWiR 1987, 641 (*Brambring*)	25, 465
07.05.1987	VII ZR 129/86	BauR 1987, 438 ZfBR 1987, 199	465

Datum	Aktenzeichen	Fundstelle(n)	Randzahl(en)
16.06.1987	X ZR 61/86	ZIP 1987, 1324 BauR 1987, 565 ZfBR 1987, 270 NJW 1987, 3254 EWiR 1987, 865 (*Siegburg*)	497 f
25.06.1987	VII ZR 251/86	BauR 1987, 680 ZfBR 1987, 271 EWiR 1987, 1027 (*Siegburg*)	223, 227, 290, 298, 307
09.07.1987	VII ZR 208/86	BauR 1987, 681 ZfBR 1987, 269	108
17.09.1987	VII ZR 153/86	BGHZ 101, 350 ZIP 1987, 1461 BauR 1987, 686 ZfBR 1988, 16 NJW 1988, 135 JR 1988, 237 DNotZ 1988, 292 EWiR 1987, 1169 (*Heinrichs*)	28
17.09.1987	VII ZR 166/86	BGHZ 101, 369 BauR 1987, 702 ZfBR 1988, 33 NJW 1988, 142 JR 1988, 371 EWiR 1987, 1779 (*Reithmann*)	8
08.10.1987	VII ZR 45/87	BauR 1988, 82 ZfBR 1988, 38 NJW-RR 1988, 208	299, 307, 318, 345
04.11.1987	IVa ZR 145/86	NJW-RR 1988, 365 WM 1988, 41	119
13.12.1987	VII ZR 363/86	BauR 1988, 465 ZfBR 1988, 212	478
10.03.1988	VII ZR 171/87	BauR 1988, 336 ZfBR 1988, 181 WM 1988, 948 NJW 1988, 1718	512 f, 522
21.04.1988	VII ZR 65/87	BauR 1988, 474 ZfBR 1988, 215	265, 432
21.04.1988	VII ZR 146/87	BauR 1988, 464 ZfBR 1988, 218 NJW 1988, 1972	25
19.05.1988	VII ZR 111/87	BauR 1988, 468 ZfBR 1988, 223 NJW-RR 1988, 1044; EWiR 1988, 1033 (*Siegburg*)	325

Datum	Aktenzeichen	Fundstelle(n)	Randzahl(en)
07.07.1988	VII ZR 320/87	BGHZ 105, 103 ZIP 1988, 1196 BauR 1988, 592 ZfBR 1988, 264 NJW 1988, 2728 JZ 1988, 1017 EWiR 1988, 1185 (*Seiler*)	368
29.08.1988	VII ZR 186/87	ZfBR 1989, 28 BauR 1989, 77	465
29.09.1988	VII ZR 182/87	BauR 1989, 97 ZfBR 1989, 24 NJW-RR 1989, 86	144, 150, 354, 356, 422
06.10.1988	VII ZR 227/87	BauR 1989, 79 ZfBR 1989, 27 NJW RR 1989, 148	425, 434
10.11.1988	VII ZR 140/87	BauR 1989, 81 NJW-RR 1989, 208 EWiR 1989, 125 (*Siegburg*)	374, 482
14.11.1988	VII ZR 112/88	BauR 1989, 201 ZfBR 1989, 60 NJW-RR 1989, 405	368
24.11.1988	VII ZR 222/87	BauR 1989, 219 ZfBR 1989, 58 WM 1989, 414	38
19.01.1989	VII ZR 87/88	BauR 1989, 467 ZfBR 1989, 164 NJW-RR 1989, 721 EWiR 1989, 717 (*Siegburg*)	123
23.02.1989	VII ZR 89/87	BGHZ 107, 75 ZIP 1989, 652 BauR 1989, 322 ZfBR 1989, 158 NJW 1989, 1602; EWiR 1989, 419 (*Schulze-Hagen*)	261
16.03.1989	VII ZR 23/88	BauR 1989, 469 ZfBR 1989, 161 NJW 1989, 1922 EWiR 1989, 757 (*Seiler*)	347, 393
20.04.1989	VII ZR 334/87	BauR 1989, 603 ZfBR 1989, 202 NJW-RR 1989, 979	192, 194, 492
20.04.1989	VII ZR 80/88	BauR 1989, 462 ZfBR 1989, 213 NJW-RR 1989, 849 EWiR 1989, 817 (*Siegburg*)	39, 42, 83, 321, 361, 370, 408

Datum	Aktenzeichen	Fundstelle(n)	Randzahl(en)
11.05.1989	VII ZR 12/88	BauR 1989, 623 ZfBR 1989, 207 NJW-RR 1989, 1102 EWiR 1989, 873 (*Schulze-Hagen*)	420
15.06.1989	VII ZR 14/88	BGHZ 108, 65 BauR 1989, 606 ZfBR 1989, 215 NJW 1989, 2753; EWiR 1989, 1135 (*Siegburg*)	333, 476 f
23.06.1989	V ZR 40/88	BGHZ 108, 156 BauR 1990, 221 NJW 1989, 2534 JZ 1990, 145 EWiR 1991, 773 (*Kniffka*)	537
29.06.1989	VII ZR 151/88	BGHZ 108, 164 ZIP 1989, 1200 BauR 1989, 597 ZfBR 1989, 245 NJW 1989, 2748 EWiR 1989, 89 (*Löwe*)	25 f, 28 f
13.07.1989	VII ZR 82/88	BauR 1989, 727 ZfBR 1989, 251 NJW 1990, 43	187, 261
12.10.1989	VII ZR 140/88	BauR 1990, 84 ZfBR 1990, 16 NJW-RR 1990, 89	325
23.11.1989	VII ZR 313/88	BGHZ 109, 220 BauR 1990, 202 ZfBR 1990, 71	488 f
18.01.1990	VII ZR 171/88	BauR 1980, 360 ZfBR 1990, 171 NJW 1990, 728	327
18.01.1990	VII ZR 260/88	BGHZ 110, 99 ZIP 1990, 457 BauR 1990, 356 ZfBR 1990, 172 NJW 1990, 1472 EWiR 1990, 443 (*Lenzen*)	439
01.02.1990	VII ZR 150/89	BGHZ 110, 205 BauR 1990, 358 ZfBR 1990, 175 NJW 1990, 1475; EWiR 1990, 561 (*Siegburg*)	360, 365 f, 370

185

Datum	Aktenzeichen	Fundstelle(n)	Randzahl(en)
15.02.1990	VII ZR 269/88	BGHZ 110, 258 ZIP 1990, 455 BauR 1990, 353 ZfBR 1990, 180 NJW 1990,1663 WM 1990, 1039 EWiR 1990, 489 (*Doerry*)	526
15.02.1990	VII ZR 175/89	BauR 1990, 351 ZfBR 1990, 182 NJW-RR 1990, 787	457, 460
13.03.1990	X ZR 12/89	BauR 1990, 468 ZfBR 1990, 190 NJW-RR 1990, 826	325, 332
15.03.1990	VII ZR 311/88	BauR 1990, 466 ZfBR 1990, 276 NJW-RR 1990, 786 EWiR 1990, 979 (*Doerry*)	16, 274, 343, 392, 400, 411
26.04.1990	VII ZR 345/88	BauR 1990, 603 ZfBR 1990, 222 NJW-RR 1990, 1108	460
05.07.1990	VII ZR 164/89	BauR 1990, 723 ZfBR 1990, 274	487
05.07.1990	VII ZR 352/89	ZIP 1990, 1265 BauR 1990, 725 ZfBR 1990, 275 NJW-RR 1990, 1300 EWiR 1990, 1075 (*Medicus*)	392
02.10.1990	VII ZR 14/90	ZfBR 1991, 160 ZIP 1990, 1481 NJW 1991, 165	156
11.10.1990	VII ZR 228/89	BauR 1991, 79 ZfBR 1991, 61	105, 107, 144, 147, 157, 423
20.12.1990	VII ZR 302/89	BauR 1991, 212 ZfBR 1991, 99 NJW-RR 1991, 533	347, 393, 411
23.01.1991	VIII ZR 122/90	BGHZ 113, 251 ZIP 1991, 802 NJW 1991, 1694 EWiR 1991, 447 (*Tiedtke*)	357
31.01.1991	VII ZR 291/88	BGHZ 113, 315 BauR 1991, 331 ZfBR 1991, 146	172
31.01.1991	VII ZR 63/90	BauR 1991, 651 ZfBR 1991, 104 NJW-RR 1991, 789	353

Datum	Aktenzeichen	Fundstelle(n)	Randzahl(en)
21.03.1991	VII ZR 110/90	BauR 1991, 458 ZfBR 1991, 200	37
19.04.1991	V ZR 34/89	BGHZ 114, 273 ZfBR 1991, 252 NJW 1991, 2021 EWiR 1991, 1033 (*Siegburg*)	77
16.05.1991	VII ZR 296/90	BauR 1991, 603 ZfBR 1991, 200 NJW 1991, 2486 JR 1992, 64	460
06.06.1991	VII ZR 372/89	BGHZ 114, 383 BauR 1991, 606 ZfBR 1991, 212 JZ 1992, 316 EWiR 1991, 773 (*Kniffka*)	514 f, 528
20.06.1991	VII ZR 305/90	BauR 1991, 741 ZfBR 1991, 259 NJW-RR 1991, 1367	460
25.06.1991	X ZR 4/90	BGHZ 115, 32 ZfBR 1991, 260 NJW 1991, 2418 JZ 1992, 690 EWiR 1991, 969 (*Doerry*)	390
11.07.1991	VII ZR 301/90	BauR 1991, 744 ZfBR 1991, 265 NJW-RR 1991, 1429	399, 406
26.09.1991	VII ZR 291/90	BauR 1992, 88 ZfBR 1992, 30 NJW 1992, 435	525, 533
16.01.1992	VII ZR 85/90	BauR 1992, 401 ZfBR 1992, 129 NJW 1992, 1632	314, 317
30.01.1992	VII ZR 86/90	BGHZ 117, 121 BauR 1992, 369 ZfBR 1992, 159	449, 454, 456
19.02.1992	V ZR 251/80	BauR 1982, 398 ZfBR 1982, 128	481
12.03.1992	VII ZR 266/90	BauR 1992, 504 ZfBR 1992, 167 NJW-RR 1992, 788	391
26.03.1992	VII ZR 195/90	BauR 1992, 627 ZfBR 1992, 207 NJW-RR 1992, 1104	131
28.04.1992	X ZR 27/91	ZfBR 1992, 264 NJW-RR 1992, 1078	179

187

Datum	Aktenzeichen	Fundstelle(n)	Randzahl(en)
30.04.1992	VII ZR 185/90	BauR 1992, 627 ZfBR 1992, 216 NJW 1992, 2481	87, 91, 199, 234 f, 379
25.06.1992	VII ZR 128/91	BauR 1992, 794 ZfBR 1992, 411	475
24.09.1992	VII ZR 213/91	BauR 1993, 26 ZfBR 1993, 20	108
30.09.1992	VIII ZR 193/91	BGHZ 110, 205 ZIP 1992, 1559 ZfBR 1993, 25 NJW 1992, 3297 JR 1993, 198 EWiR 1992, 1179 (*Schott*)	360
03.11.1992	X ZR 83/90	NJW 1993, 1063 WM 1993, 561 EWiR 1993, 239 (*Lehmann*)	188
03.12.1992	VII ZR 86/92	BGHZ 120, 329 BauR 1993, 221 ZfBR 1993, 114	479
08.12.1992	X ZR 85/91	ZIP 1993, 598 NJW 1993, 923 EWiR 1993, 363 (*Ackermann*)	390
12.01.1993	X ZR 87/91	NJW 1993, 1191 WM 1993, 652 EWiR 1993, 345 (*Siegburg*)	156
04.03.1993	VII ZR 148/92	BauR 1993, 473 ZfBR 1993, 182 NJW 1993, 1916	192
08.07.1993	VII ZR 176/91	BauR 1993, 722 ZfBR 1994, 12 NJW-RR 1994, 148	330
08.07.1993	VII ZR 79/92	BauR 1993, 773 ZfBR 1993, 277	474
16.09.1993	VII ZR 180/92	BauR 1994, 101 ZfBR 1994, 14 NJW 1993, 3195	457, 460
30.09.1993	VII ZR 136/92	BauR 1994, 103 ZfBR 1994, 17 NJW-RR 1994, 373 EWiR 1994, 441 (*Thamm*)	181, 494
16.11.1993	X ZR 7/92	BauR 1994, 242 ZfBR 1994, 91 NJW 1994, 942	184, 263, 295
17.05.1994	X ZR 39/93	NJW-RR 1994, 1134	58 f, 61

Datum	Aktenzeichen	Fundstelle(n)	Randzahl(en)
30.06.1994	VII ZR 116/93	BGHZ 126, 326 ZIP 1994, 1540 BauR 1994, 776 ZfBR 1994, 73 WiB 1994, 915 NJW 1994, 282; EWiR 1995, 239 (*Siegburg*)	327, 331
14.07.1994	VII ZR 186/93	ZIP 1994, 1607 BauR 1994, 760 ZfBR 1995, 15	55
27.09.1994	VI ZR 150/93	ZIP 1994, 1960 NJW 1994, 3349 WiB 1995, 126 EWiR 1995, 43 (*von Westphalen*)	71, 395
11.12.1994	VII ZR 246/93	BauR 1995, 591 ZfBR 1995, 129 IBR 1995, 303	405, 407
15.12.1994	VII ZR 246/93	BauR 1995, 591 ZfBR 1995, 388	386, 404
19.01.1995	VII ZR 131/93	BauR 1995, 230 ZfBR 1995, 132 WiB 1995, 478 NJW-RR 1995, 472	39, 71, 83
23.02.1995	VII ZR 235/93	BauR 1995, 540 ZfBR 1995, 197 NJW 1995, 1836	90, 92 f, 103
09.03.1995	VII ZR 23/93	BauR 1995, 545 ZfBR 1995, 198 NJW 1995, 1837 EWiR 1995, 723 (*Siegburg*)	301
23.03.1995	VII ZR 228/93	BauR 1995, 546 ZfBR 1995, 199	35
25.03.1995	X ZR 17/92	BauR 1993, 469 ZfBR 1993, 189	225
12.11.1995	X ZR 93/93	CR 1996, 667 Jur-PC 1996, 274:	9, 269
05.12.1995	X ZR 14/93	NJW-RR 1996, 783 WiB 1996, 604	58, 59
25.01.1996	VII ZR 233/94	BGHZ 131, 392 ZIP 1996, 678	55, 261
25.01.1996	VII ZR 26/95	BauR 1996, 390 ZfBR 1996, 156	237, 241
27.02.1996	X ZR 3/94	BGHZ 132, 96 ZIP 1996, 839	167, 184, 239, 263, 270

Datum	Aktenzeichen	Fundstelle(n)	Randzahl(en)
14.03.1996	VII ZR 34/95	BGHZ 132, 189 ZIP 1996, 1305 BauR 1996, 1305 ZfBR 1996, 255 NJW 1996, 2372 WiB 1997, 208	111
28.03.1996	VII ZR 228/94	BauR 1996, 544 ZfBR 1996, 256 NJW-RR 1996, 853	8, 284, 294, 502
25.04.1996	X ZR 59/94	NJW-RR 1996, 883 WM 1996, 1646	165
09.05.1996	VII ZR 259/94	BGHZ 132, 383 BauR 1996, 707 ZfBR 1986, 265	468
14.05.1996	XI ZR 188/95	ZIP 1996, 1161 NJW-RR 1996, 947 WM 1996, 1214 EWiR 1999, 791 (*Schwintowski*)	119
23.05.1996	VII ZR 245/94	BGHZ 133, 44 ZIP 1996, 1220 BauR 1996, 542 ZfBR 1996, 296 NJW 1996, 2158	5
27.06.1996	X ZR 3/94	BGHZ 132, 96 ZIP 1996, 839 BauR 1996, 386 NJW 1996, 1749 WiB 1996, 1749	15
04.07.1996	VII ZR 24/95	ZIP 1996, 1905 BauR 1996, 858 ZfBR 1996, 313 NJW 1996, 3269; EWiR 1996, 1063 (*Siegburg*);	94, 100, 103, 320 f, 327
04.07.1996	VII ZR 125/95	BauR 1997, 133 ZfBR 1997, 31 NJW-RR 1997, 18	266, 315
24.09.1996	XI ZR 244/95	ZIP 1996, 2064 NJW-RR 1997, 176 EWiR 1997, 71 (*Schwintowski*)	119
26.09.1996	VII ZR 63/95	BauR 1997, 131 ZfBR 1997, 32 NJW-RR 1997, 198	324
26.09.1996	X ZR 33/94	ZIP 1996, 2078 ZfBR 1997, 35 NJW 1997, 50 WiB 1997, 100 EWiR 1997, 101 (*Medicus*)	9, 280 f

190

Datum	Aktenzeichen	Fundstelle(n)	Randzahl(en)
10.10.1996	VII ZR 224/95	BauR 1997, 302 ZfIR 1997, 24 ZfBR 1997, 73	261, 504
24.10.1996	VII ZR 98/94	ZfIR 1997,23 BauR 1997, 129 ZfBR 1997, 75 NJW-RR 1997, 339 WiB 1997, 661	79, 253, 297, 363, 370
05.12.1996	VII ZR 108/95	BGHZ 134, 190 ZIP 1997, 296 BauR 1997, 148 ZfBR 1997, 347 EWiR 1997, 335 (*Schuschke*)	485
17.12.1996	X ZR 76/94	NJW-RR 1997, 688	382
19.12.1996	VII ZR 233/95	ZfIR 1997, 288 BauR 1997, 488 ZfBR 1997, 185 NJW 1997, 2173	516, 536
20.02.1997	VII ZR 288/94	ZIP 1997, 1034 ZfBR 1997, 198 NJW 1997, 1982; EWiR 1997, 489 (*Rieble*)	251, 454, 460
24.04.1997	VII ZR 110/96	BauR 1997, 638 ZfBR 1997, 249	92, 94, 103, 320 f
26.06.1997	VII ZR 17/96	BGHZ 136, 303 BauR 1997, 1019 ZfBR 1997, 300 NJW 1997, 3018 WM 1997, 2779	173
03.07.1997	VII ZR 210/96	BauR 1997, 1029 ZfBR 1997, 297	439 f
11.07.1997	V ZR 246/96	ZfIR 1997, 595	22, 26
02.10.1997	VII ZR 44/97	BauR 1997, 1027 ZfBR 1998, 31	292, 303
16.10.1997	VII ZR 64/96	BGHZ 137, 35 ZfIR1997, 718 BauR 1997, 1021 ZfBR 1997, 718 NJW 1998, 456	144, 150, 153, 173
16.10.1997	VII ZR 249/96	NJW-RR 1998, 233 WM 1998, 353	253, 319
13.11.1997	VII ZR 100/97	BauR 1998, 369 ZfBR 1998, 98	373
05.02.1998	VII ZR 170/96	ZfIR 1998, 196 BauR 1998, 397	76, 83

Datum	Aktenzeichen	Fundstelle(n)	Randzahl(en)
30.04.1998	VII ZR 47/97	ZfIR 1998, 402 BauR 1998, 783 ZfBR 1998, 295	518
14.05.1998	VII ZR 184/97	BGHZ 139, 16 ZfIR 1998, 460 BauR 1998, 872 ZfBR 1998, 247	39, 48, 52, 65, 69 ff, 83, 85
16.07.1998	VII ZR 350/96	BGHZ 139, 244 ZIP 1998, 1877 ZfIR 1998, 692 BauR 1999, 37 ZfBR 1999, 14 EWiR 1999, 83 (*Siegburg*)	39, 42, 74, 83, 329
05.11.1998	VII ZR 236/97	BauR 1999, 252 ZfBR 1999, 99	105, 144, 334, 337
19.11.1998	VII ZR 371/96	BauR 1999, 254 ZfBR 1999, 153	39, 83
03.12.1998	VII ZR 109/97	BauR 1999, 670 ZfBR 1999, 187; EWiR 1999, 495 (*Medicus*)	456 f
03.12.1998	VII ZR 405/97	BauR 1999, 391 NJW 1999, 1330	439, 442
14.01.1999	VII ZR 185/97	BauR 1999, 899 ZfBR 1999, 155	438, 444
14.01.1999	VII ZR 19/98	ZfIR 1999, 435 BauR 1999, 631 ZfBR 1999, 193	284, 363 f, 369, 372, 396, 439
14.01.1999	VII ZR 185/97	BauR 1999, 899 ZfBR 1999, 155	439
21.01.1999	VII ZR 398/97	ZfIR 1999, 347 BauR 1999, 648	78
17.02.1999	X ZR 8/96	BauR 1999, 160 ZfBR 1999, 200 NJW 1999, 2046 WM 1999, 1185 EWiR 1999, 827 (*Theis*)	9, 269, 280
25.02.1999	VII ZR 208/97	BGHZ 141, 63 ZIP 1999, 754 BauR 1999, 657 ZfBR 1999, 207 EWiR 2000, 279 (*Wenner*)	515, 539
15.04.1999	VII ZR 415/97	ZIP 1999, 1132 ZfBR 1999, 269 EWiR 2000, 223 (*Siegburg*)	493
29.04.1999	I ZR 232/97		156

Datum	Aktenzeichen	Fundstelle(n)	Randzahl(en)
06.05.1999	VII ZR 180/98	BauR 1999, 1025 ZfBR 1999, 313	267
10.06.1999	VII ZR 170/98	BauR 1999, 1186 ZfBR 1999, 327	165, 178, 182
10.06.1999	VII ZR 365/98	BGHZ 142, 46 ZIP 1999, 1712 ZflR 2000, 25 BauR 1999, 1290 ZfBR 2000, 27 EWiR 2000, 203 (*Lindacher*)	36, 474
14.09.1999	X ZR 89/97	BauR 2000, 262 ZfBR 2000, 42 NZBau 2000, 196	109, 137, 140
16.09.1999	VII ZR 419/98	ZflR 1999, 435 BauR 1999, 631 ZfBR 1999, 193; dazu EWiR 1999, 353 (*Wenner*)	352
16.09.1999	VII ZR 456/98	ZIP 1999, 1922 BauR 2000, 98 ZfBR 2000, 44 EWiR 2000, 423 (*Siegburg*)	348 f
30.09.1999	VII ZR 162/97	BauR 2000, 128 ZfBR 2000, 97 NJW 2000, 133 EWiR 2000, 1143 (*Portz*)	15, 270, 470
21.10.1999	VII ZR 185/98	BGHZ 143, 32 ZflR 2000, 452 BauR 2000, 722 NZBau 2000, 187 ZfBR 2000, 248	144, 153 ff
26.10.1999	VII ZR 284/98	ZflR 2000, 44 BauR 2000, 285 ZfBR 2000, 117	514, 523
28.10.1999	VII ZR 393/98	BauR 2000, 409 ZfBR 2000, 170 NJW 2000, 807	6
04.11.1999	VII ZR 184/98		114
11.11.1999	VII ZR 403/98	ZfBR 2000, 121 BauR 2000, 411 NJW-RR 2000, 465 NZBau 2000, 74	39, 78, 83
21.01.2000	VII ZR 488/99	BauR 2001, 667 ZfBR 2001, 177 NZBau 2002, 211	273
16.03.2000	VII ZR 461/98	BauR 2000, 1190 ZfBR 2000, 403	393

Datum	Aktenzeichen	Fundstelle(n)	Randzahl(en)
06.04.2000	VII ZR 199/97	BauR 2000, 1189 ZfBR 2000, 465	289
20.04.2000	VII ZR 164/99	BauR 2000, 1479 NZBau 2000, 421 ZfBR 2000, 479	18, 285, 288, 304
03.05.2000	X ZR 49/98	ZfBR 2000, 411 NJW 2000, 411	140
13.07.2000	VII ZR 249/94	BauR 2000, 1758 NZBau 2000, 504 ZfBR 2000, 551	246
21.12.2000	VII ZR 192/98	ZIP 2001, 202 BauR 2001, 630 ZfBR 2001, 175 EWiR 2001, 357 (*Wenner*)	427
21.12.2000	VII ZR 17/99	BauR 2001, 785 NJW 2001, 1642 EWiR 2001, 413 (*Schwenker*)	38
22.12.2000	VII ZR 310/99	BGHZ 146, 250 ZIP 2001, 245 BauR 2001, 391 NZBau 200, 132 ZfBR 2001, 183 EWiR 2001, 85 (*Vogel*)	21, 182, 188
18.01.2001	VII ZR 457/98	BauR 2001, 622 ZfBR 2001, 265; EWiR 2001, 337 (*Vogel*)	123, 128
18.01.2001	VII ZR 491/99		25
18.01.2001	VII ZR 501/99		23
22.02.2001	VII ZR 115/99	BauR 2001, 789 NZBau 2001, 313 ZfBR 2001, 219 NJW-RR 2001, 739	372
07.06.2001	VII ZR 471/99	ZfBR 2001, 457 NZBau 2001, 495 IBR 2001, 415	135, 427
07.06.2001	VII ZR 420/00	BGHZ 148, 85 ZIP 2001, 2140 ZfIR 2001, 981 BauR 2002, 81 NZBau 2002, 26 ZfBR 2002, 146 EWiR 2001, 1075 (*Vogel*)	519
05.07.2001	VII ZR 201/99	BauR 2001, 1577 ZfBR 2001, 468 NZBau 2001, 623	292

Datum	Aktenzeichen	Fundstelle(n)	Randzahl(en)
05.07.2001	VII ZR 399/99	ZfIR 2001, 812 BauR 2001, 1731 ZfBR 2001, 530	81
13.09.2001	VII ZR 392/00	BauR 2002, 86 NZBau 2002, 31 ZfBR 2002, 57 NJW 2002, 141	391, 393, 402, 411, 414
13.09.2001	VII ZR 467/00	BGHZ 148, 151 ZfIR 2001, 898 BauR 2001, 1893 ZfBR 2002, 48 NZBau 2001, 679 EWiR 2001, 1165 (*Siegburg*)	317
06.12.2001	VII ZR 241/00	ZIP 2002, 484 BauR 2002, 613 ZfBR 2002, 345 NZBau 2002, 338	41, 88, 99
12.12.2001	X ZR 192/00	BauR 2002, 945 NJW 2002, 1565	107 ff, 134, 137, 156, 403, 411, 414
23.01.2002	X ZR 184/99	NZBau 2002, 664 NJW-RR 2002, 664	457
07.03.2002	VII ZR 1/00	ZfIR 2002, 802 BauR 2003, 1536 NZBau 2002, 571 ZfBR 2002, 767	80, 96, 98, 144 ff, 397
21.03.2002	VII ZR 493/00	BGHZ 150, 226 ZIP 2002, 1356 ZfIR 2002, 631 BauR 2002, 1385 ZfBR 2002, 661 NZBau 2002, 495 EWiR 2002, 977 (*v. Hoyningen-Huene*)	427
18.04.2002	VII ZR 70/01	NJW-RR 2002, 1175 NZBau 2002, 514; EWiR 2002, 657 (*Schwenker*)	144 f, 150
16.05.2002	VII ZR 81/00	BauR 2002, 1423 ZfBR 2002, 675 NZBau 2002, 574; EWiR 2002, 857 (*Wenner*)	150 f
16.05.2002	VII ZR 479/00	BauR 2002, 1399 ZfBR 2002, 676 NJW 2002, 3019 EWiR 2002, 941 (*Gsell*)	274
17.06.2002	VII ZR 238/01	BauR 2003, 123 NZBau 2002, 573	399

Datum	Aktenzeichen	Fundstelle(n)	Randzahl(en)
12.09.2002	VII ZR 344/01	BauR 2002, 1847 NZBau 2002, 668 ZfBR 2003, 30 IBR 2002, 601	278
10.10.2002	VII ZR 315/01	ZfIR 2002, 974 BauR 2003, 88 NJW 2003, 288 NZBau 2003, 35 ZfBR 2003, 140	169, 240
28.11.2002	VII ZR 136/00	ZfIR 2003, 171 BauR 2003, 385 NZBau 2003, 152 ZfBR 2003, 249	284, 396
05.12.2002	VII ZR 360/01	BauR 2003, 386 NZBau 2003, 149 ZfBR 2003, 253 NJW 2003, 580	273 ff, 277
19.12.2002	VII ZR 103/00	ZfIR 2003, 375 ZIP 2003, 672 NZBau 2003, 265 ZfBR 2003, 352 NJW 2003, 1450	118, 158, 159, 167, 226 ff, 290
09.01.2003	VII ZR 181/00	ZfIR 2003, 279 ZIP 2003, 724 BauR 2003, 533 NZBau 2003, 214 EWiR 2003, 391 (*Siegburg*)	39, 40, 78 f, 384 ff, 405 ff
09.01.2003	VII ZR 408/01	ZfIR 2003, 194 BauR 2003, 535 NZBau 2003, 213 ZfBR 2003, 258	272
27.02.2003	VII ZR 338/01	ZIP 2003, 630 ZfIR 2003, 332 NZBau 2003, 267 ZfBR 2003, 363; EWiR 2003, 439 (*Schwenker*)	298, 341, 411 f, 414, 427
10.04.2003	VII ZR 251/02		399 f, 408
08.05.2003	VII ZR 205/02		120, 143